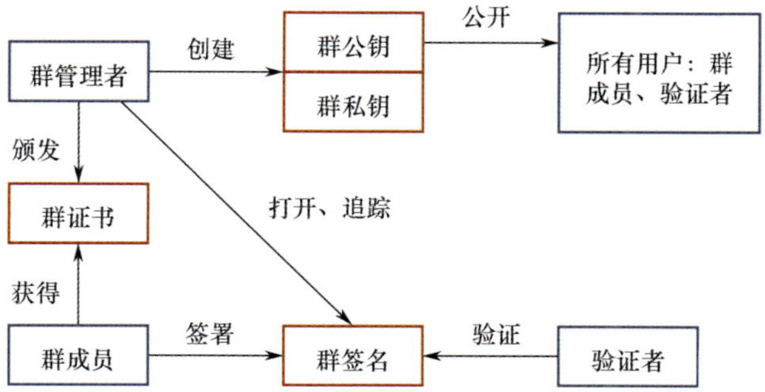

图 2-8 群签名的一般流程

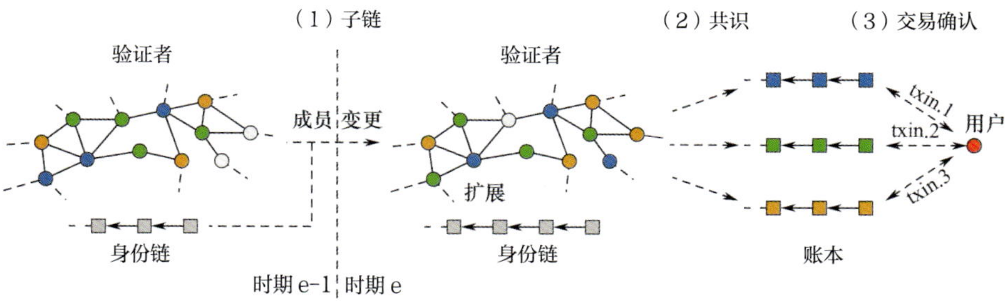

图 2-10 OmniLedger 的总体架构和设计重点

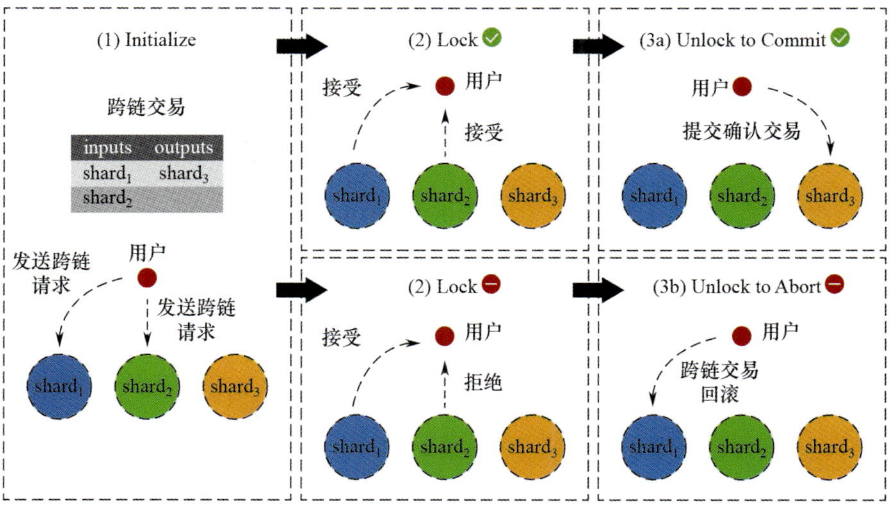

图 2-11 OmniLedger Atomix 协议

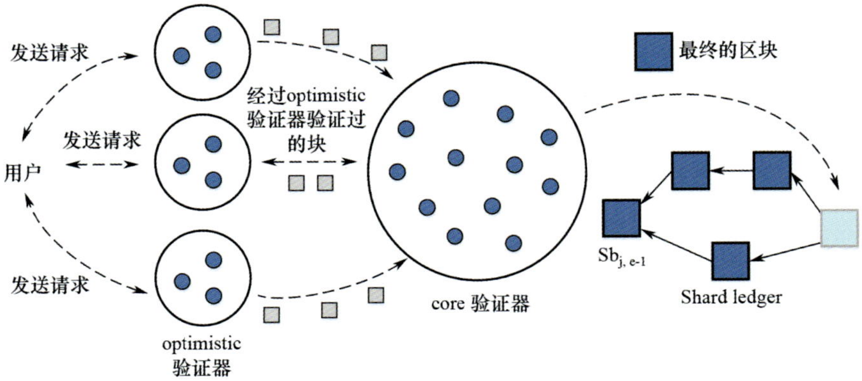

图 2-12 OmniLedger 分层处理机制

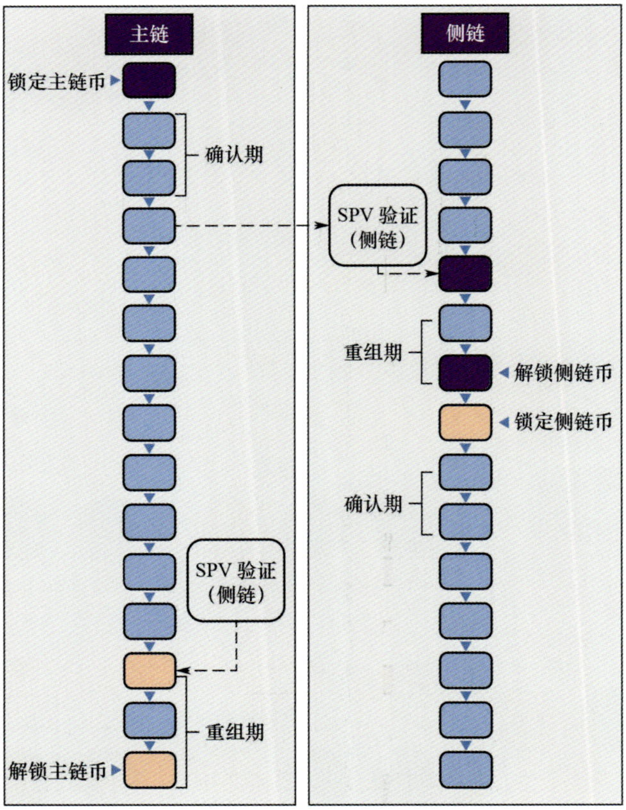

图 2-13 双向锚定技术

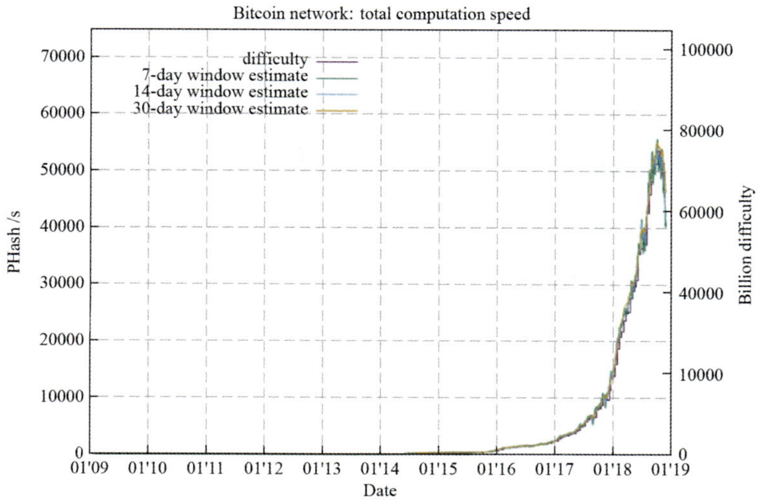

图 2-14 比特币挖矿算力技术图

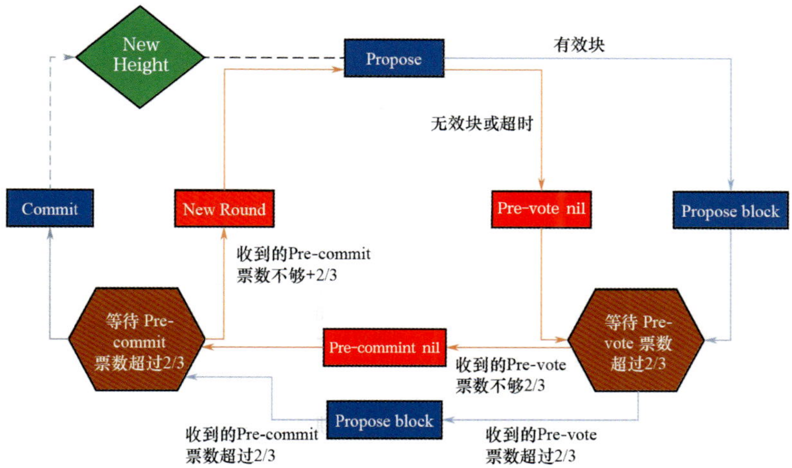

图 2-21 Tendermint 核心算法流程

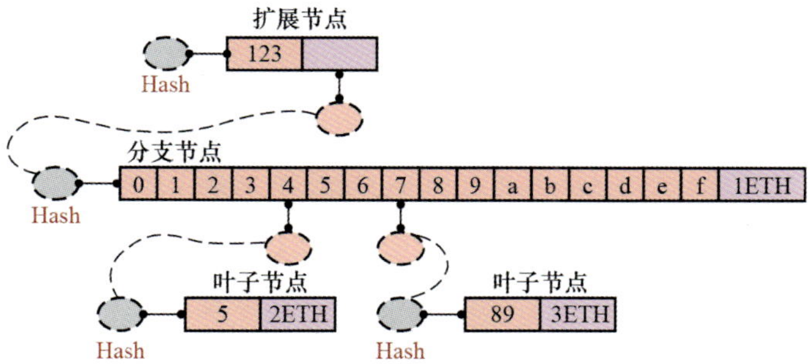

图 3-5 散列索引图

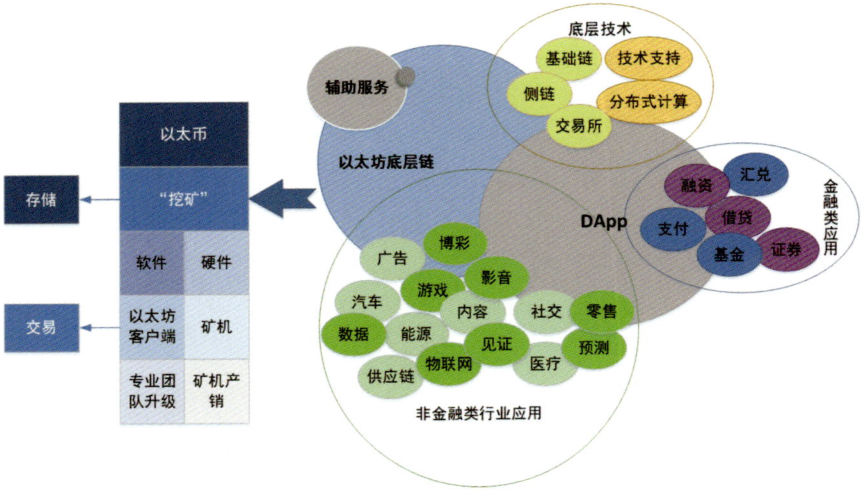

图 3-7 以太坊的生态系统

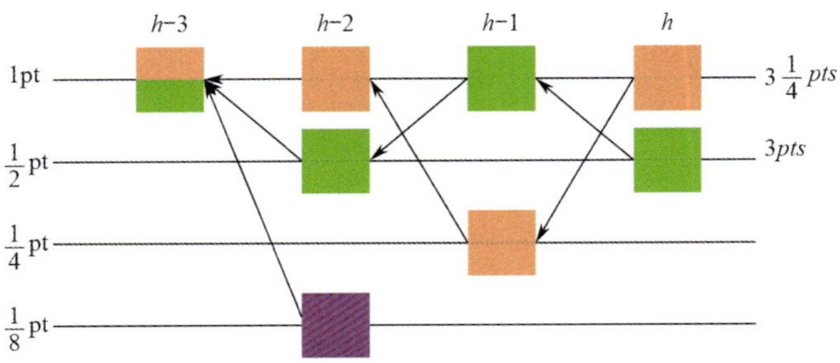

图 3-11 链的权重

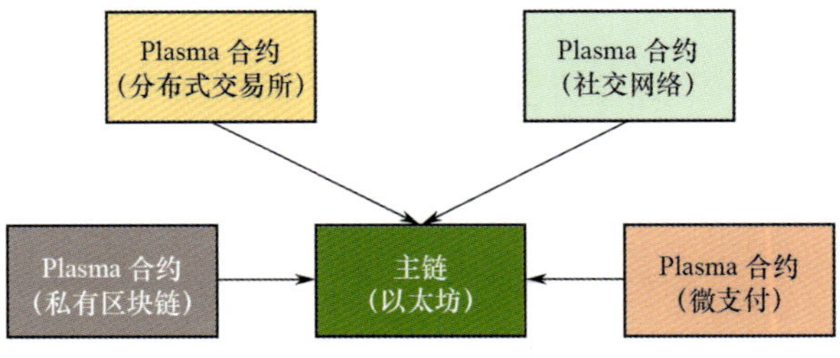

图 3-19 Plasma 链下扩容方案

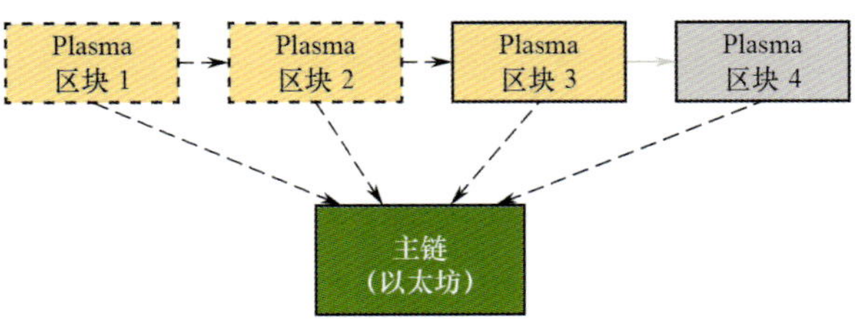

图 3-20 Plasma 节点的欺诈证明

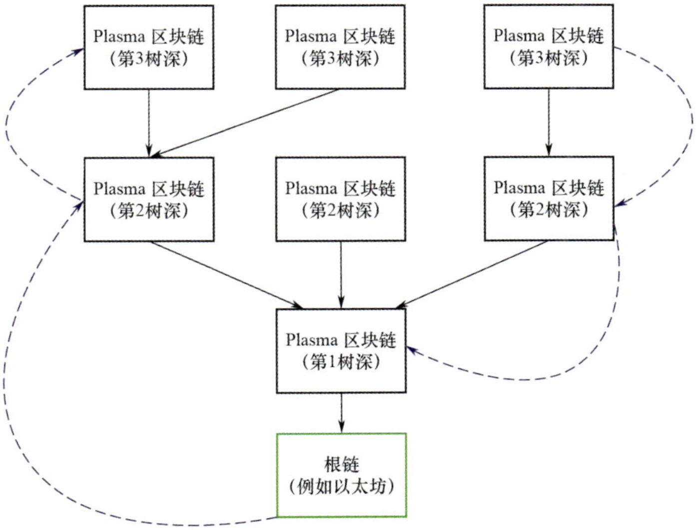

图 3-21 MapReduce 高扩展计算流程图

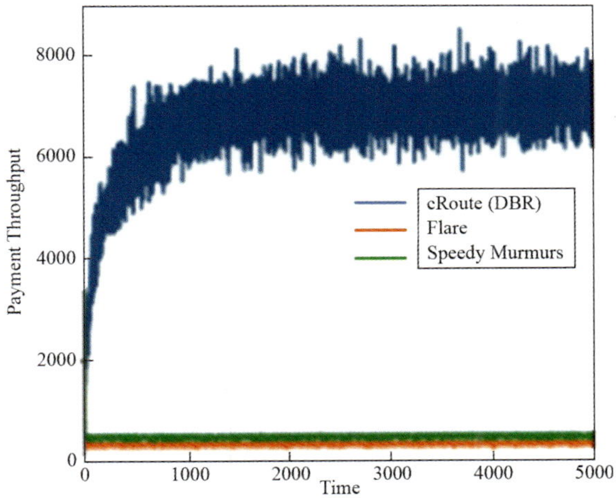

图 3-24 线下支付路由算法性能

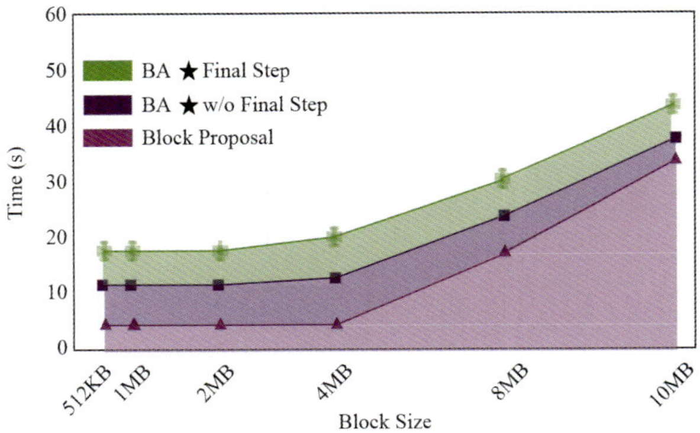

图 3-27 区块大小对通量影响关系图

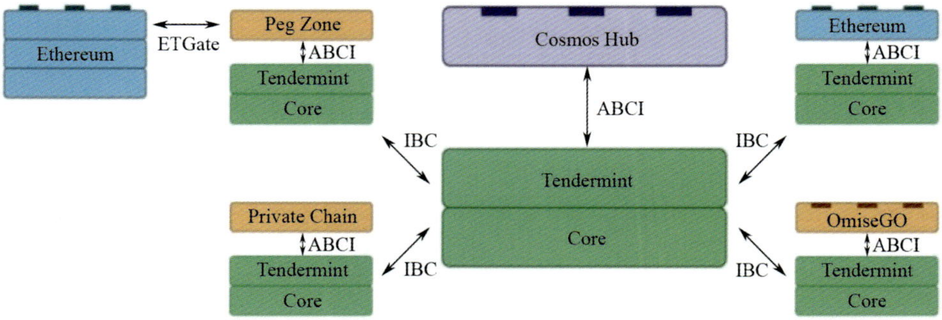

图 3-35 Cosmos 生态框架

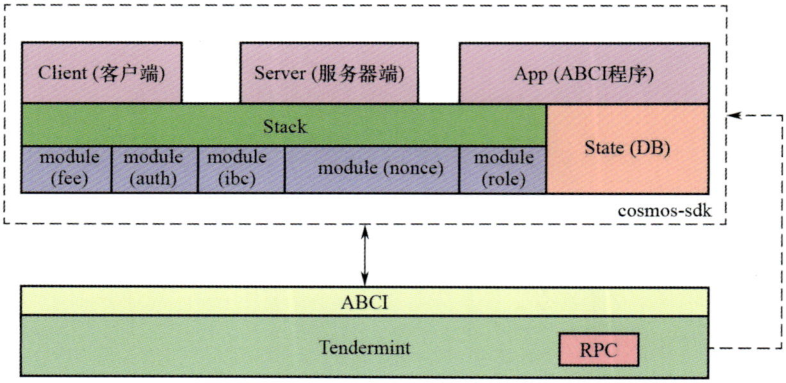

图 3-36 Cosmos SDK 的框架

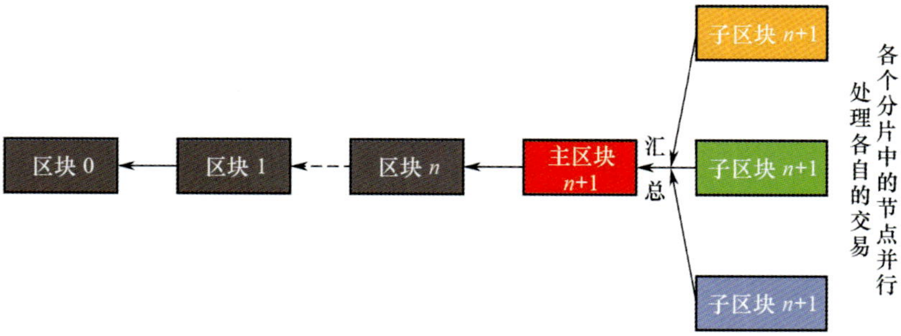

图 3-58 Zilliqa 分片网络处理交易过程示意图

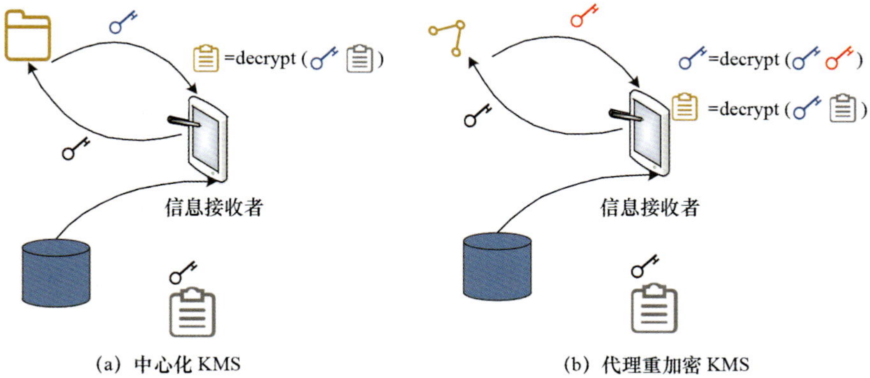

图 3-69 中心化密匙管理系统 (KMS) 与代理重加密 (PRE) 密匙管理系统的区别

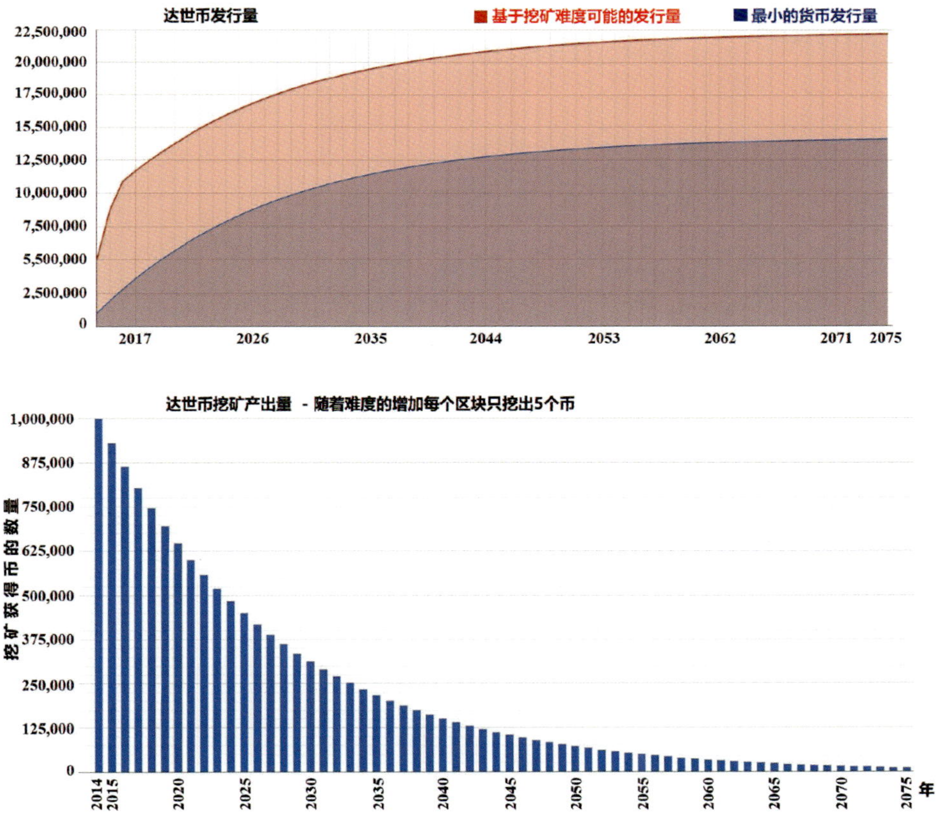

图 3-73 DASH 挖矿奖励模型

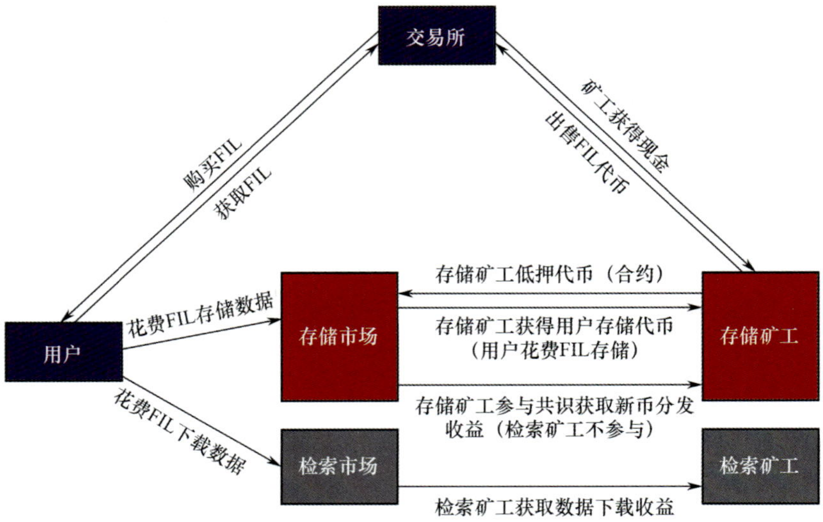

图 3-74 Filecoin 体系中价值与代币转移图示

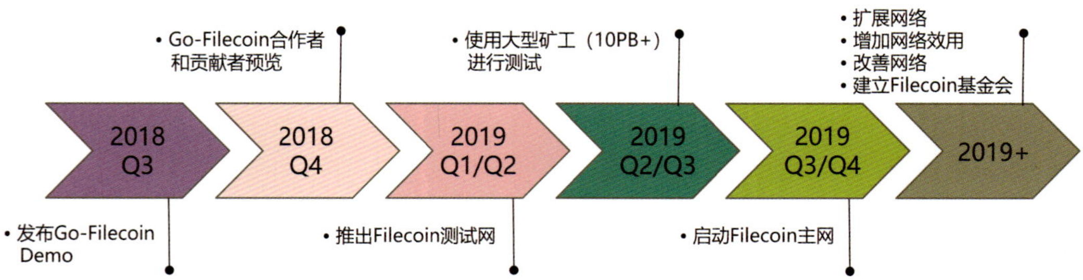

图 3-75 Filecoin 发展路线图

深入浅出区块链

核心技术与项目分析

梁　伟◎编著

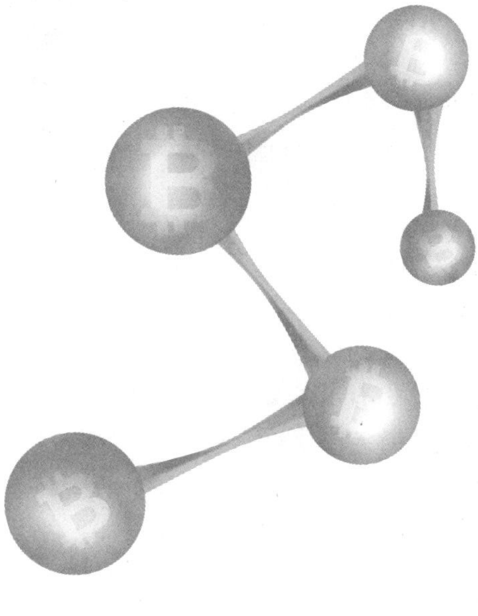

電子工業出版社
Publishing House of Electronics Industry
北京•BEIJING

内容简介

区块链技术作为未来价值互联网的雏形，世界经济论坛预测，到 2025 年，全球 GDP 的 10% 将由区块链技术承载。作为继蒸汽机、电气化、计算机之后第四次工业革命的重要成果之一，区块链是集合了分布式存储、P2P 网络、共识、安全加密等技术的综合创新。

本书通过透视优质的代表性区块链项目，可以让读者全面了解区块链产业发展现状，并加深对区块链新技术的理解。本书不求大而全地泛泛而谈，也不谈“币圈”乱象，而是针对区块链具体的核心技术点为读者建立起区块链技术体系的知识树，并从核心技术的视角向读者展示理念超前、工作扎实的一些优秀项目，这有利于提升读者对区块链领域的投资和从业认知。

本书适合区块链从业人员阅读，具体包括开发人员、CTO、决策者、解决方案专家、售前人员等。

图书在版编目（CIP）数据

深入浅出区块链核心技术与项目分析/梁伟编著. —北京：电子工业出版社，2019.9
ISBN 978-7-121-33750-5

Ⅰ. ①深… Ⅱ. ①梁… Ⅲ. ①电子商务—支付方式—研究 Ⅳ. ①F713.361.3

中国版本图书馆CIP数据核字（2019）第163442号

责任编辑：李利健
印　　刷：三河市双峰印刷装订有限公司
装　　订：三河市双峰印刷装订有限公司
出版发行：电子工业出版社
　　　　　北京市海淀区万寿路173信箱　邮编：100036
开　　本：720×1000　1/16　印张：15　字数：300千字　彩插：4
版　　次：2019年9月第1版
印　　次：2019年11月第2次印刷
定　　价：69.90元

凡所购买电子工业出版社图书有缺损问题，请向购买书店调换。若书店售缺，请与本社发行部联系，联系及邮购电话：（010）88254888，88258888。

质量投诉请发邮件至zlts@phei.com.cn，盗版侵权举报请发邮件至dbqq@phei.com.cn。

本书咨询联系方式：（010）51260888-819，faq@phei.com.cn。

推荐序 1

区块链是分布式数据存储、多中心点对点传输、共识机制、加密算法等计算机技术在互联网时代的创新应用模式。区块链技术的第一时段始于 2009 年，代表性应用就是比特币，主要解决了支付手段的去中心化。区块链技术的第二时段始于 2013 年，核心技术是以以太坊为标志的智能合约，着眼于应用的去中心化。区块链技术目前处于第三时段——联盟区块链的阶段，其共识过程由多家机构节点共同参与，具有更高的可扩展性，并且接纳监管。

我国“十三五规划”将区块链与量子通信、人工智能等技术同列为“重大任务和重点工程”。2018 年 5 月，习近平总书记在“两院院士大会”[1] 上的讲话指出，以人工智能、量子信息、移动通信、物联网、区块链为代表的新一代信息技术加速突破应用。在政策、技术、市场的多重推动下，区块链技术正在加速与实体经济融合，助力高质量发展。

作为新兴信息技术之一，区块链也面临着技术发展参差不齐、框架缺乏标准等多重挑战，期待本书的出版能为区块链技术的普及添砖加瓦，也希望全球区块链技术研究和产业应用给数字经济带来新的发展。

中国工程院院士　陈纯

2019 年 7 月于杭州

1　指中国科学院第十九次院士大会、中国工程院第十四次院士大会。

推荐序 2

区块链技术对电信运营商来说，既是机遇，也是挑战。区块链的去中心化、防篡改以及多方共识等技术特性，决定了其在解决电信行业合作中需要多方共同决策并建立互信机制、优化运营商之间及与上下游产业链的合作协同等方面具有重要的价值。电信运营商可以利用自身在网络资源和终端资源上的优势，布局区块链新型生产模式，对内提升传统业务效能，对外促进客户价值提供。

国内外主流运营商已开展区块链相关业务，包括美国 AT&T 构建区块链行业解决方案套件，西班牙电信 Telefonica 使用区块链技术跟踪并记录国际呼叫，韩国电信 SK Telecom 推出基于区块链的客户身份认证平台，中国移动在基于区块链的 PKI 安全基础设施、国际漫游清结算方面进行了应用示范等。

区块链是中国电信的重点工作领域之一。中国电信集团正在加快区块链的技术储备、产品创新和产业布局。梁伟博士作为中国电信区块链重点研发课题的负责人，正在带领团队积极探索区块链等新兴信息技术在电信行业的特色应用场景，目前已在区块链底层基础设施，区块链加密 SIM 卡，基于区块链的电子招投标、数字资产管理、农业溯源等方面进行了初步实践。这本书是他们在该领域深入研究的结晶。期望这本书能帮助读者建立区块链技术知识体系，并为相关工作与实践提供参考。

中国电信研究院院长　何志强

2019 年 7 月

推荐序 3

我们不仅生活在一个自然世界中，也生活在一个技术世界中，尤其是当下数字技术革命时代，移动互联网、云计算、大数据、人工智能、区块链等技术突飞猛进，也让我们所处的技术世界加速变化。然而区块链与云计算、大数据、人工智能不同，它是一种“草根式”的重大技术创新。云计算需要海量的服务器，才可能产生资源利用的规模效应；大数据则需要海量的“非结构化”数据，才可能发现新的价值；人工智能不仅需要海量的并行计算能力，还经常需要训练海量的数据后，才能习得新智能。

区块链创新技术的特点是分布式，而且从边缘市场开始。“草根式”创新的另一个代表是互联网，它就是从当时很小众的计算机网络开始，分布式地连接每台计算机和网络，低调、大气、不奢华，从而在监管机构和电信机构的“眼皮”底下取得成功。所以，“草根式”创新在一些不起眼的地方“搞事情”，且以分布式合作的方式，取得了颠覆性成功。但区块链和互联网也有不同，互联网的设计初衷是计算机通信，用来传递数字信息；区块链致力于为价值传递制造信任，为大规模社会化协作提供新的技术与商业范式。

另外，区块链只是信息技术的一个“区块”，必须与其他技术和场景“链”起来，才可能占据一个生态位。产业界也在不断地实践，区块链技术正在与物联网、人工智能、5G 通信等技术融合，共同解决数字经济和实体经济中的问题。

我和梁伟博士是中科院计算所的校友，很高兴能为梁博士的新书作序，也希望该书的出版能帮助读者增长见识、拓展视野。

中国信通院云计算与大数据研究所所长　何宝宏
2019 年 7 月于北京

推荐序 4

数字社会的核心在于数据规管能力。从国际数据法律法规的构建与修改的发展趋势看，数据的所有权，以及数据使用的人权、事权、物权正在快速地进行法律界定。以拥有数据为目标，以集中数据为手段的“数据圈地”模式很快会出现法律和规模的双重瓶颈。

区块链技术有利于实现可信数据交换，释放数据价值。区块链开启了一个时代，一个真正的信用时代，通过所有智能设备的记账实现多方共识，通过智能合约由数据提供方和使用方共同约定数据共享的规则，无须中间过程，即可进行不可抵赖、不可篡改的数据交换、协同处理。

我们和梁博士的团队在政务服务、智能医疗等方面进行了广泛而卓有成效的合作，综合运用区块链、大数据、人工智能、加密算法、协同计算等技术，为数字经济的产业赋能提供解决方案。我很高兴能为梁博士的新书作序，希望该书的出版能为我国数字经济的发展添砖加瓦。

中组部“千人计划”青年学者，北京航空航天大学教授　朱皞罡

2019 年 7 月于北京

推荐序 5

我因录制北京电视台定期播出的《解码区块链》电视栏目与梁博士相识，彼此有点相见恨晚的感觉。梁博士是我在众多投资调研项目过程中见过的为数不多的对区块链从理论到实践都有较多积累的人，更难得的是，他带领的团队在区块链与电信运营商领域深度融合做出了用户友好的创新产品和解决方案。因为我们有着共同的创新观念，因为我们温暖彼此，让我们在创业路上不孤单。所以，当接到邀请为这本书作序的时候，我更是感觉义不容辞，更当鼎力支持。

从大学时代的互联网创业开始，到移动互联网时代某卫视频道歌曲选秀官方 App 的 200 万 + 用户，再到区块链时代，我亲自参与了这三个阶段的创新创业投资。尤其是在 2013 年开始对互联网金融的研究实践，在清华大学五道口金融学院担任互联网金融专题班的辅导员时，我深刻体会到互联网对金融在线化、份额化、风控的改变。从权属确认到资产定价等互联网没有做到的，区块链这部“信任机器”做到了，并且智能合约提供的资产的可编程性将在包括金融在内的多领域激发出千姿百态的创新形式。

随着区块链技术广泛应用于银行、保险、通信、教育、版权、供应链管理、娱乐、智能制造、社会公益、政府管理等经济社会领域，它将优化各行业的业务流程、降低运营成本、提升协同效率，为经济社会转型升级提供系统化的支撑。

区块链投资需要关注长期价值，除了要研究清楚项目解决什么问题、这个问题是否真实存在、区块链在这个领域的独特价值，还要看项目的赛道方向、自身技术、经济模型、市场营销和团队积累等。本书遴选了一些成功的区块链项目，并从多维度进行了分类介绍，有利于读者开拓产业视野，提高投资认知。

链石资本创始合伙人　薄胜

2019 年 7 月

推荐序 6

这是一个正在加速数字化的世界，在这个几乎无盲区的全社会数字化进程中，IoT、5G 和 AI 技术正在数据的自动化采集、传输和处理领域解决各自的问题，而我们也面临一个新的课题，即面对加速增长的海量数据，是否可能基于数据本身而不是基于预设的信任关系来建立协作？区块链技术会是一种新的免信任的分布式协作的利器吗？

自 2009 年 1 月 3 日比特币诞生，区块链已迈过了 10 个年头。回头重新审视区块链的发展历程，分析其核心技术体系，回顾国内外的亮点项目，对我们更深刻地理解区块链技术内涵大有裨益。当然，总体而言，区块链作为一项颠覆性的新技术，仍处于发展的初期阶段，面向未来，我们更需要以开放的心态来接受区块链技术自身的进化。不忘记初心，不拘于成见，即使有一天，区块链变得既非“区块”，也无“链”，也无损它的重要价值。

与梁伟博士的结识源于中国计算机学会区块链专业委员会，他的专注、热情和踏实都深深地感染了我。很高兴看到国内的区块链领域有像梁伟博士这样务实的专业人士一直埋头耕耘在技术的百草园，耐得住寂寞，沉得下心，采来百花酿出蜜。

是为序。

中钞区块链技术研究院院长　张一锋
2019 年 7 月于杭州

前言

区块链是建立在传播机制、验证机制和存储机制上的分布式基础架构和计算范式，通过分布式账本、链式数据结构、全网时间戳、非对称加密、共识机制最终实现数据可信、结果可信和历史可信。目前，我们已经拥有了一个开放、共享、多元的互联网，也必然需要一个与之匹配且高效、可靠的价值传输体系，区块链是保障价值流转的信任机器。从最早的分布式集群，到内容分发网络 CDN 和点对点网络 P2P，再到云计算 Cloud 和大数据引擎 Hadoop，区块链是大规模软件系统架构演进的集成创新。从电路交换技术（Circuit Switching）垄断最早的网络发展，到 TCP/IP 以分组形式极大地提高了通信效率，再到搜索引擎垄断世界信息，区块链是网络世界新的分合转折点。从 Web 1.0 面向信息共享的“门户经济”，到 Web 2.0 面向服务共享的“平台经济”，再到 Web 3.0 面向价值共享的“个人经济”，区块链正在逐步推动“数据君主制”变为“数据民主制”。从区块链在金融领域的成功应用，到目前正在加速向政务、医疗、通信、能源、版权等应用领域渗透，区块链正在脱虚向实。

区块链作为一种指数型发展技术，人们对其最容易形成的误判是高估短期影响，低估长期影响。区块链发展经历了数字货币的膨胀期和衰退期，未来将迎来应用复苏期，本书正是在这个背景下出版的。全书不谈“币圈”乱象，也不是泛而全的图书，旨在为读者建立起区块链技术体系的知识树，并通过展示部分国外区块链明星项目，提升读者的区块链产业认知。

本书主要内容如下。

- 第 1 章对区块链技术进行了概述，包括区块链起源、发展现状、基本原理和主要技术。
- 第 2 章从 6 大方面深入浅出地建立了区块链核心技术体系，包括区块链安全性技术、区块链隐私性技术、区块链可扩展性技术、区块链共识技术、区块链账本技术、区块链智能合约技术。
- 第 3 章为读者展示了 8 大类近 40 个理念超前、工作扎实的国外优质项目，加深读者对区块链技术创新的认知，包括底层链类项目、二层链类项目、跨链类项目、分片可扩展类项目、DAG 类项目、隐私匿名类项目、资源共享类项目、应用类项目等。

- 第 4 章针对当前区块链的现状，给区块链从业者一些建议。

本书在编写过程中，得到了中国电信区块链研发团队成员的帮助，他们是（排名不分先后）：刘小欧、刘岩、王若倪、赵君、陈晓益、卢毅、冯楠、张慧敏、苏雪峰、宋世昕、张荷爽、丁红威、秦娟，在此表示感谢。此外，也要感谢电子工业出版社对本书出版的大力支持。

由于作者水平有限，书中结构、分类以及内容可能会有不妥之处，还望读者不吝赐教。

作　　者

目 录

第1章 区块链技术概述

1.1 区块链技术起源和发展现状

1.1.1 区块链技术起源

比特币（Bitcoin）从2009年诞生至今一直稳定运行，也一直饱受争议。比特币是区块链的起源项目，区块链是从比特币脱胎而生的底层技术，但大多数人通常只关注比特币作为一种数字货币的金融属性，而忽略了蕴藏在其中的区块链思维。

下面简要回顾一下中本聪（Satoshi Nakamoto）在2008年发表的比特币白皮书《比特币：一种点对点的电子现金系统》。在短短的9页白皮书中，作者开门见山地指出：互联网世界需要一种基于加密证明而非基于信任的电子支付系统，允许任何两方可以直接做交易，而不必依赖于一个信任的第三方（比如金融机构）来避免出现双花（double spending）问题。比特币是一种基于点对点网络（peer to peer network）来避免出现双花问题的解决方案，这个网络不需要复杂的设计结构，消息被尽力而为地广播，节点可以自由地加入或退出。网络中发生的交易被打上时间戳，并被哈希组成一条基于工作量证明的最长链。这条最长链不但是按照时间先后顺序排列的交易事件证明，也是网络中最大CPU算力的证明。只要诚实的节点所拥有的CPU总算力超过恶意或攻击节点，这个电子支付系统就是安全的。

基于上述思想，中本聪于2009年1月9日在位于芬兰赫尔辛基的一台小型服务器上挖出了比特币的创始区块（genesis block），获得了首个比特币挖矿奖励（50枚），并在创始区块中永久地记录下了当天英国《泰晤士报》的头版标题："The Times 03/Jan/2009 Chancellor on brink of second bailout for banks"。

1.1.2 区块链技术发展现状

世界经济论坛创始人Klaus Schwab认为，区块链技术是继蒸汽机、电气化、计算机之后第四次工业革命的重要成果之一，预计到2025年，全球GDP总量的10%将利用区块链技术存储。市场研究机构Gartner预测，2020年基于全球区块链的业务将达到1000亿美元。当前，区块链也早已从局限于数字货币应用的区块链1.0时代迈入泛区块链应用的区块链 3.0 时代。随着区块链在金融领域的成功应用，目前区块链正在加速向医疗、通信、能源、版权等传统领域渗透，使得全球范围内产业界纷纷布局并采取举措，抢占区块链在泛社会应用领域的先机。

1. 国外的区块链产业现状

我们先来简要看看国外的区块链产业现状。

美国在政务领域已开展区块链技术在多个政府部门和机构的应用，包括财务管理、采购、IT 资产和供应链管理、专利、商标版权、特许权使用费、政府签发的证件（如签证、护照、SSN 和出生证明等）、联邦人力和劳动力数据、拨款、联邦援助和外援交付等。具体而言，美国财政部研究将区块链技术用于供应链管理，以便加快处理速度，提高工作效率，加强私营部门的财务控制；美国国务院鼓励与目前使用区块链技术的私营部门合作伙伴进行对话；美国国土安全部研究开发区块链技术在边界安全方面的作用；美国国家航空航天局研究使用在以太坊网络上的深度学习开发弹性网络和计算机；美国食品药品监督管理局研究用于便携式交互式设备（RAPID）的实时区块链应用程序，在美国关键疾病和损伤追踪组网络中，使其可以支持医疗数据的交换。与此同时，在金融领域，美国证监会 SEC 于 2018 年发布了《关于数字资产证券发行与交易的声明》，依据豪威测试（Howey Test），对除比特币和以太坊外的区块链数字资产进行合规监管。纳斯达克于 2015 年 12 月率先推出基于区块链技术的股权交易平台 Linq，并于 2019 年 2 月上线了比特币指数 BLX 和以太坊指数 ELX，积极探索区块链技术在证券交易体系中的应用。美国洲际交易所（Intercontinetal Exchange）推出的 Bakkt 平台于 2018 年 12 月 31 日宣布获得了来自微软 M12、南非 Naspers、波士顿咨询集团 BCG、维港投资 HorizonsVentures 等巨头在内的 1.825 亿美元融资，致力于为全球用户提供简单高效、安全合规地购买、销售、存储和使用数字资产的服务。初创公司 R3CEV 发起成立著名的金融分布式账本联盟，最多时吸引了 70 余家全球银行巨头参与，致力于制定银行业的区块链行业标准与协议。摩根大通构建了基于区块链的银行间信息网络（Interbank Information Network，INN），发行用于大型企业客户间国际支付结算和证券交易结算的数字代币，吸引了全球超过 100 家银行的参与，旨在改善从跨境支付到公司债权的付款效率。Facebook 于 2019 年 6 月发布了天秤座项目 Libra 的白皮书，旨在建立一个简单无国界的货币和为数十亿人服务的金融基础设施，基于区块链技术打造新产品，重塑其用户体系、广告体验和在线游戏支付系统。

区块链在欧洲大陆方兴未艾。据 IDC 的报告预测，欧洲区块链投资额将在 2022 年达到 36 亿美元，年复合增长率约为 73%。2018 年 2 月，欧盟委员会启动欧盟区块链观察站和论坛，并合作建立了欧洲区块链服务基础设施 EBSI。英国政府早在 2016 年就发布了《分布式账本技术：超越区块链》的白皮书，从国家层面对区块链技术进行了分析，并在福利基金分配和使用领域进行试点应用。英国央行是世界上第一个尝试法定数字货币原型 RSCoin 的央行，著名的“监管沙盒（sandbox）”也是由英国首创的，旨在为区块链金融科技企业在监管政策不确定的情况下提供创新环境。法国政府将发展区块链技术作为“优先事项”，并在农业的供应链管理领域运用，提高农业生产和分销的透明度；在“促进企业增长和改革的行动计划”（PACTE）中增加对加密资产的审计和税收条例。瑞士则想通过建立法律框架角逐区块链发展的领先地位，将数字代币分为支付型、应用型和资产型三类实施分别监管。

根据 IDC 公司的数据可知，截至 2018 年年底，中东的区块链行业开支达到 8080 万美元，对比 2017 年增幅为 107%。在中东，被称为“沙漠区块链绿洲”的迪拜通过 Smart Dubai Inititative 战略，鼓励政府各部门与区块链企业合作，推动政府部门内外流程的数字化，实现“无纸化办公”，并希望在 2020 年实现“首个基于区块链技术的政府”，计划辐射 43 个政府实体、200 个服务中心、1600 项政府服务和 124 项区块链 + 政务应用。例如，迪拜土地局（DLD）在 2017 年 10 月就开始使用区块链系统记录房地产合同，并与当地水电局、电信系统、相关票据方连通，使租户快速完成线上支付，有效提升政务效率。2019 年 4 月，迪拜未来基金会成立了区块链未来理事会，由 Smart Dubai 总监 Aisha Bint Butti Bin Bishr 博士领导，新理事会由来自各政府和国际实体的 14 名成员组成，拟立法在政府服务和私营实体中扩大区块链技术的实施。

在亚洲，作为对区块链技术最开放的新加坡政府，创建了区块链贸易平台，积极推动“智慧国”建设，拥抱数字资产创新——基于新加坡的区块链贸易平台 Open Trade Blockchain，使港口、航运公司和客户可以分布式查看交易与贸易相关文件，提高跨境贸易供应链效率和透明度；基于 CODEX 政府智慧国项目，到 2023 年，新加坡所有的政府网站将提供电子支付和电子签名选项，国民在使用政府服务时，无须亲临现场，就能付款和签署文件，从而提高政府工作效率及经济效益，为国民提供更优良的数据服务。日本成立了首个区块链行业组织 BCCC，由 30 多家对区块链技术感兴趣的日本公司组成。日本经济贸易产业省（METI）建议政府验证使用案例的有效性。

2. 国内的区块链产业现状

我们再把目光看回国内的区块链产业发展现状。当前国内的区块链市场规模尚处于产业发展早期，但随着国内资本和政策的双驱动，区块链在国内的商业模式逐步成熟，预计到 2020 年，我国区块链市场规模将达到 5.12 亿元，2016 年至 2020 年复合增长率将达到115.6%。从国内政策方面看，国务院于2016年12月印发了《“十三五”国家信息化规划》（国发〔2016〕73号），将区块链技术提升到国家战略层面，明确指出要强化区块链等战略性前沿技术，并进行超前布局。习近平总书记在2018年的两院院士大会上，将区块链与人工智能、量子信息、移动通信、物联网并列为待加速突破的五项新一代信息技术，这标志着区块链的“中国共识”。工信部印发《工业互联网发展行动计划（2018—2020年）》，鼓励推进边缘计算、深度学习、区块链等新兴前沿技术在工业互联网领域的应用研究。2019年2月，国家网信办（中华人民共和国国家互联网信息办公室的简称）《区块链信息服务管理规定》正式实施，将区块链信息服务纳入监管范围，对区块链行业的发展起到更好的规范和推动作用。2019年3月，聚焦世界目光的全国两会召开，以区块链为代表的前沿技术成为两会关键词，关于区块链的提案达到34条，越来越多的地方政府把发展区块链技术、扶持区块链产业放入政府工作报告。2019年5月20日，中共中央、国务院发布《关于深化改革加强食品安全工作的意见》，指出推进区块链等技术在食品安全方面的应用。2019年6月，工信部印发《工业互联网专项工作组2019年工作计划》，研究制定《数字军工行动计划》，促进大数据、物联网、区块链等新一代信息技术在军工领域的应用。区块链技术得到了我国地方政府的广泛支持，各地政府均提出了各具特色的产业发展支持政策或规定。由于雄安新区所处地位独特，获得了国家政策、资金等多方面的支持，党中央、国务院将“超前布局区块链”写进对《河北雄安新区规划纲要》的批复中，目前雄安新区已开展了区块链+租房、区块链+数字森林、区块链+工程资金管理等典型应用。广东是区块链扶持资金最多的省份，广州市的“区块链10条”规定每个应用示范项目最高支持300万元，升级版的“区块链10条2.0”鼓励设立10亿元区块链产业基金、每年最高1000万元研发补贴，打造区块链活力之区；深圳市则对在区块链数字货币、金融大数据运用等领域的优秀项目进行了重点奖励，年度奖励额度为600万元。浙江的特点是区块链地方扶持政策文件和独角兽公司最多，有政府首个区块链产业园、首个将区块链写入政府工作报告、成立全国首个区块链产业基金，有趣链科技、公信宝、秘猿科技、云象等一批区块链明星企业。贵州是地方政府区块链支持政策中最全面、最具体的，《贵阳区块链发展和应用》甄选了12个应用场景，探索主权区块链在政用、民用、商用等领域的应用，其中，区块链+精准扶贫和区块链+数据交易的落地效果较好。

从行业角度看，区块链技术的创新及应用落地与行业生态的构建和完善密不可分。截至2018年年底，据不完全统计，我国已成立的区块链行业协会、联盟数量已超过30个，提供了良好的区块链技术、政策、应用、标准的交流平台。国内首家专注于区块链技术的前沿非营利性研究机构万向区块链实验室旨在聚集领域内专家，深入研究探讨区块链的技术研发、商业应用、产业战略，为区块链创业者提供引导，为区块链行业发展和相关政策制定提供参考。万向区块链实验室主要集中于区块链应用的推动与投资和区块链市场教育。该实验室发起成立了中国分布式总账基础协议联盟（China Ledger 联盟），并在每年举办区块链全球峰会。中国区块链应用研究中心是由互联网金融博物馆牵头发起的一家民间非营利性中立机构，致力于以公益研究平台推动社会金融启蒙、建立公众认知标准，在国内有北京、上海、深圳、杭州等分支机构，并在硅谷、纽约等地成立了分中心。中国信息通信研究院联合 158 家企业发起“可信区块链推进计划”，截至 2018 年年底，已有 280 家成员单位加入了该计划，包括溯源、保险、金融、电信、司法存证等行业。“可信区块链推进计划”下设了技术标准、行业应用、政策法规三个工作组及 BaaS、保险溯源、工业应用、电信应用、知识产权等项目组。其中，作者本人是电信应用工作组的联合组长。“可信区块链推进计划”的业务范围包括：区块链核心基础技术研究，推动区块链行业研发设计和生产服务水平快速发展；搭建政产学研平台，推动区块链应用落地；构建可信区块链标准体系，推动行业良性健康发展；积极开展国际合作，提升我国在区块链领域的国际影响力；开展区块链政策研究，探索区块链新模式和新业态，为政策制定提供依据。中国计算机学会区块链专委旨在团结、联合、组织区块链领域的专业人士开展学术交流活动，提高我国区块链领域的科研、教学及人才培养水平，促进区块链研究成果的应用和产业化，提升我国在国际区块链领域的学术影响力，已主办了包括首届中国区块链技术大会在内的多项学术活动，作者本人也是该专业委员会的委员。中国电子商会区块链专业委员会的宗旨主要包括传达政府的方针政策、在会员与政府之间发挥中介作用、推动区块链创新应用发展、促进国际间区块链行业交流、促进会员企业之间的联系等。亚洲区块链学会得到了多名中国和海外区块链专家和学者的支持，得到多家区块链公司及金融机构的赞助，其主要目的是在亚洲区推广区块链的学术交流及商业应用，提供给区块链公司、金融机构等定制独立解决方案，提供企业培训、学术讲座及论坛等服务，作者本人也是亚洲区块链学会的专家委员。

从企业角度来看，从 2015 年开始，国内知名企业纷纷布局区块链技术，同时也涌现出了一大批区块链创业公司。当前国内区块链企业格局主要以骨干企业为牵引，初创企业为助力，共同推进区块链技术的创新和应用。国内骨干企业代表主要集中在传统互联网企业，且呈现业务 + 区块链的升级模式。阿里巴巴以电商领域为基点，主打公益、医疗、金融和物流的解决方案应用，比如，蚂蚁金服在支付宝爱心捐赠平台上线区块链公益筹款项目“听障儿童重获新声”，让每一笔善款可被全程追踪；阿里海淘上线基于区块链的牛奶溯源，从澳大利亚海外的货舱，到国内货舱，再到天猫商家，步步追踪溯源物流全链路信息。腾讯已落地“公益寻人链”，公布了区块链平台 TrustSQL，发布第一款区块链游戏《一起来捉妖》；由腾讯提供底层区块链技术的全国首张区块链电子发票，打造了“微信支付—发票开具—报销报账”的全流程、全方位发票管理应用场景。百度推出了个人消费汽车租赁债权私募 ABS 项目，这是国内首单以区块链技术作为底层技术支持，实现 ABS“真资产”的项目；完成了百度百科上链，并上线了区块链产品“度宇宙”。初创企业典型代表有趣链科技、中思博安、布比区块链、公信宝、全链通等。作为国内区块链行业的准独角兽企业，趣链科技已经完成 15 亿元人民币的 B 轮融资，也是区块链行业中通过传统融资渠道获得的最大的一笔融资（截至本书出版时）。趣链科技致力于打造国产自主可控的区块链底层平台，该平台在若干大中型金融机构的技术测评中均名列第一，并首批通过了中国电子技术标准化研究院和中国信息通信研究院的相关标准测试，该平台的应用涵盖了数字票据、供应链金融、电子存证、债券交易、股权交易、ABS 等在内的典型金融业务场景。在区块链技术、智能合约的驱动下，中思博安将多节点数据交换与业务协同进行了安全和高效的实现，同时将数据转换为资产进行交易。中思博安与 IBM Watson 联合研究医疗人工智能和区块链技术，建立了互联网诊疗国家重点工程实验室，承担了智慧能源多能互补国家重点示范项目，旨在为包括上海数据交易中心平台、陕西电子政务 2.0 在内的国家重点数字经济工程项目提供技术支持。为打造新一代价值流通网络，增强数字资产的流动性，布比区块链推出布萌，作为一款面向互联网的区块链产品，布萌能够快速构建上层应用业务，可以满足大规模用户的场景。公信宝建立了首个去中心化数据交易所，基于公信链开发了百万级个人移动端应用布洛克城，致力于解决个人数据管理和数据共享方面的问题，提供企业之间、个人之间、企业与个人之间的数据交换服务。全链通定位于区块链基础应用集成和应用创新，开发了多链集成、高性能运营的区块链云服务架构，搭建了资产数字化交易系统，并在畜牧保险、司法存证等细分领域进行特色落地。总体来看，当前国内区块链企业还远未形成规模，传统骨干企业的优势在于资金充足、科研实力雄厚、渠道广泛，让它们在这一轮区块链爆发热潮中立于不败之地。初创公司的优势在于没有大型公司的体系束缚，可以迅速投入人力进行新技术研发，出成果较为迅速，但是受制于资金和渠道，未来更多地寄希望于产业的成熟和融资。

1.2 区块链基本原理

1.2.1 区块链技术体系演进

区块链（Blockchain），顾名思义，就是由一个一个的数据区块通过首尾相连的链接方式连接起来的公共链式数据库，这个公共数据库又被称为公共账本。区块链技术是多个参与方基于现代密码学、分布式一致性协议、P2P 网络技术和智能合约编程技术形成的数据广播、处理和存储的技术组合。区块链概念及其相关技术的来源是比特币的底层技术，而区块链技术逐渐成形发生在以太坊等技术出现后。

1. 按照区块链技术的发展分类

从目前区块链技术的发展阶段看，区块链技术的发展可分为如下三个阶段。

（1）区块链 1.0 阶段：区块链雏形阶段

在该阶段，BTC 最先进入视野，大家纷纷效仿比特币底层技术发行各类数字货币（比如莱特币、狗狗币等），促使基本的价值信息和数据能够进行 P2P 传输，区块链雏形初显，但此阶段仅出现了一些简单的应用，并无实际价值。区块链也并非作为一种专门技术体系被提出，Blockchain 这个词更多地用于描述比特币记录交易的链式账本。

（2）区块链 2.0 阶段：区块链体系化阶段

在该阶段，出现了以 EOS、以太坊、NEO 和 QTUM 为代表的区块链底层平台。为解决区块链的商业应用问题，上述平台对共识机制、智能合约、开发组件、交易处理速度、开发语言进行了升级与革新，通过分片、跨链、侧链、数字身份、评审和设计进行技术创新。然而，目前诸多技术平台并不完善或者正处于开发阶段，距离真正的商用仍有一段距离。该阶段诸多应用在以太坊、NEO 和 QTUM 的基础上被开发出来，然而目前这些平台仅作为应用的发币渠道，距离真正的商用尚有距离。

（3）区块链 3.0 阶段：区块链规模应用阶段

在该阶段，区块链技术逐渐成熟，从而促使现实世界通过若干平台型项目与区块链世界相连接，保证其他区块链系统能够接入，并形成能支持大规模交易处理需求的区块链技术平台。在上述成熟区块链系统的基础上，更多的区块链应用将会逐步涌现，区块链技术得以真正进入现实生活中。

2. 按照区块链技术的应用范围分类

根据区块链技术的应用范围可以分为如下三个阶段。

（1）区块链 1.0 阶段：数字货币应用

区块链 1.0 阶段解决了货币和支付的去中心化问题。该阶段的区块链应用多为货币转移、兑换和支付，以比特币为代表的虚拟货币是现实应用。通过全网共享账本和 N 次确认不可逆，有效防止了双花问题出现。

（2）区块链 2.0 阶段：智能合约应用

这个阶段解决的是市场的去中心化问题。应用范围从货币延伸至股票、债券、期货、贷款、产权、智能资产等经济、市场、金融等方面。智能合约是其中的关键词，它体现了代码即法律，并提供图灵完备的编程语言，能够解决任何算法的编程问题。

（3）区块链 3.0 阶段：泛社会应用

这个阶段解决大规模协作社会的问题，应用范围从金融、经济方面，拓展到更广泛的健康、科学、文化和艺术等社会治理领域，应用从 DApp 到 DAC（Decentralized Autonomous Corporation，去中心化自治公司），再到 DAO（Decentralized Autonomous Organization，去中心化自治组织）。

1.2.2 区块链技术原理

本节介绍的区块链技术原理主要包括交易、区块、链这三个基本概念。

（1）交易

交易是指区块链参与方在区块链上进行所有操作的基本形式，包括从简单的付款到智能合约的执行。每次交易操作后，当前区块链账本的状态会发生一次改变。

（2）区块

区块是指区块链账本的单元形式，它记录了一段时间内发生的所有交易以及交易后状态改变的结果。此区块记录的内容需要得到所有参与方的共识。

（3）链

区块记录的内容得到所有参与方的共识后，每个区块按照发生顺序串联成链，形成整个区块链账本状态变化的日志记录。相邻区块之间通过将前一个区块的散列值放入下一个区块中的方式进行链接，以此类推。

总体来说，整个区块链的运作机制就是各参与方发出各种交易，该交易被区块生成者收到后，根据交易中包含的操作将当前区块链记录的相关状态进行改变，然后将新的状态结果和交易都记录到区块中，在区块被所有参与方达成共识后链接到当前的区块链中。

区块链的数据结构大致如图 1-1 所示，后继区块记录前一个区块的散列值。如果有新数据加入，就必须放到一个新的区块中，而这个块以及块内交易的合法性，可以通过计算散列值以及特定的共识算法快速检验出来。一个新的合法区块可以被任意维护节点提出，但必须经过一定的共识机制来使最终更新的区块达成一致。

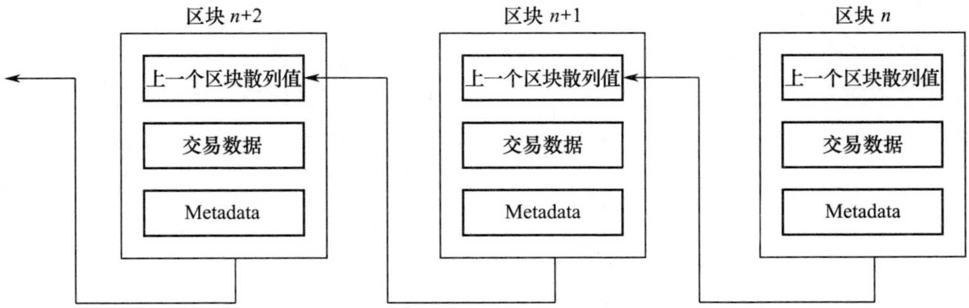

图 1-1 区块链数据结构

区块链通过以上数据结构在所有参与方中维持一个统一的账本，但参与方却可以处在不同的应用场景下。一个典型的区块链系统包括数据层、网络层、共识层、合约层和应用层，旨在实现交易、区块和链。虽然目前业界的公链、联盟链和私链项目成千上万个，每个项目在技术实现上都千差万别，但大部分区块链符合图 1-2 所示的框架设计。

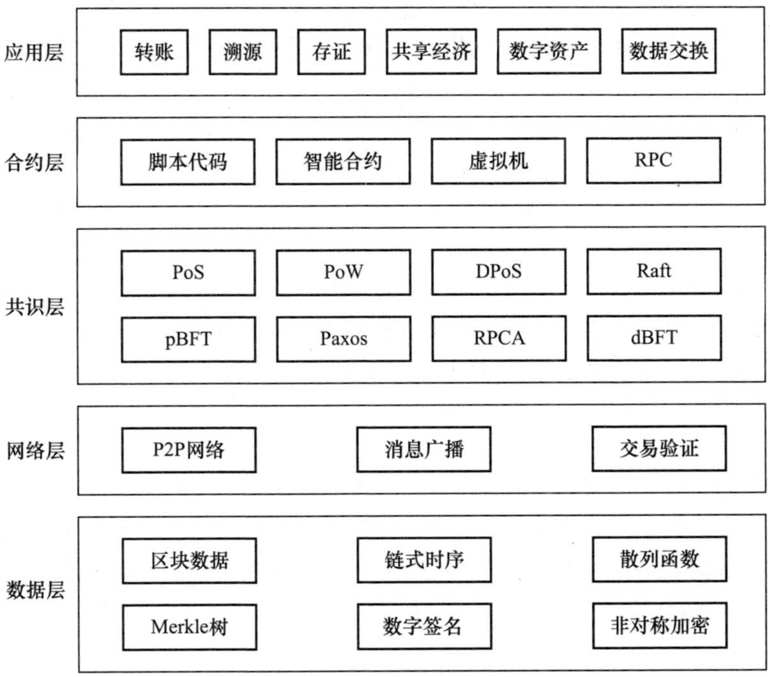

图 1-2 区块链框架图

（1）数据层

数据层解决了区块数据和交易消息格式的问题。例如，一个区块可能由区块头和区块数据组成，区块头包含了前一个区块的散列值、时间戳、随机数等，具体的区块数据则包含了一条条的交易记录以及对应的一些状态变化。区块在记录数据时采用 Merkle 树的方式，将交易数据和状态变化组织起来。由于区块链账本可追溯性要求不能迁移删除之前的区块数据。因此，随着时间的推移，区块数据会越来越多。

（2）网络层

在网络层，区块链各参与方相互连接起来并交互各类交易消息。各参与方通过特定的 P2P 协议彼此连接成一整张网络，每个参与方作为一个 Peer，同时与多个邻居 Peer 通信。Peer 发出的交易消息将会广播到邻居 Peer，收到消息的邻居 Peer 会先验证消息的有效性，然后向它的邻居广播。

（3）共识层

共识层作为整个区块链的核心，能够将区块链与其他中心化系统区别开来。共识层是保证所有区块链参与方能够形成统一账本的关键，目前比较常见的共识机制有工作量证明机制（Proof of Work，PoW）、权益证明机制（Proof of Stake，PoS）、代理权益证明机制（Delegated Proof of Stake，DPoS）、实用拜占庭容错机制（pratical Byzantine Fault Tolerance，pBFT）。比特币和以太坊使用了 PoW 共识机制，Qtum 使用了 PoS 机制，EOS 使用了 DPoS 机制，超级账本的 Fabric 使用 pBFT 机制。这些机制各有优缺点，适合不同的应用需求。

（4）合约层

合约层是使区块链真正脱胎于简单转账交易而实现智能经济的重要组成部分。在这一层中，区块链节点提供虚拟机，使简单的交易脚本和智能合约程序可以运行在节点的虚拟机上，从而实现了各种复杂逻辑的执行。

（5）应用层

应用层是区块链面向各类应用的层次。目前业界基于区块链在较多领域开发了去中心化的应用，比如存证、溯源、共享经济、数字资产以及数据交换等。各类应用的参与方可以通过 RPC 或其他方式接入到区块链节点中，让业务数据和价值通过区块链进行流通，从而解决各参与方之间的不信任问题。

1.2.3 比特币原理

也许还有很多人不了解区块链技术，但大多数人都早已对比特币有所知晓。事实上，人们对区块链的认知最早也就是从比特币开始的。在介绍区块链的前世今生的时候，我们通常认为区块链起源于比特币。货币的本质是所有者与市场在进行交换、交易行为时的一种凭证。从物物交换到纸币的出现，再到今天电子货币的诞生，货币的发展经历了一个漫长的过程。近几年，电子货币发展迅速，已经逐渐占据了人们的生活，人们日常生活中的每笔收入与支出仅体现为银行系统中数字的加减，且只有银行拥有每笔交易的记账权。在 2008 年的全球经济危机中，美国政府凭借记账权进行货币的无限增发。这引起了一个叫中本聪的人的思考，他认为这种现象很不合理，从而提出了一种新型支付系统，这个系统中的所有人都有权记账，货币不得超发，甚至整个账本完全公开、透明。这就是比特币产生的原因和动机。

比特币是一种数字货币，是基于区块链技术实现的。比特币网络是一个分布式的 P2P 网络，是历史上第一个经过大规模、长时间检验的数字货币系统，网络中发生的每笔交易都由矿工通过“挖矿”的方式来记账。

当一个用户发起一笔交易时，他需要将交易的各项具体信息打包成消息后附上签名在比特币网络中广播，收到这些交易消息的矿工节点会对这些交易的有效性进行检查，并将有效的交易打包到一个候选区块中，矿工节点会不断地对候选区块进行散列计算——“挖矿”（算力竞争），在“挖矿”过程中获胜的矿工节点向全网宣布候选区块成为正式的区块，同时将此区块链接到当前区块链的末端，其他节点也将通过同步的方式获取最新的区块信息。

在一轮轮的“挖矿”过程中，矿工节点为新的候选区块生成一个随机数 nonce 放到候选区块里，并与候选区块一起进行散列计算。如果算出来的散列值小于某个特定的阈值，则带有此 nonce 的区块被认为是可以作为公共账本的一个区块，然后向其他节点广播。收到此区块的其他节点只需简单地重新计算一下散列值，就可以验证此 nonce 是否满足要求，从而选择将满足要求的区块放到当前区块链账本中。当大部分节点都将此区块放到自己的账本中时，即此区块被比特币网络所接受，其中的交易也相应地被接受。寻找 nonce 的过程是一个十分消耗计算资源的过程，通常要经过许多轮的寻找才能找到满足要求的 nonce。

PoW 是比特币的一种共识机制，它是通过基于算力寻找 nonce 的方式实现的。散列结果需要满足一定的条件，但是目前并未找到已知的快速启发式算法，只能借助暴力计算进行尝试。

比特币网络通过调节难度阈值的方式对区块的产生进行控制，使得平均约 10 分钟产生一个合法区块。算出区块的节点会得到区块中所有交易的交易费和固定发放的奖励费（2016 年 7 月至 2020 年 5 月之间是 12.5 比特币，每 4 年减半），以上计算新区块的过程俗称为“挖矿”。

在比特币中，被广播的每笔交易都需要包含交易输入和交易输出两部分信息，这种交易是形式最简单的转账支付交易。交易输出即本次交易的对象以及需要支付的金额，交易输入指的是交易输出的资金来自之前收到的那一笔或几笔没有被花掉的资金，这些没有被花掉的资金被称为 UTXO（Unspent Transaction Outputs）。转账方在交易过程中要引用某笔 UTXO，需要通过签名的方式来证明自己是该笔 UTXO 的合法使用者；同时，签名也将资金的输出限制在特定的收款方，即形成新的只有特定收款方才能使用的 UTXO。对每笔交易来说，总输入不能小于总输出。总输入相比总输出多出的部分称为交易费用（Transaction Fee），为生成包含该交易区块的矿工所获得。

在比特币和几乎所有的区块链项目中，每个参与者都有一个特定的格式开头，其由一串随机字母和数字组成的账户或者地址组成，目前比特币的地址由以 1 或者 3 开头的 20B 的字符串组成，这个地址其实就是参与者的公钥经过一系列散列及编码运算后生成的。而公钥又由私钥经过一种被称为椭圆曲线算法的加密算法计算而来。私钥的目的是用来对交易消息进行签名，而公钥的目的则是验证签名者。

1.2.4 以太坊原理

比特币的交易消息仅仅实现了参与者之间的支付和转账，因此，很多人想到是否可以利用这种技术来实现更复杂的逻辑。其中一些人基于比特币的主网区块来扩展更丰富的交易脚本，在比特币上构建智能资产；而另一些人则认为比特币的区块限制过多，应该建立一个新的区块扩展性更强的系统，这类系统的先行者就是以太坊。比特币的数字货币交易功能借助以太坊得到了进一步扩展，从而能够面向更为复杂和灵活的应用场景，并可以支持智能合约这一重要特性。

以太坊的本质是一个基于交易的状态机。在计算机科学中，一个状态机是指某个状态可以读取一系列的输入，然后根据这些输入会转换成一个新的状态。

以太坊状态机的起始状态是创世状态（Genesis State），创世状态是网络中还没有任何交易的初始状态。随着交易的不断执行，以太坊状态就会从创世状态不断地转变成新的状态，如图 1-3 所示。

以太坊的交易过程如下：参与者发出一笔交易，这笔交易除最基本的支付脚本外，还包括一些复杂的操作逻辑，这些操作逻辑执行的结果通常是将一些状态进行改变。以太坊中的所有节点将收到的这些交易进行验证并广播，如果这些节点是矿工节点，除验证外，还会执行交易中包含的逻辑操作，将相关的状态进行改变，并将交易以及交易引起的状态变化打包到每个区块中，每个区块再通过与比特币区块类似的方式前后链接起来。与比特币类似，以太坊矿工的这种打包区块方式也是通过工作量证明机制来实现的。

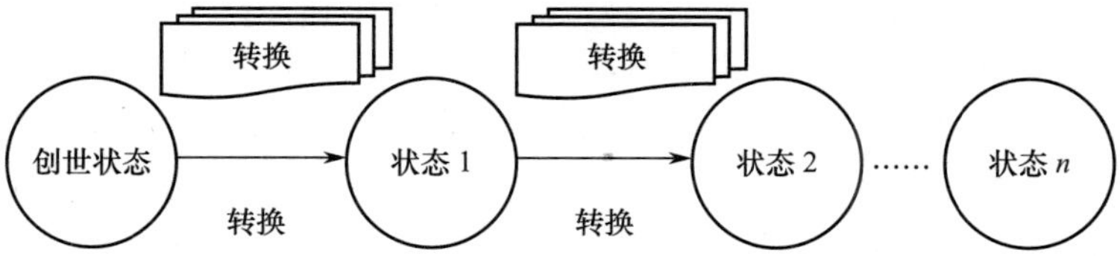

图 1-3　状态转换图

以太坊上的状态值有很多，有一些是以太坊底层所定义的状态值，比如，每个以太坊账户的以太币余额。还有一些是通过智能合约定义的状态值，比如智能合约为每个以太坊账户定义的特殊代币的余额。智能合约本身是一段程序代码，也是被参与者通过交易的方式写入（部署）以太坊区块中的。智能合约被写入区块中后，它所定义的状态值就被初始化。参与方通过交易的方式调用智能合约中的函数来改变这些状态值。

在以太坊中，一个比较重要的概念就是 GAS 费用，代表以太坊上每一笔交易生效所消耗的资源代价，比如，矿工对交易中调用智能函数的脚本进行计算需要消耗 CPU，对状态变量的存储需要消耗磁盘空间等。GAS 需要用以太坊上的以太币来支付，而矿工最终因为付出了资源而获得与消耗 GAS 相关的费用。

因编写智能合约的需要，以太坊设计了图灵完备的高级编程语言，智能合约的开发难度得以有效降低。目前，Solidity 是最常用的以太坊合约编写语言之一。

1.3　区块链关键技术

——跨境商贸合作中签定的合同，怎么确保对方能严格遵守和及时执行?

——超市里看似新鲜上架的牛肉，怎么追踪饲养和加工过程的卫生问题?

——经典囚徒困境中的两个人，怎样才能达成利益的最大化?

……

这些看似很难解决的问题，在区块链的世界已经有了一个初步的答案。本节将带领大家探索区块链的关键技术，包括其定义与原理、关键的问题等，还将探讨区块链技术的演化，并对未来发展的趋势进行展望。

1.3.1 散列算法

1. 技术概述

密码散列函数是一类数学函数，它可以在有限、合理的时间内将任意长度的消息压缩为固定长度的二进制串，该函数的输出值叫作散列值或者哈希值。散列算法在散列函数的基础上构造，是实现数据完整性和实体认证、构成多种密码体制和协议的重要安全保证。与散列函数有关的另一个重要概念是碰撞，它是指两个不同的消息在同一个散列函数作用下，具有相同的散列值，从而保证散列函数的安全性，即在现有的计算资源（包括时间、空间、资金等）下，找到一个碰撞是不可行的。比特币系统中存在两个密码学散列函数：SHA-256 和 RIPEMD160，其中，RIPEMD160 主要用于生成比特币地址，SHA-256 在比特币中使用最为广泛，下面将着重分析此算法。

SHA-256 属于著名的 SHA 家族一员。SHA（Secure Hash Algorithm，安全散列算法）是一类由美国国家标准与技术研究院（NIST）发布的密码散列函数。1993 年，正式名称为 SHA 的第一个成员发布，1995 年，著名的 SHA-1 发布，另外 4 种变体在之后相继发布，包括 SHA-224、SHA-256、SHA-384 和 SHA-512，这些算法也叫作 SHA-2。SHA-256 算法是 SHA-2 算法簇中的一类，对于任意长度的消息，SHA-256 算法会产生一个 256 位的消息摘要。SHA-256 包含密码散列函数的一般特性。

SHA-256 是区块链构造所使用的主要密码散列函数。从区块的头部信息到交易数据，均需要此散列函数去计算相关数据的散列值，从而保证数据的完整性。与此同时，在比特币中，基于寻找给定前缀的 SHA-256 散列值，设计了 PoW 的共识机制。SHA-256 算法也被用于构造比特币地址的一环，目的是识别不同的用户。

2012 年 10 月，美国国家标准与技术研究院选定了下一代密码散列算法——SHA-3 算法。在遴选 SHA-3 算法的过程中，最后胜出的是 Keccak 算法。以太坊中的散列算法采用了 SHA3-256。

由于散列函数的抗碰撞性，我们很难找到两个不同的消息经散列运算之后得到相同的散列值。如果原消息在传输过程中被篡改，那么运行散列函数后得到的新散列值就会和原来的散列值不一样，这样就容易被发现。区块链可以利用散列函数的抗碰撞性进行区块和交易的完整性验证。在区块链中，前一个区块信息的散列值被存储在后一个区块的头部信息中，通过前一个区块的信息，任何用户都可以通过比对计算出来的散列值和存储的散列值来检测前一个区块信息的完整性。

散列函数用于区块链的另一个有用特征是不可逆计算，即通过对输入消息计算散列，可以很快得到输出散列值，但通过散列值无法逆计算得到输入消息。因此，人们通常使用它来快速检验一个输入是否有效。这使得挖矿计算出来的随机数很容易被所有节点检验并在全网达成共识。

2. 成熟度

散列函数目前已经比较成熟，国际上常用的散列函数包括 MD5、SHA-1、SHA-2、SHA-256、SHA-512、SHA-3。

MD5 一度被广泛应用于安全领域，但是由于 MD5 的弱点被不断发现以及计算机性能的不断提升，现在已经可以构造两个具有相同 MD5 散列值的信息。因此，MD5 不再适合当前的安全环境。目前，MD5 计算广泛应用于错误检查。

SHA-1 曾被视为 MD5 的后继者，在许多安全协议中广为使用，包括 TLS 和 SSL、PGP、SSH、S/MIME 和 IPSec，但如今 SHA-1 由于安全性问题，已被密码学家严重质疑。

SHA-224、SHA-256、SHA-384 和 SHA-512 并称为 SHA-2，它并没有像 SHA-1 一样在公众密码社区做详细的检验，其算法与 SHA-1 基本相似，所以其密码安全性还没有获得人们的广泛信任。虽然对 SHA-2 有效的攻击至今尚未出现，但有些人已经开始发展其他替代的散列算法。

SHA-3 是新一代的散列函数，是由 NIST 在一系列的候选算法中遴选出来的。作为新一代的散列函数，SHA-3 是美国国家标准与技术研究院在一系列的候选算法中遴选出来的。SHA-3 并不是要取代 SHA-2，因为 SHA-2 目前并没有出现明显的弱点。由于对 MD5 出现成功的破解，以及对 SHA-0 和 SHA-1 出现了理论上破解的方法，NIST 需要一个与之前算法不同的、可替换的散列算法，也就是现在的 SHA-3。

目前国内也推出了自己的散列算法 SM3。SM3 与 SHA 和 SHA-2 算法类似，表 1-1 列出了 SM3 与 SHA 算法的对比结果。

表 1-1 SM3 与 SHA 算法的对比

特点 算法	输入位数	输出位数	迭代次数	分组长度
MD5	无限	128	64	512
SHA-1	264	160	80	512

（续表）

算法＼特点	输入位数	输出位数	迭代次数	分组长度
SHA-224	264	224	64	512
SHA-256	264	256	64	512
SHA-384	2128	384	80	1024
SHA-512	2128	512	80	1024
SM3	264	256	64	512

3. 发展趋势

人们普遍认为 SHA-2 算法本身可能存在安全问题，而 SHA-3 具有更好的安全性。未来新出的区块链技术将会更多地采用 SHA-3 或同等级的国密算法来设计区块链的签名和挖矿机制。在未来 10 年内，想要通过量子计算机破解 SHA-3，找到同一输出值的不同输入值的难度还非常大，特别是在输出值较长的情况下。10 年后，量子计算机的运算能力将会有更大的提升，SHA-3 可能会出现安全隐患，届时将会有更安全的散列算法出现。

1.3.2 密钥算法

1. 技术概述

密钥算法被视为现代密码学发展过程中的一个里程碑，主要包括对称加密算法和非对称加密算法。对称加密算法主要用于消息的保密，可以在区块链的应用中使用，但不是区块链的必要技术，在本书中不进行描述。用于区块链的主要是非对称加密算法，它需要两个密钥：公钥和私钥。公钥与私钥是一对密匙，用公钥加密的数据，只有用对应的私钥才能解密；私钥加密的数据，只有用对应的公钥才能解密。加密和解密使用的是两个不同的密钥，因此，这种算法叫作非对称密码算法。区块链中所使用的公钥密码算法是椭圆曲线算法，每个用户都拥有一对密钥，一个公开，另一个则私有。通过椭圆曲线算法，用户可以用自己的私钥对交易信息进行签名，而别的用户可以利用签名用户的公钥对签名进行验证。用户的公钥在比特币系统中常用来识别不同的用户，构造用户的比特币地址。

在椭圆曲线数学的基础上诞生了一种密钥算法——椭圆曲线密码（Elliptic Curve Cryptography，ECC）算法，它的安全性依赖于椭圆曲线离散对数问题的困难性。椭圆曲线算法的优点是密钥长度短，这有利于节省网络带宽和节点存储。同时，所有的用户可以选择同一基域上不同的椭圆曲线，从而使得所有的用户都可以使用同样的操作完成域运算。

椭圆曲线算法采用了某种特殊形式的椭圆曲线，即定义在有限域上的椭圆曲线。这个椭圆曲线的方程式为 $y^2=x^3+ax+b\ (\text{mod p})$，其中，p 是素数，$a$ 和 b 为两个小于 p 的非负整数，它们满足 $4a^2+27b^2\ (\text{mod p})\neq 0$ 的条件，其中，x、y、a、b 都在同一个基域上。满足方程式的 x、y 以及一个无穷远点 0 一起构成了椭圆曲线。曲线的两种形状类似于图 1-4。

需要说明的是，椭圆曲线算法中定义的加法不是传统意义上的加法，而是一种数学定义，是只适合在此算法中使用的特殊规则，如图 1-5 所示。

在图 1-5 左图中，曲线上有点 P 和 Q，过 P 和 Q 作一条直线，与椭圆曲线交点为 R'，再过 R' 点作垂直于 X 轴的直线，交曲线的另一点为 R，这样就定义 $P+Q=R$。如果 $P=Q$，则如图 1-5 右图所示，R' 为 P 点的切线与曲线的交点，R 为 R' 的水平对称点，这样 $P+Q=P+P=2P=R$。

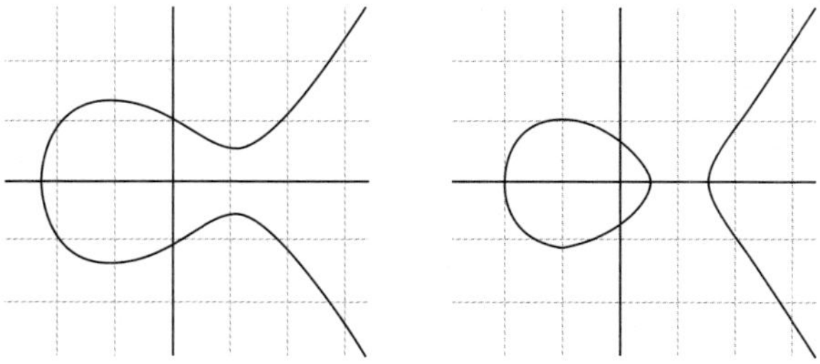

图 1-4　椭圆曲线形状

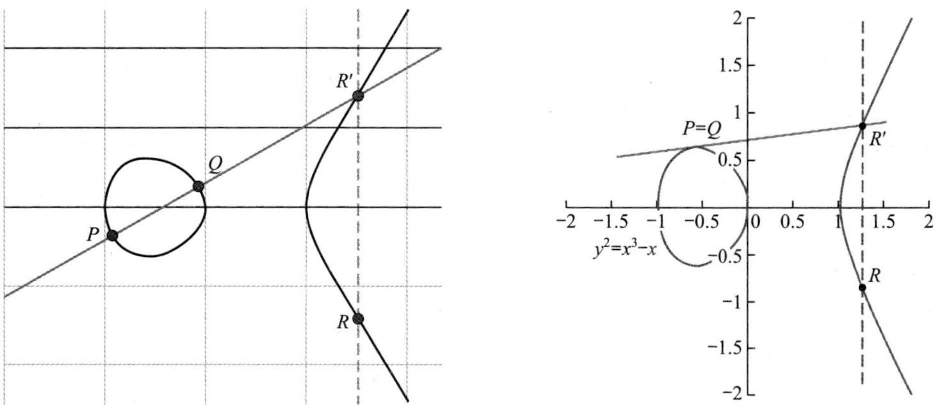

图 1-5　椭圆曲线原理图

根据以上加法规则，等式 $kP=P+P+\cdots+P=Q$ 中（注：公式中，k、P、Q 是数学符号，与图无关），已知 k 和 P，求 Q 比较容易。反之，已知 Q 和 P，求 k 却是相当困难的，这个问题称为椭圆曲线上点群的离散对数问题。椭圆曲线算法正是利用这个困难问题设计的。在实际应用中，k 作为私钥，而 Q 作为公钥，通过私钥可以算出公钥，而根据公钥却无法得出私钥。

椭圆曲线算法作为新一代的不对称加密算法，与之前的 RSA 算法对比，椭圆曲线算法具有安全性能更高、计算速度更快、存储空间更小、带宽要求更低的优点。

2. 成熟度

非对称密钥算法目前已经比较成熟，现在国际上使用较多的是 RSA 算法，而区块链领域基本都在使用比 RSA 更安全的椭圆曲线算法。SM2 是国内使用的一种非对称加密算法，也是一种与椭圆曲线算法基本对等的算法。SM2 的数字签名、密钥交换、公钥加密分别对应于椭圆曲线算法的 ECDSA、ECDH 和 ECIES。

3. 发展趋势

在区块链领域中，椭圆曲线算法将在未来几年内成为区块链数字签名和地址生成的主要密钥算法，其密钥长度将会由 224 位逐步增加。值得注意的是，随着量子计算机的发展，也许可以很容易地完成从公钥推断出私钥的过程，每个人的私钥都可能被量子计算机轻易推断出来。目前，国内外已经开始了针对抗量子密钥算法的研究，主要集中在基于格密码、基于编码的密码系统、多元密码，以及基于散列算法签名等领域，比如区块链的公链项目 Hcash 就使用了基于格密码的抗量子密钥算法。

1.3.3 共识机制

区块链是一种分布式架构，它的部署有公链、联盟链和私有链三种模式。在区块链网络中，多个主机通过异步通信方式组成网络集群，这些主机之间所有状态的一致性同步需要通过一定的通信机制来实现。但这个异步系统中，可能会出现某些主机故障、恶意主机或者网络拥塞的情况，这些在系统内存在的错误会影响状态的同步。因此，默认不可靠的异步网络中需要一种容错协议来保证各主机达成安全可靠的状态共识。区块链的所有状态记录在全局账本上，其共识机制就是区块链网络中选择记账节点的机制，以及保障账本数据在全网中形成正确一致的机制。

1. 技术概述

目前公链和联盟链中使用的共识机制较多，主要分为非拜占庭容错类共识机制和拜占庭容错类共识机制。非拜占庭容错类共识机制包括 PoW、PoS、DPoS 等，拜占庭容错类共识机制包括 pBFT、dBFT 等。

（1）PoW（工作量证明机制）

工作量证明的过程就是：矿工在对交易数据进行打包后，通过不断变换其中的 nonce 值，对整个打包数据块进行散列计算，最终求得一个前几十位为 0 的散列值。当全网有一位矿工算出满足要求的 nonce 时，他就会把自己算出的区块公布出去，其他节点收到区块并通过散列计算验证后，就会一致认为这个区块是合法的，并将其链接到区块链上，然后下一个区块的打包和散列计算会继续进行。这种简单暴力的共识机制可以保证整个区块链系统的合法性，而且能够显著提升区块链系统的健壮性。

在 PoW 共识机制中，可能会出现不同矿工计算出不同的新区块，并同时挂在同一个老区块之后的现象，这样就出现了账本的分叉。随着后续多个新区块不断产生，整个系统会默认选择最长的分叉支链作为区块链的主链，而丢弃较短的支链。所以，一般一笔交易被写进新的区块之后，需要等待后续多个新区块都依次链接到此区块后面并形成较长的主链，才能保证这笔交易是真正有效的。

PoW 机制的优点是去中心化程度较高，节点可以自由加入到区块链中，破坏系统所花费的代价巨大。但缺点是交易效率低，算力竞争带来了大量的资源浪费。此外，PoW 还存在由于算力太集中而出现 51% 攻击的风险。

（2）PoS（权益证明机制）

权益证明也是一个挖矿或者计算散列的过程，只不过每个矿工挖矿的算力难度不像 PoW 那样是全网统一的，而是结合矿工持有虚拟代币的数量，以及代币在此账户里存在的时间所形成的一个综合指标来决定的。这个指标越高，计算难度越低，反之亦然。PoS 对持币多的矿工而言，降低了计算的门槛，提高了产生新区块的概率。PoS 依然会有分叉的问题，每笔交易的有效性需要后续多个区块确认。

PoS 机制的优点是降低了对节点性能的要求，缩短了达成共识的时间，但缺点是依然存在由于股权集中所带来的 51% 攻击的风险。

（3）DPoS（代理权益证明机制）

DPoS 与 PoS 的区别在于，前者由每个参与节点（代币权益持有者）选举若干代理人，由代理人挖矿、验证和记账，类似于公司股东大会投票选出董事会成员代表执行股东利益。

DPoS 的优点是减少了记账节点的数量，提高了区块产生的效率和交易效率；缺点是牺牲了去中心化模式，理论上增加了账本被操控的可能性。

（4）pBFT（实用拜占庭容错机制）

pBFT 是为了解决拜占庭将军问题而提出的一种共识机制，是一种基于消息传递的一致性算法，该算法经过三个阶段达成一致性，这些阶段可能因为失败而重复进行。

假设参与区块链的节点总数为 $3f+1$，其中，f 为拜占庭最大容忍错误节点数。全网节点会事先选取一个节点充当 leader 节点，如果 leader 作恶，算法会选举其他的节点充当 leader。

第一阶段：leader 通过 pre-prepare 消息把它选择整理的交易打包广播给其他节点，其他节点如果接受，则发送 prepare 消息给除它之外的其他节点；如果不接受，则不发送。

第二阶段：一旦某个节点收到 $2f$ 个节点的 prepare 消息，则向其他节点发送 commit 消息。

第三阶段：当某个节点收到 $2f+1$ 个节点的 commit 消息时，则表示该打包的交易被认为是有效的。

整个 pBFT 的过程如图 1-6 所示。

pBFT 的优点在于实现了在有限的节点数中达成共识，交易效率较高，不存在分叉现象。因此，不需要等到后续多个区块确认才能保证交易的最终生效；缺点是当系统超过三分之一的节点存在错误时，整个系统会失效。

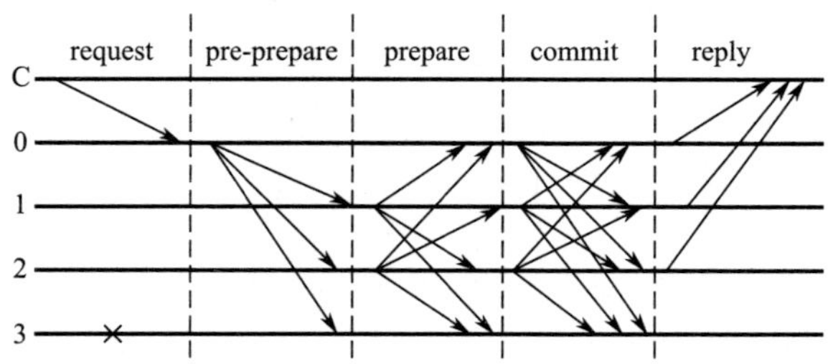

图 1-6　pBFT 共识过程

（5）dBFT（委托的拜占庭容错机制）

dBFT 与 pBFT 类似，但不同之处在于前者在整个区块链网络中分为共识节点和普通节点。共识节点由普通节点选举委托产生，共识节点之间执行拜占庭容错机制。

pBFT 机制需要预先知道整个区块链网络的参与节点。因此，一般情况下比较适合联盟链。dBFT 只需要共识节点数是已知的，而普通节点可以随意接入。因此，比较适合公链。dBFT 的优缺点与 pBFT 类似，但效率更高。

2. 成熟度

区块链共识算法的设计一般会符合“不可能三角”原则，即性能、安全和去中心化不可能同时得到极致的满足。目前底层区块链的主流共识算法在满足“不可能三角”中的一角或两角时都已经表现得比较成熟，比如，PoW 共识机制在安全和去中心化上比较突出，比较适合高价值的支付应用；DPoS 在性能上表现比较突出，比较适合对去中心化要求不太高的商业应用。能够均衡满足“不可能三角”原则的共识机制目前还在研究中。

3. 发展趋势

区块链的共识机制将朝着高性能商业落地、安全和去中心化兼顾的方向发展。为实现这一目标，业界除了研究全新的共识机制，也通过对现有共识机制进行组合或者与其他技术相结合来实现这一目标。比如，通过 PoS+PoW 的双层共识来实现不同价值的交易，通过 PoW+ 状态通道来扩展整体交易性能等。

1.3.4 智能合约

1. 技术概述

从技术角度来说，智能合约是一种可以自主地执行全部或部分与合约相关操作的计算机程序，同时，这种程序可以产生相应的可以被验证的证据来证明合约操作的有效性。与合约相关的所有条款的逻辑流程在部署智能合约之前就已被制定完成。智能合约常具备一个用户接口，用户与已制定的合约通过这个接口进行交互，并需要严格遵守此前制定的逻辑。由于密码学技术的发展，以上交互行为通过严格的验证过程，能够保证合约按照此前制定的规则顺利执行，并能够防止违约行为的出现。

以太坊上的智能合约在部署到区块链上时，就已完成了一套状态变量的定义及其接口的调用。外部事件可以通过这些接口被输入到合约中，从而触发合约对状态变量进行操作和更新。状态的更新过程以及触发状态更新的事件都被记录在了区块链中。

以太坊上存在一段代码，它们以以太坊特有的二进制数形式存储在区块链上，可以被以太坊虚拟机解释和执行，这段代码被称为智能合约。另外，这些代码由于其存储形式被称为以太坊虚拟机位码。与其他可部署智能合约的区块链系统相比，以太坊最大的特色是以太坊虚拟机的建立使得智能合约的编写变得非常容易。以上的智能合约普遍由高级语言编写，并且可以通过虚拟机将其转换成位码存储在区块链上。目前，以太坊智能合约开发常用的语言主要有：Solidity、Serpent 和 LLL。

以太坊智能合约在以太坊虚拟机上运行，以太坊虚拟机的引入极大地促进了智能合约的编写。以太坊虚拟机是建立在以太坊区块链上的一个代码运行环境，和区块链一样同时在各个节点计算机上存储，而并没有存储在区块链内。每个以太坊网络中的校验节点都会运行虚拟机，这同时也是区块有效性校验协议的一部分。每个节点都会对合约的部署和调用进行相同的计算，并存储相同的数据，以确保将真实的结果记录在区块链内。

2. 成熟度

目前，智能合约还处于一个不完全成熟的阶段。作为开发程度最高的智能合约，以太坊智能合约支持图灵完备的智能合约编程，但其支持的编程语言也比较有限，主流的 C、Java 等均不支持，而且难以实现较为复杂的逻辑。另外，智能合约虽然比底层链的编程要简单很多，但对商业应用场景中的很多用户来说依然是一个挑战，需要用户具备一定的编程基础。

3. 发展趋势

区块链的智能合约在未来将更加智能化，支持各种主流开发语言（比如 C、Java）以及相应的虚拟机（比如 x86），其配套的各类商用场景开发框架也会日趋完善，同时也会针对区块链底层的性能和扩展性增加相应的开发能力。此外，图形化的开发界面和专业的智能合约开发团队将会成为智能合约大规模商用的必要环节。

1.3.5 匿名技术

比特币、以太坊的地址都是由公钥生成的一串随机数字和字母的组合，这本身在一定程度上就具备了匿名性。但业界认为这种匿名性依然较弱，强大的数据分析依然可以根据地址账户所进行的交易活动进行关联分析，从而在某些特定情况下找到可能的身份信息。针对这种情况，各种增强的匿名技术不断出现。

1. 技术概述

目前用于区块链的主流匿名技术主要体现在三种匿名虚拟货币上：DASH、Monero 和 Zcash。这三种匿名虚拟货币分别通过不同的机制实现了接收地址不可链接、发送地址不可追溯、内容交易隐匿等增强的匿名要求。

DASH达到匿名性目的的方式是混淆交易。DASH中包含两种节点：普通节点和主节点。交易的混淆服务由主节点提供。想要向主节点接受匿名交易的交易者发起匿名申请后，执行混币操作，通常是3笔交易一起进行混币。通过混币，DASH的原始发送方和接收方之间的绑定关系就被打乱了，从而实现了发送地址不可追溯和内容交易的伪装隐匿。

Monero采用多种技术的结合来实现匿名性。为了实现接收地址不可链接性，Monero采用了双密钥的方式，即接收方有两对非称密钥，发送方每次给接收方发送交易时，使用接收方的两个公钥计算出一个临时的公钥地址，然后将交易发送到这个公钥地址上。接收方会使用自己保存的一个私钥不断地扫描区块上新产生的交易，并能发现这个与自己相关联的临时公钥地址，从而获得这个地址中的Monero。为了解决发送地址不可追溯的问题，Monero通过环签名的方式，将发送方的公钥地址隐藏在一堆其他公钥地址中，使得接收方或者其他人只知道发送方来自这一堆地址中的某一个，而无法获知具体是哪一个地址。此外，Monero还通过环保密交易技术隐藏了整个交易的具体内容。

Zcash采用零知识证明的方式来保证上面提到的增强匿名技术。在零知识证明中，证明者能够在不向验证者提供任何有用信息的前提下，使验证者相信某个论断是正确的。在Zcash中，交易的发送方无须公布交易的具体内容（包括发送地址、接收地址以及交易金额等内容），而只需将经过零知识证明算法处理后的信息广播出去，这样网络中的其他区块验证者在并不知道交易具体内容的情况下也能很方便地验证交易是否有效。大量事实证明，零知识证明在密码学和区块链交易中非常有用。

2. 成熟度

在所有的匿名技术中，除了DASH是采用将交易打乱的方式，其余都是采用密码学的一些复杂算法来实现的。这些算法本身在功能上是比较成熟的，但运用到具体的交易中时，性能还存在一定的不足。无论是环签名、环保密还是零知识证明，都会消耗大量的计算资源和交易时间，而且零知识证明还有固定初始密钥容易被泄露的风险，所以在应用上还有待进一步提高。DASH的方法不但简单，而且交易性能高、匿名性好，但唯一的不足是需要主节点来进行交易混淆操作。因此，匿名存在被破解的可能性。

3. 发展趋势

在未来，匿名技术将会朝着高效、安全、简单的方向发展。现有的各种密码学算法将会更加轻量级，比如，基于零知识证明算法zk-SNARKs的新算法正在研究中，该算法有望提高10倍的计算存储性能。

第2章
区块链核心技术

从技术角度来审视区块链，它涉及的领域种类繁多，包括密码学、心理学、分布式技术、经济学、存储技术、博弈论、控制论、网络协议等，对区块链新技术的研究突破和实践工作蕴藏着巨大的挑战，也激发着区块链爱好者的探索热情。本章将介绍目前广受关注的核心区块链技术。

2.1 区块链安全性技术

目前，区块链技术已在跨境支付、清算和结算、票据交易、资产证券化等金融领域先行试验；在医疗病历存储、数字版权交易、资产登记存证、供应链追踪溯源等非金融领域也在探索尝试，在促进数据共享、增进信任机制、降低交易成本等方面展现出广阔前景。但是区块链技术仍处在发展初期，与商业潜力相生相伴的是安全隐患，暴露出来的安全事故让人们意识到，安全性问题成为区块链广泛商用的重要掣肘。

毋庸置疑，未来去中心化区块链基础设施的安全机制还需要进行大量的研究，经过大规模的实践验证和实战考验才能走向成熟。一方面，现有安全问题还没有得到完全解决；另一方面，量子技术的突破将在可预见的未来给区块链安全带来颠覆性的影响。下面从安全加/解密和抗量子安全两方面阐述区块链安全性技术。

2.1.1 安全加/解密

由于当前对通信保密的大量需求，发送方和接收方对信息进行加/解密处理已经成为信息化时代必不可少的一大关键要素。Shannon于1949年发表的《保密系统的通信理论》一文，为密码学的发展奠定了坚实的理论基础。从密码学发展的角度来看，密码技术大致分为古典密码技术、近代密码技术和现代密码技术，其中，古典密码技术与近代密码技术被称为传统密码技术。

1. 传统密码技术

传统密码技术泛指能够通过手工或机械操作对明文进行加密、对密文进行解密的（对称）密码体制，其安全性大多数与加/解密算法的保密性密切相关。传统密码技术主要包括代换密码（单表代换密码、多表代换密码）、置换密码（列置换密码、周期置换密码）、一次密码本等。

2. 现代密码技术

相较于传统密码技术，现代密码技术则拥有更坚实和更科学的理论基础，并已形成一门科学。现代密码技术若要保证加密信息的安全，只需要保证密钥的安全即可，无须对加密算法进行保密。根据加密、解密方式的不同，现代密码技术可分为对称密码体制和非对称密码体制。

（1）对称密码体制

对称密码体制中加密与解密均使用同一密钥或是加密密钥和解密密钥之间存在某种确定的转换关系。对称密码体制的实现是设计一种算法，用密钥对明文进行加密转为密文，且过程可逆，即密文可通过同一密钥还原为明文。如图 2-1 所示，对称密码体制分为两步：首先，发送方使用加密算法 E、密钥 k 对明文 m 进行加密后发送给接收方；其次，接收方收到密文后，通过解密算法 D、密钥 k 对接收到的密文进行解密，即还原出明文 m。一般情况下，对称密码体制中的加 / 解密密钥是相同的。

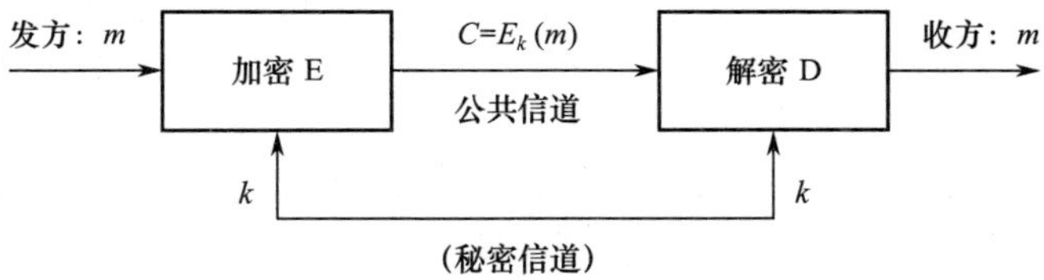

图 2-1　对称密码体制加 / 解密流程

对称密码体制根据不同的加密方式可分为两类：分组密码和序列密码（又称为流密码）。

分组密码（block cipher）被广泛用于商业领域，尤其是数据的传输、存储等。使用分组密码加密时，先将明文划分成数个固定长度的组，随后使用同一密钥和算法对所有分组逐个加密，最终产生一个等长的密文组，代表算法如 DES、AES 等算法，其中，DES 算法是最著名的对称密码算法之一，其安全性依靠加密算法的强大和密钥的安全，其优点在于加 / 解密步骤一致、处理简单、速度快、算法公开，适用于处理大量数据的场景且易于芯片化。然而，DES 算法的问题在于密钥分发及管理困难，密钥长度短。与 DES 算法相比，AES 算法是一种高级加密标准，其密钥长度更长，密钥随机性较高且可防止差分分析方法的攻击，拥有更高的安全性。

序列密码（stream cipher）利用一个密钥生成器随机生成多个密码并组成密码流，

使用密码流中的多个密码对需加密的信息流采用一次一密的加密体制，其中密码流与信息流长度相同，加/解密一次通常能处理明文中的一个或几个比特。序列密码的核心是密钥流的设计，密钥流设计得越复杂，序列密码加密的安全性就越高。目前，公开的序列密码算法主要有RC4和SEAL等。RC4是RSA三人组中的Ron Rivest在1987年为RSA公司设计的一款序列密码，可以说是应用最广泛的序列密码，被用于SSL/TLS标准、IEEE 802.1无线局域网中的WEP协议。RC4算法具备了加解密简单、运行高效等特点，尤其适用于软件实现。

（2）非对称密码体制

非对称密码体制也称为公钥密码体制，它主要是为了满足安全性需求和所有权验证需求而集成到区块链中的一种体制。非对称密码体制生成一对密钥，分为公钥和私钥，使用公开的公钥对明文进行加密，使用用户安全保管的私钥对密文进行解密。其加/解密流程如图2-2所示，Alices查询公钥环得到Bob的公钥，随后基于Bob的公钥使用加密算法（如RSA）对明文进行加密，将加密后的密文发送给Bob；Bob接收到密文后，使用自己的私钥，通过解密算法（加密算法的逆操作）对密文进行解密，还原明文信息。非对称密码体制容许多个用户进行加密行为，并将密文传递给同一个用户进行解密，整个过程无须再次分配密钥，大大减少了需要保存的密钥量，提供了数字签名、零知识证明等对称密码体制无法提供的密码技术。非对称加密更适合用于对称加密算法的密钥交换，而非直接对数据本身进行加密，主要是因为非对称密码有算法运行速度较慢、对加密数据长度要求高等缺点。

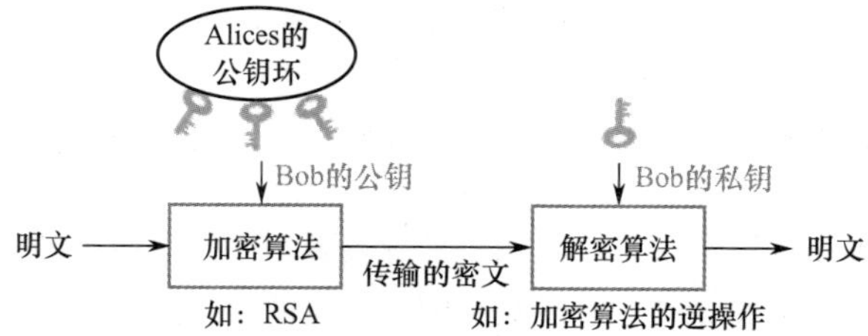

图2-2　非对称密码体制加/解密流程

区块链系统中的非对称加密技术的关键点主要包括：利用平面椭圆曲线来计算成组非对称特殊值的椭圆曲线加密算法；利用强单向散列函数的非对称分布式加密算法。下面分别对上述两项技术点进行详述。

1）椭圆曲线加密算法。椭圆曲线加密算法基于的椭圆曲线上离散对数困难问题被公认为比整数分解问题和模运算上离散对数问题难解，其难度基本达到了指数级，比特币就使用此类加密算法。

椭圆曲线方程指的是满足如下方程的所有点的集合：

$$y^2=x^3+ax^2+b$$

其中，a 与 b 的约束关系满足下式：

$$4a^3+27b^2\neq 0$$

椭圆曲线图像大体如图 2-3 所示。

椭圆曲线图形有两个有趣的特性：其一是水平对称，该曲线图以 X 轴为对称轴左右对称；其二是任何不垂直的线与该曲线最多有三个交点。上述两大特性为基于椭圆曲线的加密算法提供了良好的密码学环境。

为了理解椭圆曲线上离散对数困难的问题，假设有一条椭圆曲线 $y^2=x^3-x$，任选曲线上的点 P 和 Q。我们可以定义椭圆曲线上的加法，即 $P+Q=R$。如图 2-4 所示，过 P 和 Q 作一条直线，交椭圆曲线为点 R'，再过 R' 点作垂直于 X 轴的直线，交曲线另一点为 R。

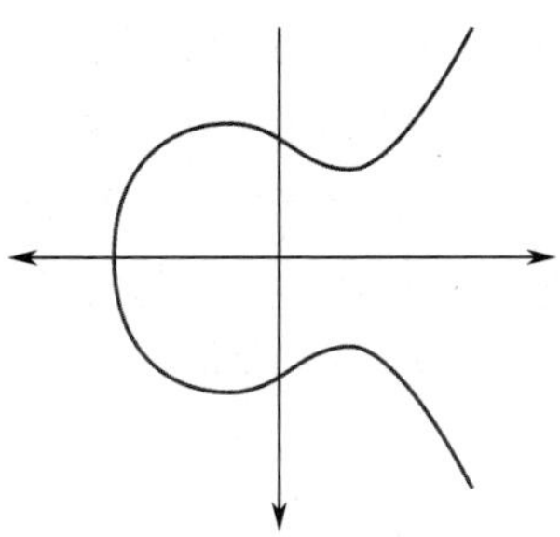

图 2-3　椭圆曲线图像

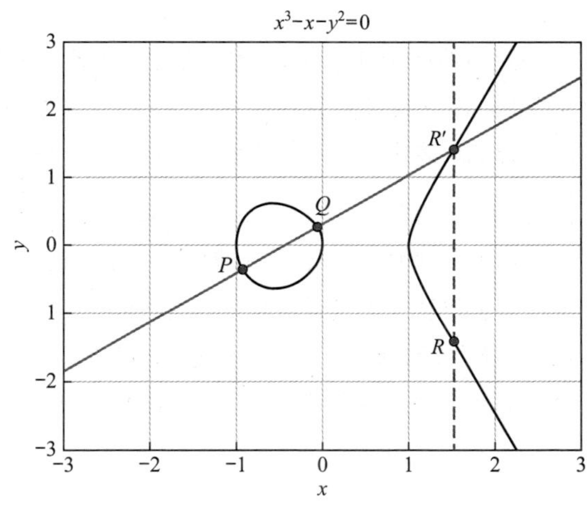

图 2-4　椭圆曲线上的加法

当 $P=Q$ 时，则过 P 点的切线交椭圆曲线为点 R'，再过 R' 点作垂直于 X 轴的直线，交曲线另一点为 R，如图 2-5 所示。

这样，我们可以称 $R=P+P=2P$。类似地，$3P=P+P+P=P+2P=P+R$。也就是说，当给定点 P 时，因为有加法的性质，“已知数 x，求点 xP 的运算”不难（比如 $4P$、$8P$），运算速度也比较快。但反过来说，当 x 值较大时，求解“已知点 xP，求 x 的问题”非常困难，因为只能通过遍历每一个 x 来计算出正确结果。这就是椭圆曲线密码中所使用的“椭圆曲线上的离散对数问题”。

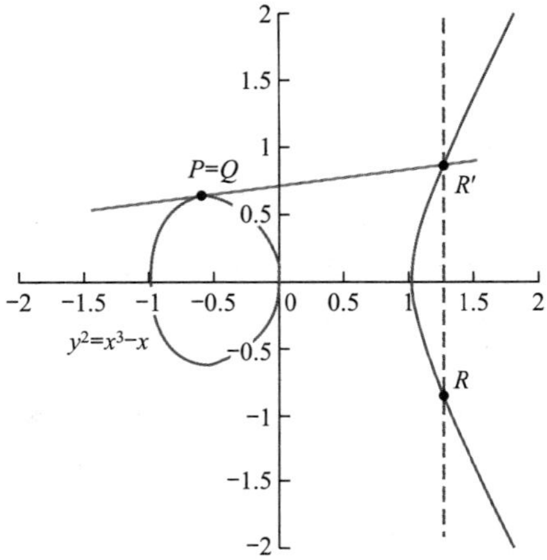

图 2-5　椭圆曲线上的离散对数问题

在椭圆曲线加密算法中，给定椭圆曲线 E、基点 G 和点 xG，我们称 xG 为公钥，x 值为私钥。由上述椭圆曲线的性质可知，由私钥求解公钥的运算非常简单，而由公钥求解私钥的运算几乎不可能完成。

2）消息认证码。消息认证码（message authentication code，MAC）是确认完整性并进行认证的一种技术，也是一种与密钥相关联的单向散列函数。输入的数据包括任意长度的消息以及一个发送者和接收者共同维护的密钥，输出是一段固定长度的 MAC 值。如图 2-6 所示，m 为不定长的消息，$C_k(m)$ 一般为多对一的函数，k 为双方共享的密钥。消息 m 在以 k 为密钥的 MAC 函数计算下，产生 MAC 消息认证结果。

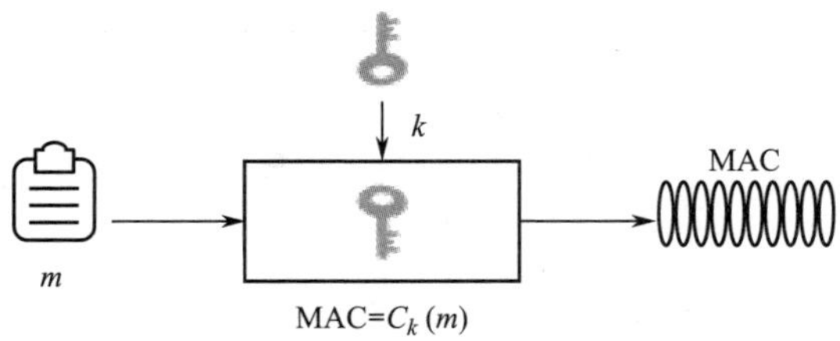

图 2-6　消息认证码 MAC

常用的消息认证码的实现方法称为 HMAC。HMAC 是一种使用单向散列函数来构造消息认证码的方法，其中，H 为 Hash 的意思。使用 SHA-1、MD5、RIPEMD-160 所构造的 HMAC 分别称为 HMAC-SHA-1、HMAC-MD5 和 HMAC-RIPEMD。

非对称加密算法除了用于加密，还可以用于数字签名。数字签名技术是确保数字世界身份验证的可靠技术，是区块链技术的根基技术之一。

什么是数字签名呢？现实中，我们在文件上进行的手写签名长期以来被用于本人（或称作者）的身份证明，或者至少是同意、认可文件上面的内容。签名的作用是为了表示文件上的内容确实是“我”写的或者说是“我”知悉后确认过的。其他人无法伪装成“我”进行签名（不可伪造），“我”也无法否认自己的签名（不可抵赖）。在信息化时代，人们开始尝试在计算机上做上述类似的事情，这就是数字签名。

数字签名的基本原理是：发送者 A 采用一个 Hash 函数对需要发送的消息进行散列运算，得出消息摘要后使用自己的私钥对摘要加密，并随消息一同发送给 B，B 使用 A 的公钥对接收到的摘要进行解密，同时使用同样的 Hash 函数对接收到的消息进行摘要运算，对比两段摘要，即可确认消息是否是 A 发送的。由于私钥由个人管理，是严格保密的，因此，使用私钥进行加密，达到了数字签名的基本要求，即不可伪造性和不可抵赖性。

2.1.2 抗量子安全

目前区块链系统广泛采用的非对称加密机制将随着量子计算技术的发展而变得脆弱。下面来看一下量子计算技术对区块链底层密码机制带来的不可回避的威胁。

1. 量子计算机实用化后对密码算法产生的影响

量子计算机一旦实用化，将会对密码算法产生以下三大影响。

- 所有基于大整数分解和离散对数的密码体制将不能确保安全。例如，Shor 量子算法能够在多项式时间内解决基于大整数分解、离散对数的问题，说明了这两类算法在 Shor 算法实用化后将不再安全。然而，目前世界上大多数的密码体制都是基于这两种算法的。

- 分组密码和序列密码的安全性将会降低一半。Grover 量子算法具有快速空间搜索的特性，相比于其他经典的搜索算法，它能以“指数减半”的效果提升搜索效率。如果以穷举搜索密钥的难度来衡量对称密码的安全性，那么对称密码的安全性也将降低为原来的 1/2。也就是说，原本在经典计算环境下只需要

128bits 即可保证对称密码 2^{128} 安全，而在量子计算环境下则需要至少 256bits 才能保证 2^{128} 安全。

- 散列算法的安全性将比原来降低 1/3。量子计算对散列算法安全性的影响主要来自“量子随机行走算法”对散列算法碰撞性的分析，这使得原本难以利用的 Hash 碰撞成为漏洞。例如，SHA384 在经典计算环境下具有 192bits 安全，但在量子计算下只有 128bits 安全。

2. 抗量子密码

面对如此严峻的局面，能够抵抗量子计算机攻击的密码——抗量子密码或后量子密码便应运而生。抗量子密码指的是既能实现现有经典密码的安全性，又能抵抗未来量子计算攻击的密码体制。抗量子密码是泛指，大体上可以分为 4 大类，分别为基于编码的加密算法（Code-basedEncryption，C 类）、基于多变量多项式的加密算法（Multi-variable polynomial，M 类）、基于安全散列函数的加密算法（Secure Hash-based，S 类），以及基于格的加密算法（Lattice-based Encryption，L 类）。国际密码学界把上述 4 大类数学密码统称为“抗量子密码”，其共同特点有两方面。首先，所依赖的数学上的困难问题均与第一代公钥密码算法所依赖的困难问题无关，Shor 算法对它们都不起作用；其次，它们各自依赖的数学问题之间没有关联关系，将来如果发现其中某一个困难问题能够被求解出来，就不会被“株连九族”，即“鸡蛋没有放在一个篮子里面”。下面对 4 类抗量子密码分别进行详述。

（1）C 类——基于编码的算法

基于编码的密码体制是指根据编码理论上的数学难题设计的密码体制，主要以加密、签名方案设计为主。这些数学难题包括有界编 / 解码问题、随机线性编 / 解码问题、列表解码问题等。典型例子是 1978 年由 Robert McEliece 提出的基于编码理论的公钥密码算法 McEliece。该算法基于“随机线性编码 / 解码”数学难题，经受至今 40 多年的密码分析仍然没有被攻破。

（2）M 类——基于多变量多项式的算法

多变量公钥密码体制（Multivariate-quadraticpolynomials Public Key Cryptosystem，简称为 MQ 或 MPKC）是一大类各具特色的公钥密码算法的统称，同样是以加密、签名方案设计为主，也是近年来抗量子密码体制的研究热点。多变量公钥密码体制主要基于有限域上的多元二次多项式方程组的难解性，使得 Shor 算法、Grover 算法对这类方程的求解问题无法实施有效攻击。因此，被认为能够抗量子计算攻击。不同于 RSA、DH、ECC 等密码体制，多变量公钥密码的安全性难以用一个已知的可简单表述的数学难题进行等价表述。因此，多变量密码体制并不具有可证明安全性。

（3）S 类——基于安全散列函数的算法

基于 Hash 算法构造的签名体制中最经典的是 Merkle-hash 树签名体制。它由传统的 Hash 函数和任意的一次性签名算法共同构造出一个完全二叉树来实现数字签名。该体制不依赖于大整数分解和离散对数等数学难题来确保安全性，而是依赖于 Hash 算法的抗碰撞性，所以被认为可以抵抗量子计算攻击。

（4）L 类——基于格的加密算法

近年来，格密码算法受到密码学界的广泛关注与重视，成为密码学界的又一研究热点。格密码算法的安全性基于最坏情况下的格上困难问题，保证了较强的安全性。基于格的密码体制被广泛认为是量子计算最难攻破的密码，能够抵抗量子计算机的攻击。

格密码的基本计算性困难问题分为最坏情况下的困难问题和平均情况下的困难问题两类，其中典型的最坏情况下的困难问题包括基于最短向量问题（Shortest Vector Problem，SVP）和最近向量问题（Closest Vector Problem，CVP）。平均情况下的困难问题包括带错误的学习问题（Leaning With Error，LWE）和小整数解问题（Shortest Integer Solution，SIS）。

格密码的计算非常简单，在绝大多数情况下只会使用到整数的矩阵向量乘积模运算。因此，在实践中具有很强的吸引力。此外，格密码具有较好的扩展性，基于格理论为设计基础，不但可以设计加密、签名方案，还能设计伪随机发生器、密钥交换协议、基于身份的加密、全同态密码等方案。因此，采用格密码算法能解决很多问题，例如，公钥密码学、数字签名、基于身份的密码学、全同态加密、零知识证明协议，以及其他各种密码学基础与协议。

2.2 区块链隐私性技术

严格地讲，我们认为安全和隐私是从两个角度去看待数据的。2.1 节主要阐述了区块链安全性技术，即保证数据不被窃取。本节将从另一个角度去看数据，即数据在流通过程中不把细节透露给不需要知道的人，也即区块链是如何解决隐私保护问题的。

为了解决区块链用户隐私泄露问题，目前主流的是零知识证明、环签名、同态加密等几种方案。

2.2.1 零知识证明

零知识证明是指允许两方（证明者和验证者）来证明某个提议是真实的，而且无须泄露除它是真实之外的任何信息。在加密货币和区块链中，这里所说的信息通常指的是交易信息数据。

零知识证明有一个经典的“阿里巴巴和四十大盗的故事”例子。阿里巴巴知道一个打开藏有宝藏的山洞的咒语，强盗抓住他，逼他说出咒语。阿里巴巴担心自己说出咒语以后会被强盗杀死，于是他对强盗提出了一个办法：你们远离我，到一个能够用弓箭射到我的地方，然后你们举起右手，我就念咒语打开石门，你们举起左手时，我就念咒语关闭石门，这样你们能够进入山洞，我也不会被你们杀死，而且能够保证我没有骗你们。在这个方案中，阿里巴巴不用告诉强盗咒语，但却证明了他知道咒语。

零知识证明分为交互式零知识证明和非交互式零知识证明。顾名思义，前者需要证明者和验证者多次交互完成证明；后者只需要证明者给出答案，无须其他交互，任何人都可以证明结果是否正确，但是为了不让整个过程完全由证明者把控（容易作弊），事先一般会约定一个种子，并基于这个种子产生的随机序列来完成证明。

1. 交互式零知识证明

基础的零知识证明是基于交互式的方法。我们一般将零知识证明中的证明者用 P 表示，验证者用 V 来表示。V 向 P 询问一系列和 P 所掌握的秘密相关的问题，若 P 确实知道此秘密，那么 P 就可以正确回答出 V 问的所有有关此秘密的问题；但若 P 不知道此秘密，其实 P 仍然有机会正确回答（猜测）出 V 所问的问题。当然，若 P 确实不知道此秘密，随着 V 所提出的问题数量的增加，P 将越来越“不好回答”。与此相对，若 P 确实知道此秘密，那么随着 V 提问数量的不断增加，P 都回答正确的话，V 将越来越相信 P 确实是知道此秘密的，或者说 V 将以极大的概率相信 P 确实知晓此秘密。

2. 非交互式零知识证明

非交互式零知识证明指的是一个可计算的无须各方通信的零知识证明协议，此协议不需要任何证明者和验证者的交互，证明者可以公布协议，任何有验证需要的验证者都可以花时间对内容的有效性进行验证。下面将介绍非交互式零知识证明——zk-SNARKs。

zk-SNARKs 是 Zero-Knowledge Succinct Non-Interactive Arguments of Knowledge 的缩写，即“简洁非交互式零知识证明”。zk-SNARKs 是一种零知识密码学技术，具

有如下特点。

- 零知识（Zero-Knowledge）：是指用户无须暴露信息本身，就可以证明自己知道或拥有该信息。
- 简洁（Succinct）：零知识证明的证明过程非常快速，可以在几毫秒内得到验证，即使信息十分庞大，证据长度也只有几百字节。
- 非交互（Non-Interactive）：几乎没有任何交互。该协议通常有一个构建阶段，构建阶段完成后，证明者 P 只需向验证者 V 发送一个消息即可。而且 SNARK 通常还有一个被称为“公开验证者”的特性，任何人无须任何交互，即可验证零知识证据，此特性对区块链是至关重要的。
- 争议性（Argument）：验证者只能抵抗计算能力有限的证明者的攻击。只要证明者的计算力足够强大，那么它就可以伪造一个零知识证据供验证者验证，进而欺骗验证者。具有足够的计算能力即足以打破公钥加密的计算能力，现阶段不必担心。
- 知识（Knowledge）：假如某一证明者不具备任何关于证明内容的信息，那么他不可能构建一个有效的零知识证据。

图 2-7 描述了一次 zk-SNARKs 的大致流程：首先把问题进行抹平（把代码转换成一种最简单的表达式），转换成 R1CS 的约束，再由约束转换成 QAP 的形式，最后对这个 QAP 做一次性的约束校验。

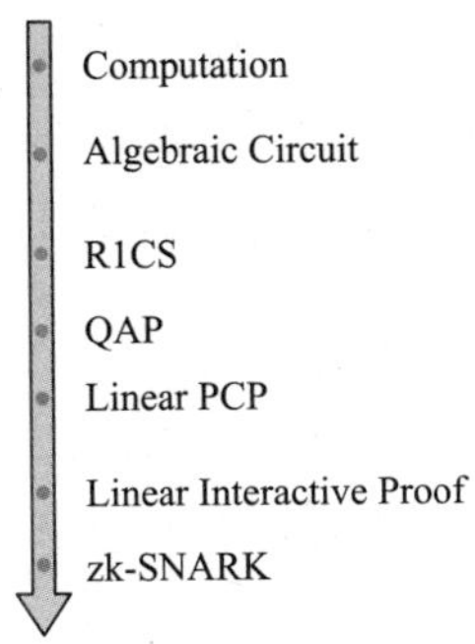

图 2-7　zk-SNARKs 的大体过程

虽然 zk-SNARKs 在零知识证明方面有许多优势，但其有一个不可忽视的弱势，即 zk-SNARKs 需要一组可信团体预先准备需要证明的电路或运算，这一阶段通常称作启动阶段。这意味着 zk-SNARKs 只适用于某些特定运算，同时还需要额外的信用机制来保证可信团体的运作。

为了弥补 zk-SNARKs“可信的启动阶段”的缺陷，zk-STARKs 应势而生。zk-STARKs 是一种交互式零知识证明方案，这里的 T 表示“透明”（transparent）。在这里，zk-STARKs 只依赖于散列和信息论，使用了更加简单的密码学假设，不再使用椭圆曲线和指数假设。也就是说，即使是使用量子计算机的攻击者，也难以攻破这一密码体制。

当然，在 zk-STARKs 应对量子计算机攻击时，该方案中一个证明的大小将从 288B 上升到几百或几千字节。一旦量子计算机时代真正到来，或者椭圆曲线被破解，那么该技术的应用将必然是非常值得的。

2.2.2 匿名技术

目前，如何通过匿名技术保护发布数据的隐私仍然是业界研究的一个重点。下面就对多重签名技术、群签名、环签名等匿名技术的基本原理和技术实现进行总结和分析。

1. 多重签名技术

多重签名技术指的是容许多个用户对同一个信息进行签名和认证的技术。对于区块链来说，多重签名可以理解为一个数字资产拥有多个用户签署的数字签名，这些签名都确认了是数字资产所属及权限。也就是说，属于某一用户的数字资产可由多个用户共同管理。对于身在“币圈”的用户来说，在需要动用使用了多重签名技术的数字钱包里的资产时，不仅需要用自己的私钥进行签名和认证，还需要多个用户的私钥签名才能转出或交易。

多重签名技术的原理可以概括为：用 N 把钥匙生成一个多重签名认证的地址，起码需要其中 M 把钥匙才能动用这个地址上的资产，其中，$N \geqslant M$，这就是 M/N 模式的多重签名。以加密货币为例，一个多重签名地址可以关联 N 个私钥，需要进行交易时，只需要 M 个私钥签名就可以，其中，$M/N \leqslant 1$，比如 2/3 模式、3/5 模式、5/5 模式等。在建立多重签名地址时，需要多方商定好 M/N 的具体模式。

多重签名的提出意义重大，尽管目前使用的单对公私钥方案尚能保证无法被暴力攻破，但假如攻击者通过其他手段（如木马病毒、用户隐私泄露等）成功获取了私钥，那么对应的数字资产也同时会暴露无遗。在这种情况下，如果使用多重签名技术生成数字钱包地址与多个私钥，那么攻击者即便能够窃取到其中一个私钥，也无法转移对应的数字资产。

除区块链之外，多重签名也被广泛应用到了现实生活中。电子商务常用 2/3 模式的多重签名方式。举例来说，一笔交易的地址对应着三个私钥，分别由买家、卖家和交易平台持有，买家先往交易地址中转入这笔交易所需的数字货币数额，在后续的交易流程中，需要三方中的两方参与才能转移这笔数字资产。交易顺利进行且没有出现纠纷时，买家和卖家双方确认后即可完成交易，产生纠纷时，则由平台做出 2/3 的仲裁。

财产分割中使用 1/N 的签名方式，例如，合作团队管理一笔共有资产，团队中任何人都可以支配这个账户，多重签名技术根据不同私钥的使用情况能够准确地记录每个成员的支出明细，且无法伪造或修改，这使得团队清算更高效、安全。

除此之外，该签名技术在资金监管方面也有成熟的应用。数字钱包、交易所等业务都能使用类似电子商务的 2/3 模式多重签名技术。而家庭子女教育基金管理可以使用 2/2 模式，不仅限制了夫妻中的单方行为，也给黑客攻击增加了难度。

2. 群签名

群签名是一种特殊的数字签名技术，除不可抵赖、数据完整性保护等特性之外，它还具有匿名性、可追踪性等特点。群签名适用于多用户环境，需要一个管理员为用户群体提供服务，群管理员为用户群体中的每个用户颁发群证书，使用群证书可代表整个群体对某个特定的消息进行签名，而且签名能够通过群公钥进行验证。如果不具备群签名打开算法的群私钥，除签名者本身和管理员之外的其他人都难以从群签名中恢复签名者的身份，这体现了群签名的匿名性（anonymity）。如果出现成员作恶的情况，管理员可利用自己的私钥从群签名中还原签名者的真实身份，这体现了群签名的可追踪性（traceability）。

群签名的一般流程如图 2-8 所示，具体如下。

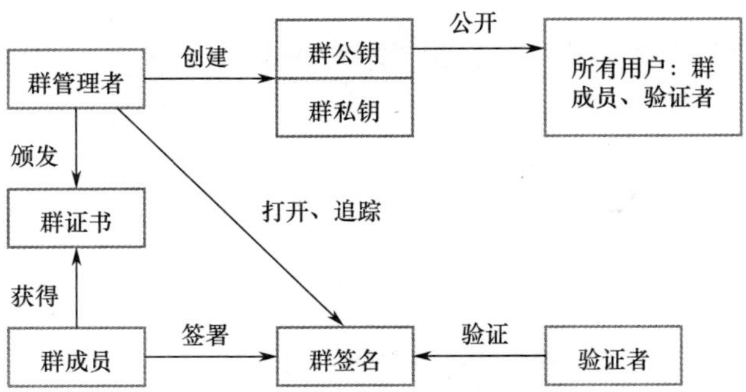

图 2-8　群签名的一般流程（彩图见插页）

1）初始化。群管理者建立群资源，生成对应的群公钥（Group Public Key）和群私钥（Group Private Key），群公钥对整个系统中的所有用户公开，比如群成员、验证者等。

2）成员加入。在用户加入群的时候，群管理者颁发群证书（Group Certificate）给群成员。

3）签名。群成员利用获得的群证书签署文件，生成群签名。

4）验证。验证者利用群公钥仅可以验证所得群签名的正确性，不能确定群中的正式签署者。

5）打开。群管理者可利用群私钥对群用户生成的群签名进行追踪，并暴露签署者身份。

3. 环签名

环签名（Ring Signature）方案也被称为门罗币方案或 CryptoNote，其工作方式脱胎于群签名。群签名是利用群公钥和群签名进行验证的签名方案，群成员能利用自己的群证书生成群签名，其他成员能利用公开的群公钥对群签名进行验证。在整个过程中，验证者仅能得知签名正确与否，并不能确定签名者的身份。然而，群签名方案存在一个中心化的群管理员来完成材料生成与分发、追踪签名者身份等功能，这样一个中心化的角色与区块链的理念相悖，并且其隐私性也无法被保证。

环签名方案中不存在管理员的角色，签名者使用自己的私钥以及其他成员的公钥进行签名，其他成员无须进行协作，也无法知道自己的公钥是否被使用。这样的签名方案为签名者提供了匿名保护手段，而且确保了其他成员无法伪造签名。攻击者假如获得了某个有效的环签名，也无法依此伪造新的环签名。

目前，使用环签名方案的项目包括门罗币（Moreno）、布尔币（Boolberry）、StealthCoin、XCurrency 等，以太坊平台也增加了一个类 CryptoNote 环签名。

环签名的具体过程如下。

1）密钥生成。为环中每个成员产生一个密钥对（公钥 PKi, 私钥 SKi）。

2）签名。签名者用自己的私钥和任意 n 个环成员（包括自己）的公钥为消息 m 生成签名。

3）签名验证。验证者根据环签名和接收到的消息 m，验证签名是否为环中成员所签，如果有效，就接收，否则丢弃。

环签名满足的性质如下。

1）无条件匿名性：攻击者无法从一个环签名中确定签名者的身份，即使在获得环成员私钥的情况下，概率也不超过 1/*n*。

2）正确性：签名必须能被其他所有人验证。

3）不可伪造性：环中其他成员不能伪造真实签名者签名，外部攻击者即使在获得某个有效环签名的基础上，也不能为消息 *m* 伪造一个签名。

2.2.3 前沿区块链安全技术

运用前沿的区块链安全技术能够进一步保证区块链隐私，为数字世界提供一个公开可信的技术支撑。目前，前沿的区块链安全技术包括：同态加密、安全多方计算和 Bulletproofs。

1. 同态加密

同态加密是一种无须对加密数据进行解密就可以利用其执行计算的方法，也是一种安全的数据处理方法。在区块链数据存储中使用同态加密技术可以达到一个去中心化与隐私保护的完美平衡，且不会对区块链的结构与属性带来重大的改变。区块链仍旧是去中心化的公有区块链，而区块链上的数据将会通过同态加密来保证其隐私不被泄露，这使得公有区块链能够实现私有区块链所具备的隐私保护效果。

我们可以定义一个运算符△，对于加密算法 E 和解密算法 D，若满足：

$$E(X \triangle Y)=E(X) \triangle E(Y)$$

$$D(X \triangle Y)=D(X) \triangle D(Y)$$

则可以认为该运算满足同态性。

同态性这一名词来自代数科学领域，主要包括 4 种类型：加法同态、乘法同态、减法同态和除法同态。若能同时满足加法同态和乘法同态，则该同态可称为代数同态，即全同态加密（Full Homomorphic Encryotion，FHE）。

目前，全同态已经衍生出了三代方案。第一代 FHE 方案遵循 Gentry 的构造框架，较为经典的是 DGHV 方案，该方案未使用多项式环上的理想格，仅采用整数间的加法和乘法，使得方案变得相对简单。

第二代 FHE 方案基于错误学习问题（Learing With Errors，LWE），即支持任意多项式次数的密文同态运算，可以满足绝大多数应用，并且构造方法更加简单且易于高效实现，受到 FHE 研究者的热捧，成为目前 FHE 研究的主流，提出了不少有效的 FHE 方案实例。但是，要想实现真正意义上的 FHE 方案，基于 LWE 的 FHE 方案仍然需要自举技术。

第三代 FHE 方案基于“近似特征向量”技术，无须计算密钥的全同态加密方案 GSW 的提出，标志着第三代全同态加密方案的诞生。除此之外，基于身份和基于属性的全同态加密方案成为全同态加密研究的一个全新热点。此后，研究人员继续在自举算法、多密钥全同态加密、CCA1 安全的全同态加密和电路私密的全同态加密等方面进行了大量的研究，得到了丰硕的成果。

2. 安全多方计算

为了了解什么是安全多方计算，下面先来看两个场景。

场景一：Alice 想知道自己是否患了某种遗传病。恰好，她知道 Bob 有一个关于遗传病 DNA 的数据库。如果她把自己的 DNA 样品寄给 Bob，那么 Bob 可以给出她的 DNA 的诊断结果。但是 Alice 又不想别人知道，因为这是她的隐私。所以，她请求 Bob 帮忙诊断自己 DNA 的方式是不可行的。因为这样 Bob 就知道了她的 DNA 及相关私人信息。

场景二：两个金融组织准备合作进行一个项目并从中共同获利。每个组织都想让自己的需求获得满足。但是，它们所需求的数据都是各自组织独有的私密数据，各个组织都不想提供自己的隐私数据，即便对方是“可信”的第三方。那么它们如何在保护数据私密性的前提下完成合作呢?

上述两个例子都有一个共同点，两方或者多方参与一个协作工作，工作需要各方提供各自的隐私或秘密数据，参与方都不愿意将自己提供的隐私数据透露给其他方。如何在保护输入数据私密性的同时完成协作计算? 这就是我们要提到的“安全多方计算”问题。

安全多方计算（Secure Multi-Party Computation，SMC）为互不信任的参与方提供了一种既能保护隐私，又能有效进行多方协同计算的解决方案。SMC 方案首先要确保数据输入的独立性、协同计算的正确性以及整个计算系统的去中心化，同时还要实现成员间的隐私互不泄露，主要针对无可信第三方的情况下如何进行安全协作计算的问题。在目前复杂多变的网络环境中，协作计算任务显然是极具风险的。因此，业界亟需一个可以支持多方协作计算并能保护参与者私密的协议。

多方安全中的两方安全计算框架的核心用了加密电路（Garbled Circuit）和不经意传输（Oblivious Transfer）这两种密码学技术：发送方将计算逻辑转换为布尔电路，对电路中的每个门进行加密处理。随后，该参与方将由计算逻辑加密得来的加密电路以及加密后的标签传输给下一个参与方。接收方通过不经意传输，根据输入选取标签，再对加密电路进行解密获取计算结果。通用的多方安全计算框架可以让多个参与方安全地对任意函数或一类函数进行协作计算得出正确的结果。姚期智在1986年提出第一个通用的安全多方框架（Yao's CG，姚氏加密电路），之后的30多年时间，研究人员陆续提出了BMR、GMW、BGW、SPDZ等方案，这些多方安全计算框架涉及加密电路、秘密分享（Secret Sharing）、同态加密、不经意传输等相关技术。

安全多方计算技术能在电子选举、电子投票、电子拍卖、秘密共享、门限签名等各类场景中发挥重要的作用。

3. Bulletproofs

Bulletproofs最初发布于斯坦福大学的2017年白皮书中，由密码学家Benedict Bunz和Jonathan Bootle提出，目前代码贡献主要来自伦敦大学及Blocksteam，团队承诺该技术能够显著减少机密交易的重量。Bulletproofs本质上是一种更有效的零知识证明（Zero Knowledge Proof）形式。

作为首个采用这种技术的主流加密货币，Monero采用零知识证明机制来实现保密交易，帮助用户在公共账簿中隐藏交易金额，同时保证网络的去信任化。为了确保交易的有效性，必须用到range proofs（范围证明），但问题是，range proofs是“一项非常缓慢和庞大的操作”，会消耗大量的空间（普通签名一般小于100B，只需不到100μs即可验证，而range proofs大小达到几千字节，需要几毫秒才能验证）。对比range proofs和Bulletproofs，32位的range proofs经优化后大小约为2 KB。而使用Bulletproofs可以将信息整合到新的数据结构中，所耗费的空间呈对数形式扩展而不是线性形式，所以只需要610B。如果只将范围（range）加到64位，不做其他调整，Bulletproofs也仅仅需要674B。

Bulletproofs的设计旨在实现加密货币中的高效机密交易（批量验证时，速度提高超过23倍），并将交易证明的大小从10KB缩小到1～2KB，压缩比率达到80%以上，同时降低80%的交易费用。因此，Bulletproofs比range proofs更加通用，理论上可以被用来在零知识中证明任意的陈述。Bulletproofs与SNARKs或STARKs相当，与SNARKs相比，Bulletproofs在无信任环境的标准猜想下拥有完整的128bits安全性。与STARKs相比，Bulletproofs无须任何可信初始设置，典型的计算机硬件足以快速证明和验证大小合理的问题。

2.3 区块链可扩展性技术

隐私保护与扩展性是区块链面临的两大难题。为了促使区块链在医疗保健、金融服务等领域落地，使区块链真正做到更深度化的应用和普及，交易的吞吐量和交易速度的问题是当前亟需解决的另一关键问题，本节将聚焦分片、主侧链等区块链可扩展解决方案。

2.3.1 分片技术

分片技术基于数据库分区的概念，将区块链网络分割成多个分区并存储在不同的服务器上，从而实现数据扩容与高效管理。对于公有链来说，利用分片技术可以将交易划分成不同的片段，由不同的区块链节点负责处理。所以，每个区块链节点只需要对交易的某一片段进行处理，多个节点可以并行工作，进而提高交易验证工作的效率。将区块链网络划分成多个分区能够实现业务并行处理以验证更多的交易。总的来说，随着网络规模的不断扩大，区块链将能处理越来越多的交易。这样的扩容模式也被称作水平扩容。

举个例子，我们将现在的区块链想象成一条高速公路，公路上只有一个收费站，所有的交易就像汽车一样需要排队通过，使得系统十分拥挤。而对区块链使用分片技术就好比为这条高速公路增加 15 或 20 个收费站，这将大大地提高汽车通过收费站的效率。因此，分片技术能够显著提高区块链的交易速度。

采用分片技术能给公有区块链带来许多好处。首先，区块链的处理速度会随着分片规模的扩大而提升，通常可以提升到每秒上千笔甚至更多，这大大提高了加密货币的支付效率。交易速度的提升会给区块链带来更多的用户与应用，这也将为区块链技术带来更多的发展机遇，使得“挖矿”收益更高，吸引越来越多的节点加入，形成一个良性循环。

此外，由于交易处理效率变高了，区块链的使用费用也随之降低，这会使公有区块链变得越来越有吸引力。

分片技术是区块链的一个令人兴奋的技术，它能够在不影响去中心化和透明度的情况下解决扩容问题。然而，分片技术（尤其是状态分片）在设计层面和实现层面都非常困难。尽管从表面看上去所有形式的分片技术都非常清晰明了，但通过对技术细节的深入研究，我们便可以发现这一方法的复杂性和潜在的挑战。在这些难题中，有一部分是比较容易解决的，而另一些则不然。一般来说，网络分片和交易分片都比较容易实现，而状态分片则要复杂得多。下面分别讨论不同分片机制所面临的挑战以及可行性。

1. 网络分片

在实现分片的过程中，遇到的第一个挑战就是创建碎片，这往往也是最重要的挑战。开发人员需要开发一种工具来区分哪些节点应该被安全地分配到哪些碎片中，这样就能避免攻击者掌握某些特定碎片进而发起攻击。

阻止攻击者对网络进行破坏的最佳方法（至少在大多数情况下）就是建立分片的随机性。通过利用划分节点时的随机性，网络中各个碎片的组成节点都是完全随机的，这有效地避免了恶意节点过度填充单个碎片。

那么该如何建立随机性呢？从区块中可以很容易地获得公共随机性，如区块中某笔交易的 Merkle 树 root。由于区块链的公有性质，其提供的随机性是能够被公开验证的，并且可以通过随机提取器提取统一的随机比特。

然而，简单地将节点随机分配到每个碎片是不够的，我们还必须保证碎片中节点能够有效达成一致，这通常可以通过像工作量证明这样的共识算法来实现。

2. 交易分片

在一个类似于比特币的区块链交易系统中引入交易分片后（假定没有智能合约），系统的交易状态是用 UTXOs 来进行定义的。假设这个区块链网络已经被划分成多个碎片，当用户发送一笔交易时，这一笔交易有两个输入和一个输出。那么，该笔交易应该分配给哪一个碎片呢？

最简单的方法是根据交易 Hash 值的最后几位来选择碎片。举个例子，假设一个区块链交易网络由两个碎片组成，某笔交易的 Hash 值的最后一位是 0，那么就将交易分配给第一个碎片，不是 0 则将交易分配给第二个碎片。这使得交易能在单个碎片中得到验证。但是，如果交易发起方是恶意的，他可能会再创建一笔与原交易输入相同但输出不同的新交易——这也就是俗称的“双花”交易。两笔交易的 Hash 值不会相同，所以可能会分给两个不同的碎片以供验证。不同的碎片会独立地对交易进行验证，而忽略了在另一碎片中的“双花”交易。通过这种方式，恶意用户达到了一笔资产花费两次的目的。

所以，在验证过程中，碎片之间需要进行相互通信来避免“双花”交易。但是“双花”交易有可能发生在任何碎片中，因此，某一碎片接收到的交易必须与其他所有碎片进行交互。实际上，这种多碎片之间通信可能会破坏交易分片的根本目的。

除此之外，如果这个区块链交易系统是一个基于账户的系统（没有智能合约），那么问题就变得很简单了。每一笔交易都会附上发起者的地址，系统根据发起者地址来分配碎片，这样就避免了属于同一发起者的“双花”交易被同时验证的情况。验证过程中，系统很容易就能检测到“双花”交易的存在，而无须任何跨碎片之间的通信。

3. 状态分片

实际上，状态分片是目前的分片技术提案中最具挑战性的。

在一个状态分片的区块链中，每一个碎片都只会保存一部分用户状态。比如，一个区块链网络有两个碎片和两个用户账户，分别为 Alice 和 Bob，那么每个碎片将保留一个用户的余额。当 Alice 发起了一笔向 Bob 转账的交易时，这笔交易会在 Alice 所在碎片进行处理，验证成功后，就需要将 Bob 更新后的余额状态共享给 Bob 所在的碎片。假如两个交易频繁的账户位于不同的碎片，那么这可能需要进行大量的跨碎片通信和状态交换。这就会带来状态分片的性能收益与频繁交互的通信开销之间的博弈问题。限制用户进行跨碎片交易能够有效减少通信开销，但同样也会限制平台的可用性。

状态分片面临的另一个挑战是数据的可用性。我们假设有这样一个场景：系统中的某一碎片遭受攻击，导致其脱机了。其他碎片并没有复制系统的全部状态，依赖于脱机碎片的交易将无法进行验证。在这种情况下，区块链基本上是无法使用的。这一问题可以通过维护存档或节点备份来解决，当故障发生时，这些备份能够帮助系统恢复数据，以继续验证交易。但是，这样就使得节点不得不存储系统的整个状态，这还可能会引发一些中心化的风险。

此外，我们在任何分片机制（当然不是特定于状态分片）中需要考虑的另一个要点是，确保碎片在抵御攻击和失败时具有弹性；当有新节点加入网络时，网络必须能够接受新节点，并将其随意分配到各个碎片上。总的来说，网络必须具有弹性伸缩的能力，能够进行节点再分配。然而，在状态分片方案中，重新分配节点是极其困难的。由于每个碎片只保留了状态的一部分，所以在网络调整的过程中，需要较长时间进行状态恢复，在恢复之前，整个区块链网络都将失效。为了避免这种情况发生，我们可以对网络进行逐步调整，确保每个碎片中始终拥有足够多的节点进行交易处理。

同样，新节点加入碎片后，系统必须确保新节点有足够的时间进行状态同步，否则新节点将会拒绝收到的所有交易。

4. Zilliqa 分片技术

Zilliqa 是一个拓展性极强的公链平台，并且已经在 AWS EC2 服务器上证明了

2488TPS 的运行能力（6 个分片，3600 个节点），同时它也证明：链上节点越多，将具备越高的 TPS 值。分片是网络分片的简称，是一种将 Zilliqa 网络划分成一系列包含更少节点的群组的机制，每个群组就是一个分片，其分片包含多个层面，即包括网络分片、交易分片和计算分片。其中，网络分片最重要，是创建其他分片的基础。

假设有一个包含 10000 个节点的网络，Zilliqa 将自动把该网络分成 100 个子网，每个子网包含 100 个节点的分片，且所有分片可并行处理交易。如果每个分片每秒能处理 10 个不同的交易，则所有分片每秒可一并处理 1000 个交易，使交易效率有质的提升。

Zilliqa 架构分 6 层：密码层、数据层、网络层、共识层、智能合约层和激励层，这种层次架构的设计有利于保证交易速度和安全性。

Zilliqa 具有快速、高效等特性，可以被广泛应用到各类应用中。在链上可以同时进行实时竞价、高流量的交易操作，以及运行大量复杂的智能合约等。应用领域包括共享经济、支付网络、实时拍卖等。

5. 以太坊分片技术 Sharding

以太坊创始人 Vitalik 曾说，以太坊 2.0 的分片就像是创建了一种拥有 100 个不同宇宙的区块链，每个宇宙拥有不同的账户空间。但是，这里所说的宇宙并不是独立的区块链，而是共用一个共识协议的互联系统。从技术层面来看，以太坊 2.0 的分片引入了链上状态分区（on-chain state partition）的概念来获得更高的吞吐量，其中的状态分区就是上文提到的宇宙空间。

以太坊 2.0 将以太网络分为两层，如图 2-9 所示，上层为现有的以太坊（也叫主链），基本保持不变；下层为分片链，主要处理和验证状态分区中的交易。在功能及职责划分上，主链负责生成随机数、保存验证节点相关信息、追踪子链的区块；分片链

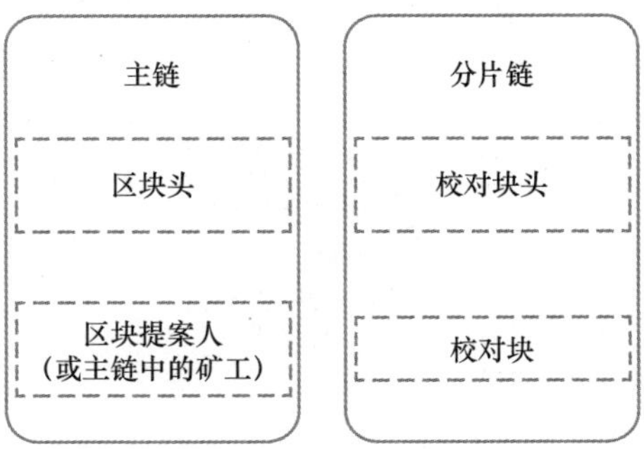

图 2-9　以太坊主链及分片链

负责处理交易、存储账户 / 合约的状态。为了提高每个分片的共识速度，以太坊 2.0 将会把原有的 PoW 共识机制升级成为 PoW/PoS 共识机制，即 Casper 共识算法（Casper the Friendly Finality Gadget，CFFG），后续可能还会将共识机制转变为完全的 PoS 机制，即 CTFG（Casper the Friendly Ghost）。

为了更好地实现二层网络，引入了新的概念：校验块与校验器管理合约。简单地说，每个分片中的交易都会被装入校验块中，并且只有其中一小部分会被加载到主链上。具体过程就是：分片中包含多个节点，即分片验证人，他们可以通过 PoS 机制在分片中完成交易的验证，验证之后产生一个校验块，而这个校验块的头部信息被加入到主链上面，具体的交易并不保存在主链上面。

校验器管理合约（Validator Manager Contract，VMC）是分片的管理者，其作用是将分片链加入到主链中。通过主链上部署的智能合约，VMC 能够在主链上实现分片管理的功能，并提供多个函数接口，这是整个分片机制的核心。

6. OmniLedger 算法

OmniLedger 是基于分片的区块链设计。OmniLedger 使用 RandHound 和 VRF 协议将验证者（Validator）随机地分配到不同的分片上，每个分片的共识采用 pBFT 算法。OmniLedger 能容忍不超过 1/3 的作恶节点。在实验室的环境下，TPS 性能随着分片数量的增加呈线性增加，16 个分片的情况下，TPS 达到 5 850；25 个分片的情况下，TPS 达到 13 000。

OmniLedger 由一条身份链（identity blockchain）以及多条子链（sharding）构成，它使用 RandHound 协议，将所有的验证者分成不同组，并随机将这些组分配到不同的分片子链中。OmniLedger 的总体架构和设计重点如图 2-10 所示。

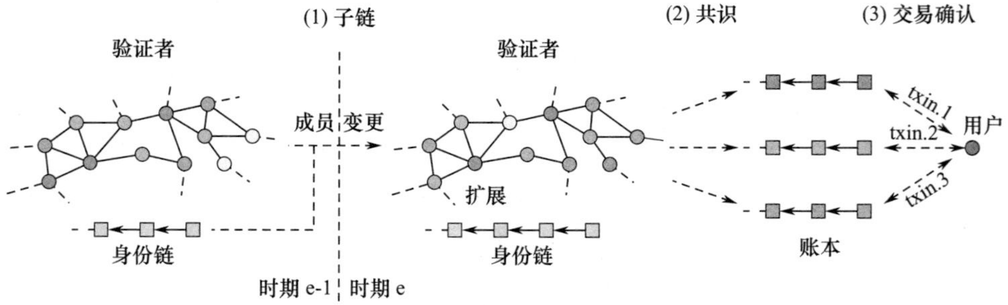

图 2-10 OmniLedger 的总体架构和设计重点（彩图见插页）

ByzCoinX 是 OmniLedger 在 ByzCoin 基础上的增强。每个分片子链使用 pBFT 共识算法形成共识，OmniLedger 将这个共识算法取名为 ByzCoinX（见图 2-10 中（2）共识）。OmniLedger 使用 UXTO 的账户模型，对于跨子链的交易，OmniLedger 设计了 Atomix 的跨链原子操作，如图 2-10 中（3）交易确认所示。

RandHound 协议实现 Validator 的随机分组。假设共存在 m 个 Validator，n 个分片，RandHound 协议将 m 个 Validator 随机分配到 n 个分片。在每个区块生成之前，所有的 Validator 都需要重新进行分组。注意，RandHound 协议需要一个 Leader。OmniLedger 算法使用 VRF 算法确定 Leader。在每个区块生成前，所有的 Validator 都需要在 identity blockchain 上注册。每个 Validator 使用 VRF 计算自己的 Ticket，计算方法如下：

$$\text{Ticket}_{i,e,v} = \text{VRF}_{sk_i}(\text{"Leader"} \| \text{Config}_e \| v)$$

其中，Config 是注册在 identity blockchain 上的所有 Validator 的信息，v 是当前的轮数。对于同一高度的区块，可能需要多轮共识才能确定。

在一定时间内，所有的 Validator 交换 Ticket。Ticket 值最小的 Validator 作为当前的 Leader。在确定了 Leader 的基础上，RandHound 协议实现所有 Validator 的分组，并将这些 Validator 划分到不同的分片上。

为了支持分片间的交易，Omniledger 设计了 Atomix 的跨链协议——Byzazantine Shard-Atomic Commit，并使用 UTXO 的账户模型。Atomix 协议的大体流程如图 2-11 所示。

1）Initialize（初始化阶段）。假设用户从 shard1 和 shard2（输入）转账到 shard3（输出），用户向 shard1 和 shard2 发送跨链请求。

2）Lock（锁定阶段）。shard1 和 shard2 锁定请求，确认交易合法，并在 shard1 和 shard2 记录下锁定状态，以及合法交易在区块中的 Merkle 路径证明。

3）这一步分以下两个阶段。

第一阶段：Unlock to Commit 阶段。提交跨链确认请求，用户向 shard3 提交 commit 交易（包括所有输入的证明），完成跨链交易。

第二阶段：Unlock to Abort 阶段。如果在步骤 2）中交易不合法（比如 shard2 中的交易不合法），则跨链交易需要回滚，用户向 shard1 发送跨链交易取消。

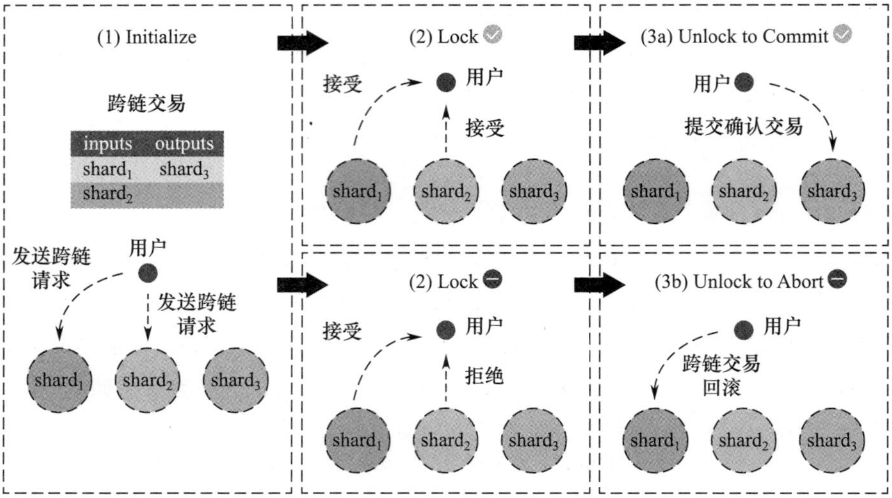

图 2-11 OmniLedger Atomix 协议（彩图见插页）

在这种跨链设计中，各个分片需要“监控”其他分片的区块生成情况。为了能够更快地处理大量的小额交易，OmniLedger 提出了“先信任、后验证”的分层处理机制，如图 2-12 所示。

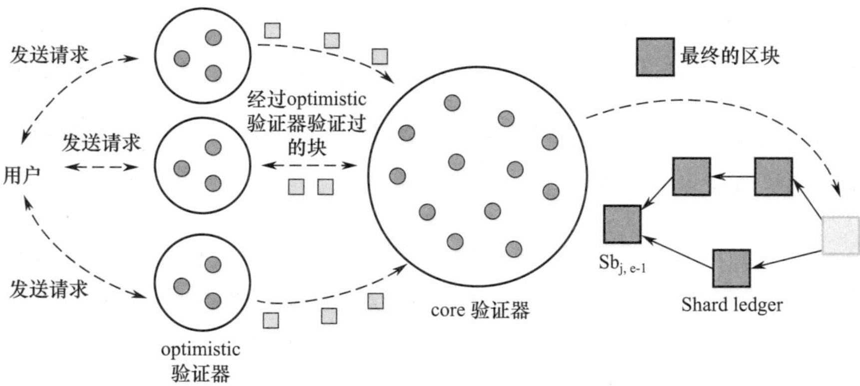

图 2-12 OmniLedger 分层处理机制（彩图见插页）

“先信任、后验证”的体系主要包括两部分：分片共识和分片区块合并。分片共识采用较少的 Validator，加快分片的共识速度以及区块的确认速度。分片形成的区块会被较多的 Validator 再次进行验证。这样的设计在出块速度以及安全性之间形成平衡。

2.3.2 主侧链技术

状态通道、侧链、跨链技术分别是以太坊的三种扩容技术，下面分别对这三种技术进行介绍。

1. 状态通道

状态通道（states channels）依旧采用底层区块链网络的运作协议，但使用方式不同，能够实现区块链扩展的目的。它将区块链看作是结算层，只负责最终交易的确认处理，且仅在出现纠纷时才进行进阶操作。

区块链上的交易是昂贵的。为了扩容，状态通道对链外处理和区块链可信进行结合。节点之间的双向通道可以把链上操作转移到链外进行处理，由于节点不需要再依赖第三方对交易进行验证，同时还可以自主选择最终交易集合广播到区块链上的时间，这将大大提高了区块链系统的交易处理效率。此外，在状态通道内的业务出错时，系统能够通过锚来定位到正确状态，这使得状态通道具有优秀的安全性和确定性。状态通道是比支付通道（payment channel）更通用的形式，它不仅能够用于付款，还能用于区块链上任何状态的更新。

为了更详细地解释状态通道这一概念，这里将详述一个状态通道运用在支付系统中的例子。假设 Alice 有 10 个币，她想以一种特定的规律将这 10 个币支付给 Bob。首先，Alice 将 10 个币发送到智能合约里，当 Alice 想执行其对 Bob 的第一笔付款时（例如 1 个币），她创建一个有数字签名的“凭证”（这并不是一个有效的区块链交易），该“凭证”上声明（9，1，0），三个数字分别表示 Alice 自己钱包里应该剩余的币数、Bob 应得的币数以及凭证的序列号。随后 Bob 对这一凭证进行会签（countersign）。若 Alice 希望再支付 2 个币，她就签发一个新的凭证，重复上一步骤进行循环。在状态通道打开期间，任一参与方都能往智能合约中发送交易凭证，在通道关闭时，开始这些交易的结算工作。在允许提交交易凭证的时间段中，具有最大序列号的凭证将会被处理。如果 Alice 故意提交一个更早序列号的凭证，则 B 可以自己提交具有最大序列号的凭证。通过这一手段，区块链就可以被视为一个“密码学法庭”，提供一种成本较高但安全性极高的仲裁手段，是保证交易安全的最后手段。因此，也降低了造假和欺诈的动机。当然，如果状态通道运行过程正常，那么区块链只会偶尔被用来做最终结算。

状态通道的交易流程如下：

1）基于参与方共识，通过多重签名或智能合约锁定一部分区块链状态。

2）参与方通过签名，彼此在链下交换和签署有效的交易，无须向矿工提交信息。

3）最终整个交易集合被提交到区块链上。

状态通道能够被很好地应用到许多场景中，但我们还是要根据它的特性来明确具体适用范围。

状态通道需考虑可用性。假如 Alice 在通道打开期间被 Bob 恶意拔掉了网线，她可能无法在时间结束前提交最新的状态。当然，她可以让他人获得其状态拷贝以避免此问题。

- 状态通道对参与方在长时间内大量的状态交互特别有效。创建通道会有一定的开销，但状态通道能够节约更多的状态更新开销。
- 状态通道适用于拥有已知参与方的应用。这是因为类似 Poker 的智能合约需在一开始就知道哪些地址是参与方，增加或移除参与方将导致合约更改。
- 状态通道具有强隐私特点。因为状态通道只有开启和关闭两个时刻是公开可见的，在其他时间里，所有的事务都在通道内部发生，所以能有效保护交易隐私。
- 状态通道具有实时的确定性。只要双方对状态更新进行数字签名，那么这个更新就会被确认，随后双方共同决定最终状态应何时更新到链上。

2. 侧链技术

侧链协议本质上是一种跨区块链解决方案。用户可以利用这一技术将一笔资产从一条区块链上转移到另一条区块链上，并随时将这笔资产转回原来的区块链。其中数字资产原本所在的区块链通常被称为主区块链或者主链，另一条区块链则被称为侧链。侧链协议使不同区块链之间的资产转移成为可能，这为新型区块链应用的开发与实验打开了一扇新大门。

侧链技术是基于双向锚定（Two-way Peg）来实现的。通过这一技术，数字资产能够被暂时锁定在主链上，同时在侧链释放同等价值的数字资产。同样，资产也可以在侧链上被锁定而释放在主链上，如图 2-13 所示。

比特币主链与侧链关系图双向锚定包括以下 4 个阶段。

- 发送锁定交易，由比特币持有者操作，发送一个特殊交易，把比特币锁定在区块链主链上。

- 等待一个确认期。确认期的作用是等待锁定交易被更多的区块确认，可防止假冒锁定交易和拒绝服务攻击，通常等待时间是 1 至 2 天。
- 在侧链上赎回比特币的确认期结束后，用户在侧链上创建一个交易花掉锁定交易的输出，并且提供一个 SPV 工作量证明，输出到自己在侧链上的地址中。该交易称为赎回交易，SPV 工作量证明是指赎回交易所在区块的工作量证明。
- 等待一个竞争期（即重组期）。竞争期的作用是防止双花问题出现，在此期间，赎回交易不会被打包到区块；新传输到侧链的比特币不能使用；如果有工作量更大的工作证明出现，即该赎回交易包括比特币主链难度更大的 SPV 证明，则上一个赎回交易将被替换。竞争期结束后，该赎回交易将被打包到区块中，用户可以使用他的比特币。

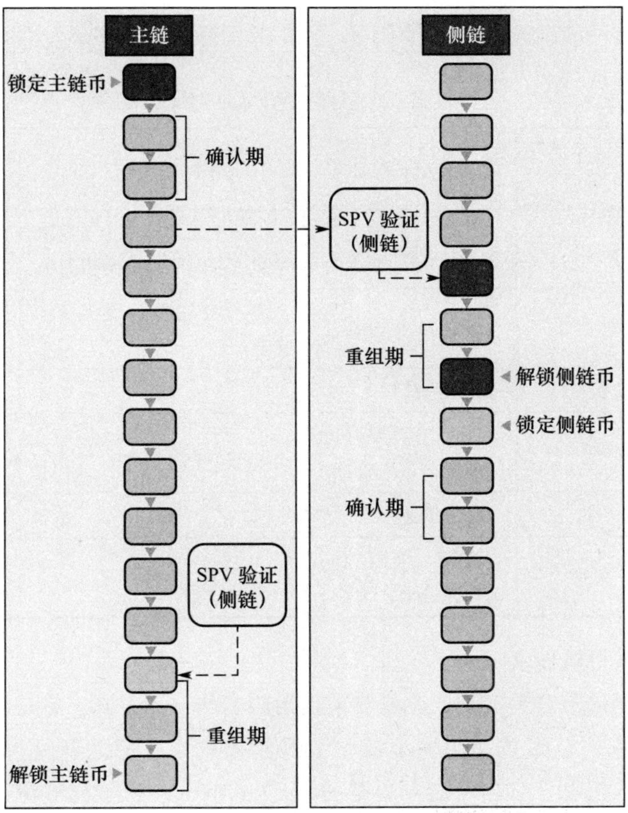

图 2-13　双向锚定技术（彩图见插页）

实现双向锚定所面临的最大挑战是协议的兼容性，新设计的协议必须能够在主链上运作，但又不能影响主链上的正常工作。其具体实现方式可以分为单一托管模式、联盟模式、SPV 模式、驱动链模式和混合模式共 5 类。

3. 跨链技术

目前，我们认为每个单独的区块链网络均被认为是一个相对独立的网络，区块链网络中的数据不能交互，也就是所谓的数据孤岛。不同区块链网络之间互相交互的难度较大，从而极大地限制了区块链的发展。所以，如何实现跨链以及多链融合技术就成了当前区块链领域研究的一大热点。

然而，要实现跨链是较为复杂的，不但要对链中每一节点有独立的验证能力，还需要在输入时去中心化。除此之外，还需要具备对链外信息的获取和验证能力。目前现有的三种跨链技术主要包括：公证人机制（Notary schemes）技术、侧链 / 中继（Sidechains/relays）技术和散列锁定技术（Hash-locking），如表 2-1 所示，下面分别对这三种技术进行详述。

表 2-1　三种跨链技术的对比

特点 \ 跨链技术种类	公证人机制技术	侧链 / 中继技术	散列锁定技术
互操作性	所有	所有（需要所有链上都有中继，否则只能支持单向）	只有交叉依赖
信任模型	多数公证人诚实	链不会失败或受到 51% 攻击	链不会失败或受到 51% 的攻击
适用跨链交换	支持	支持	支持
适用跨链资产转移	支持（需要共同的长期公证人支持）	支持	不支持
适用跨链语言机	支持	支持	不直接支持
适用跨链资产抵押	支持（需要共同的长期公证人支持）	支持	支持，但有难度

（1）公证人机制技术

公证人机制是最容易实现，也是目前使用较多的一种方式。它是指由一组作为公证人的可信节点向链 X 的节点验证链 Y 上是否发生某一特定事件。Interledger 是较为典型的公证人机制，它由瑞波实验室提出。Interledger 协议能够用于全部的记账系统，它可以包容既有记账系统的全部差异性，该协议旨在打造全球统一的支付标准，并创建统一的网络金融传输协议。Interledger 协议可以通过第三方的连接器在两个不同的记账系统中传输货币。该记账系统不必信任“记账器”。这主要是由于该协议通过使用密码算法来为这两个记账系统托管资金，当参与方全部对该交易达成共识时，就能够相互进行交易。这种交易无须通过过多的审核以及法律保护，大大降低了交易的复杂度。

（2）侧链 / 中继技术

侧链技术是一种以锚定某种原链上的代币为基础的新型区块链。例如，美元锚定到黄金。如果链 A 可以验证链 B 上的信息，则链 A 被称为侧链。但由于目前侧链较难在其链上建立能够跨链的智能合约，故而限制了其在衍生品、股票或债券等领域上的发展。BTC Relay 被认为是首个区块链侧链，它能够通过以太坊上的智能合约连接以太坊网络以及比特币网络，用户会在以太坊上验证比特币的交易信息。中继技术则主要将原有链上的代币转入类似多重签名控制的原链地址中，对其暂时锁定，在中继链上的交易结果将由这些签名人共同投票以决定其是否生效。典型的中继技术包括 Polkadot、COSMOS。

（3）散列锁定技术

散列锁定通过散列值来完成交易，它主要通过时间锁定使接收方在某一约定的时刻前生成支付的密码学散列值，它起源于闪电网络。散列锁定首先通过锁定一段时间猜 Hash 原来的值来兑现支付，在此过程中，产生一个随机数，多人之间进行数据互通，通过闪电网络来加密，从而进行安全转账。举例说明：A 和 B 进行比特币和以太币的交易，那么 A 首先在比特币中转账给 B，A 生成一个随机数值，然后进行散列运算后发给 B，A 生成 HTLC，设置一个超时时间，如果 B 猜测到那个随机数值，那么就转账，然后 B 在以太坊里部署智能合约，如果在一个超时时间内有人能提供一个随机数，这个随机数就是之前 A 在比特币中提供的在散列运算前的原来的值，那么提供这个数值的人可以取得 B 在以太坊中提供的一定数量的以太币，A 调用 B 的智能合约，取走 B 的以太币，B 得知了 A 的随机数值，在超时时间内可以取走 A 的比特币，交易就完成了。

2.4 区块链共识技术

区块链是一个基于公共账本公开的数据库。协作方（节点）共同维护数据，每个节点都在自发地记账或者同步，并且都有一份完整的数据。那么，在没有一个中心来指挥、协调的前提下，如何才能完成这个协作？如何保证所有节点的数据内容完全一致？

这时，区块链就需要一个共识机制，这个机制能够解决谁有权限写入数据，以及其他人如何同步数据这两个基本问题。下面介绍目前一些主流的共识机制。

2.4.1 PoW

简而言之，PoW 即是一份确认矿工做过某些工作的证明。计算不对称性是 PoW 算法的主要特征之一，即矿工需要做具有一定难度的工作，并且得到一个结果，验证方可以通过结果来查验工作端是否做了相应的工作。经过计算，在已经落后 6 个区块的前提下，只要攻击者控制的算力不超过全网算力的二分之一，攻击者就无法取得成功。所以，在比特币系统中，一个新的区块产生后，要在后面附加 6 个区块，该区块中的交易才算是安全的。

1. 比特币中区块的结构

比特币和以太坊都使用 PoW 共识算法。下面首先了解一下比特币中区块的结构，它由区块头和区块体组成，区块头为 80B，主要由 7 个字段组成，如表 2-2 所示。

表 2-2 比特币中区块的结构

字段	特点
Index	区块号：每个区块都有一个编号，比特币创世区块的编号为 0，下一个区块编号为 1，以此类推
Timestame	时间戳：区块被创建的时间，用的是 Linux 时间表示方法
Merkle Root Hash	Merkle 根散列：每笔交易散列计算后放入 Merkle 树叶子节点上，然后叶子节点两两进行散列运算，得出唯一的根散列
Hash	当前区块散列：将区块头的所有组成部分拼接成一个字符串，然后对这个字符串进行散列运算，得出当前区块的散列
Prehash	上一个区块散列：上一个区块中计算的散列值。每个区块后面的区块头都包含前面区块的散列值，这样后面的区块都会指向前一个区块，保证区块链系统的链式结构
Nonce	随机数：为挖矿而设立的一个参数，矿工一直迭代随机数，直到找到正确的结果
Difficulty	难度值：比特币中的难度值一直随着全网算力的变化而变化。全网算力越高，难度值越大。全网算力下降，难度值自动降低，这样就保证了比特币每 10 分钟出一个区块，出块的时间间隔不会随着全网算力的变化而变化

2. 如何通过 PoW 算法挖矿

下面介绍在比特币中如何通过 PoW 算法挖矿，具体过程如下：

1）用户发起交易，随后与其他所有准备打包进区块的交易组成一个交易列表，生成 Merkle 根散列值。

2）将 Merkle 根散列值与区块头的其他字段拼接成字符串，然后将该字符串进行双重 SHA-256 散列运算，将运算结果与目标难度值进行比较，如果大于难度值，说明没找到正确结果，则 Nonce 值加一。

3）不断迭代区块头中的随机数 Nonce，对变更后的区块头重新做双重 SHA-256 散列运算，将运算结果再与当前目标难度值做对比，直到找到小于目标难度值，PoW 才完成。

4）PoW 完成的区块向全网广播，其是否符合规则将由其他节点来验证，若验证有效，则此区块能够被其他节点接收，并依序追加在现存的区块链之后，随后进入下一轮挖矿过程。

PoW 的过程本质上是矿工对 Nonce 值不断迭代，对区块头做双重 SHA-256 散列运算，使得结果满足给定数量前导 0 的散列值的过程。前导 0 的个数将取决于挖矿的容易程度，前导 0 数量越多，挖矿难度就越大。比特币创世之时，前导 0 的个数为 4，其比特币挖矿难度最小。那时候普通个人计算机都能随便挖到比特币（这也是为什么 8 年前美国一个程序员可以花 1 万比特币买两份比萨的原因）。前置 0 每多一个，挖矿难度就呈指数级上升。如图 2-14 所示，是从 2009 年到 2019 年 1 月比特币挖矿算力的变化图。

从图 2-14 可以看出，从 2009 年到 2016 年，挖矿难度都很低，从 2016 年到 2018 年 10 月，由于比特币区块链技术逐渐火热起来，挖矿难度开始上升。从 2018 年 10 月至 2019 年 1 月，比特币难度值开始有一定下降。

对于 PoW 算法，我们不得不提到的是比特币分叉问题。分叉是指该算法的矿工之间会相互竞争夺取记账权，从而导致不止一个矿工具有记账权的现象。举例说明，A 与 B 两个人同时在挖矿，争夺下一个区块的记账权利。经过漫长的计算，他们同时算出了结果，都开始给这个区块打包，由于他们都拥有记账权，故会出现分叉现象。由于两个打包好的区块都是基于上一个区块算出的结果，都属于正确结果。平行关系的区块如图 2-15 所示。

在区块链出现分叉的情况下，剩余的矿工想要继续添加新区块，到底该连接到哪个区块的后面呢？解决方案如图 2-16 所示，即遵循的一个原则是：节点永远认为最长链是正确的。

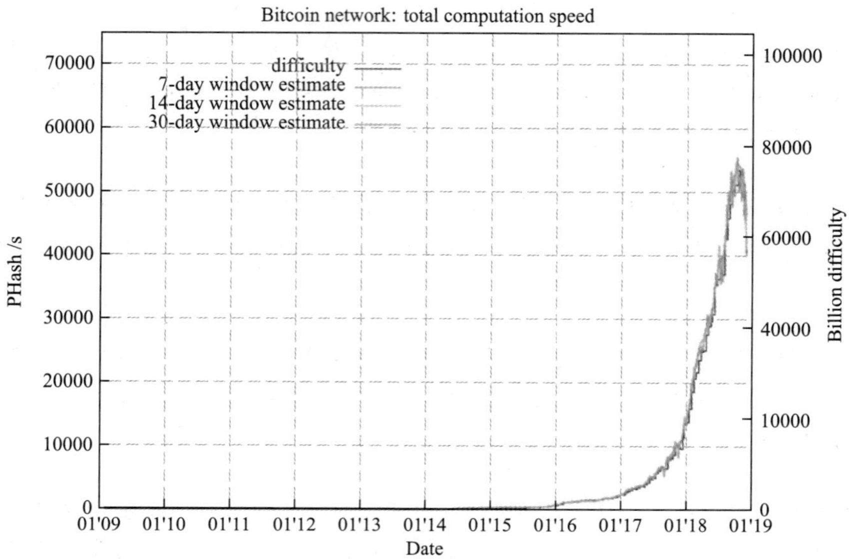

图 2-14　比特币挖矿算力变化图（彩图见插页）

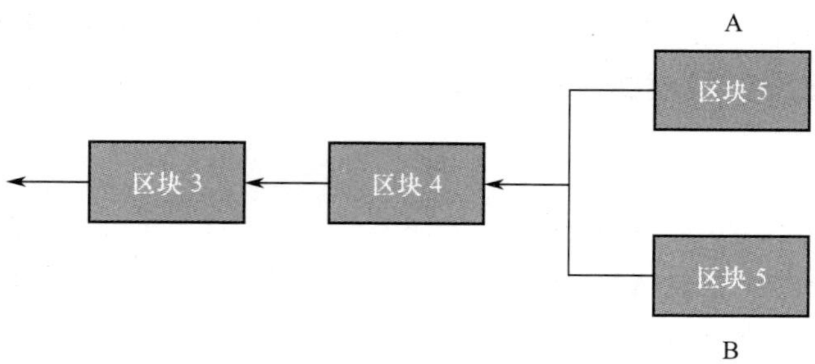

图 2-15　平行区块关系图

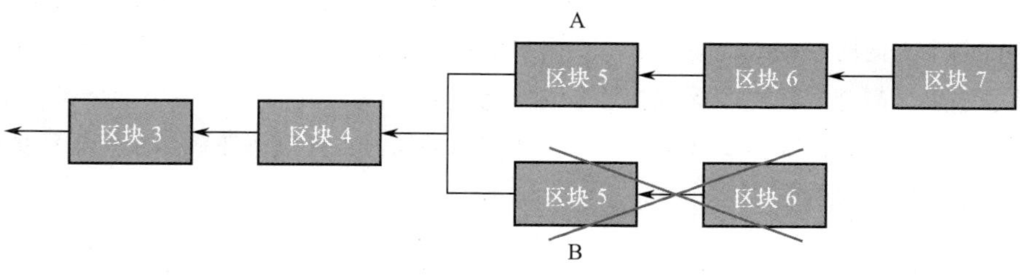

图 2-16　解决方案

由于距离远近不同，不同的矿工也是按先后顺序看这两个区块的。一般而言，矿工会把自己最初见到的区块进行复制操作，随后在该区块中开始重新挖矿。由于不同的矿工选择了不一样的区块，所以因分叉而产生的两条链上的算力也是存在一定差别的。因此，一条链的长度总会超过另一条。若矿工发现全网有一条更长的链，他会将更长的链全部复制，并且抛弃掉之前的链，在新链的基础上再继续挖矿。上述情况只是一个矿工的操作，当所有的矿工均这么操作时，这条链就是主链，而之前由于分叉出来被抛弃掉的链就会消失。最终，只会存在一条保留下来的链，也是唯一一本真正有效的账本。由此可得，整个区块链是唯一的。

2.4.2 PoS

与 PoW 不同，PoS 更加节能，不会浪费大量的算力去做无意义的计算，PoS 要求挖矿者拥有股份（持有的代币），根据挖矿者的股份多少来调整挖矿的难度。换言之，股份越多，挖矿越容易；股份越少，挖矿就越难。

那么，PoS 具体是怎么实现挖矿的？下面将详细介绍。

假设一个 PoS 网络中有 4 个节点（即 4 个人），名字分别叫 A、B、C、D，如图 2-17 所示。

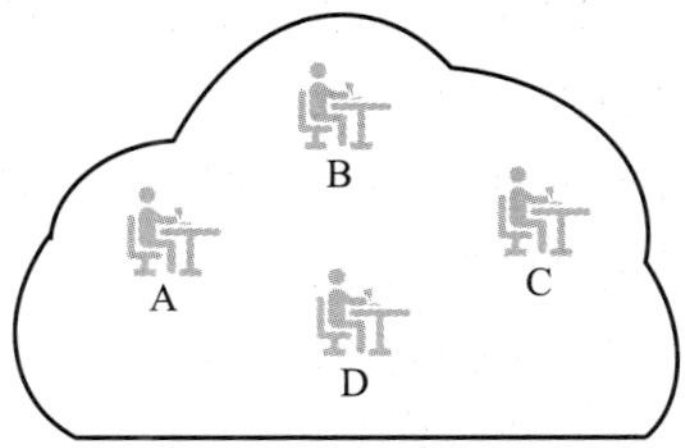

图 2-17 PoS 网络图

假设节点 A、B、C、D 分别拥有 0.5 个币、1 个币、1.5 个币、2 个币，并且这 4 个人均持币 2 天，那么

节点 A 的币龄为：$0.5\times2=1$ 币龄；节点 B 的币龄为：$1\times2=2$ 币龄

节点 C 的币龄为：$1.5\times2=3$ 币龄；节点 D 的币龄为：$2\times2=4$ 币龄

则网络中所有人的总币龄为 10，此时系统将一个数组分为 10 等份，每人根据币龄长短分配数组空间。4 个节点分配的数组空间大小如图 2-18 所示。

A	B	B	C	C	C	D	D	D	D
0	1	2	3	4	5	6	7	8	9

图 2-18 4 个节点分配的数组空间大小

根据图 2-18 可以看出，节点 A 占据数组下标为 0 的空间，节点 B 占据数组下标为 1 和 2 的空间，节点 C 占据数组下标为 3、4、5 的空间，节点 D 占据数组下标为 6、7、8、9 的空间。然后系统会在 0 ～ 9 之间产生一个随机数，比如，产生的随机数为 6，那么找到对应数组下标为 6 的地址，也就是 D，D 拥有了产生区块的权利，如果第二次产生的随机数是 9，那么还是由 D 来产生区块。所以，在 PoS 中，拥有币龄越长的人，就有更大的概率获得产生区块的权利。

点点币和 Qtum 均使用该算法。

2.4.3 DPoS

DPoS（Delegated Proof of Share），即代理权益证明共识机制，也称股份授权证明机制，是一种基于投票选举的共识算法。在 PoS 的基础上，DPoS 将区块生产者的角色专业化，先通过权益选出区块生产者，然后区块生产者之间再轮流出块。

DPoS 共识算法最初由 BitShares（比特股）社区提出，与 PoS 共识算法相比，该共识算法的节点选举若干代理人，由代理人验证和记账。故而，DPoS 能够在牺牲一部分去中心化特性的情况下大幅度地提升选举效率。DPoS 共识机制不需要挖矿，也不需要全节点验证，相反，它主要由有限数量的见证节点进行验证，因此，DPoS 共识被认为是简单、高效的。由于参与验证的节点数量有限，DPoS 共识被普遍质疑过于中心化，且在选举记账节点时，存在人为操作的可能性。

该算法主要应用于 BTS、EOS、YOYOW 等场景。

2.4.4 Paxos 算法

Paxos 算法是 Lamport 于 1990 年提出的一种基于消息传递且具有高度容错特性的一致性算法。Paxos 算法在分布式领域起着举足轻重的作用，但是该算法存在两个较为明显的缺点：晦涩难懂；工程难以实现。

在常见的分布式系统中，总会存在诸如机器宕机或网络异常（包括网络分区或消息乱序、重复、丢失、延迟）等情况。Paxos 算法首要解决的问题是如何在一个可能发生异常的分布式系统中，快速且正确地在集群内部对某个数据的值达成一致，并且保证无论发生何种异常，均不会破坏系统的一致性。

在 Paxos 算法中有 4 种角色：Proposer（提议者）、Acceptor（决策者）、Client（议题产生者）和 Learner（最终决策学习者）。在这 4 种角色中，提议者和决策者是很重要的，其他两个角色在整个算法中是辅助的，Proposer 就像 Client 的使者，由

Proposer 使者拿着 Client 的议题去向 Acceptor 提议，让 Acceptor 来做决策。

Paxos 算法分为两个阶段：准备阶段和同意阶段。

（1）准备阶段

1）Proposer 选择一个提议编号 *n*，向所有的 Acceptor 广播 Prepare（*n*）请求。

2）Acceptor 接收到 Prepare（*n*）请求，若提议编号 *n* 比之前接收的 Prepare 请求都要大，则 Acceptor 将自己上次接受的提议内容回复给 Proposer，并承诺不会接收提议编号比 *n* 小的提议。

（2）同意阶段

1）当多数人将信息反馈给一个 Proposer 后，就进入同意阶段。Proposer 要向反馈给自己信息的 Acceptor 再发送一个请同意该提议的 Accept 请求。包含编号 *n* 和 *v*，其中，*v* 表示收到的响应中编号最大的提案的 value，若响应中不包含任一提案，*v* 的取值就由 Proposer 决定。

2）如果 Acceptor 收到一个针对编号为 *n* 的提案的 Accept 请求，只要该 Acceptor 没有对编号大于 *n* 的 Prepare 请求做出过响应，它就接受该提案。

下面通过一个简单的案例来理解 Paxos 算法的流程。案例中有两个 Proposer、三个 Acceptor。假设 Proposer1 发送（1，*v*1）消息，Proposer2 发送（2，*v*2）消息。

阶段一（准备阶段）：Proposer1 提案编号为 1 并发送给 Acceptor1、Acceptor2 和 Acceptor3。Acceptor1 和 Acceptor2 之前未接受过任何消息，所以接受了 Proposer1 的提议。但是 Acceptor3 反馈说他已经接受了 Proposer2 的提议，并且它的编号比 Proposer1 的大，所以拒绝了 Proposer1 的提议。不过 Proposer1 已经得到了两个接收者的认可，形成了多数派，Proposer1 满意地向 Client1 复命去了。此时 Proposer2 找到 Acceptor1 和 Acceptor2，向他们发送编号为 2 的消息，Acceptor1、Acceptor2 对比编号发现 Proposer2 的编号大，于是丢弃 Proposer1 的提议，接受了 Proposer2 的提议，此时 Proposer2 收到三个接受消息，形成多数派，满意地去向 Client2 复命。

阶段二（确认阶段）：现在 Proposer1 使用多线程并发分成三个自己，分别去找三个 Acceptor，最先找到 Acceptor1 确认，但是 Acceptor1 反馈说 Proposer2 给了他编号为 2 的消息，Proposer1 知道 Proposer2 第一阶段在它之后又形成了多数派，此时他会提升自己的编号重新发送给三个接收者（重新进入第一阶段），编号为 3。给

Acceptor1 发送了编号为 3 的消息，Acceptor1 又接受了 Proposer1 的议题，还没来得及向 Acceptor2 和 Acceptor3 发送消息的时候，Proposer2 分别找到三个接收者确认提议（这里的 Proposer2 是第二阶段），被 Acceptor1 拒绝了，反馈说他接受了编号为 3 的消息，但与 Acceptor2 和 Acceptor3 顺利确认，这时 Acceptor2 和 Acceptor3 记录 Client2 编号为 2 的请求，因为形成了多数派，所以最终接受了 Client2 的请求，Proposer2 已经出色地完成了任务。这时 Proposer1 找到 Acceptor2，但被告知他的提议已经确认，无法更改，并将提议给 Proposer1 看，Proposer1 立马“背叛”了 Client1，将自己的议题修改为“我是 Client2 的使者”，这样形成了一个多数派。顺利地再次进入第二阶段。由于此时没有人竞争了，顺利地找三位 Acceptor 确认议题，三位 Acceptor 看到议题与第二阶段的确认是一致的，所以最终接受了，形成多数派。

形成多数派后，一致性得到保证，Paxos 过程结束。该算法的关键在于最初的第二阶段，议题是先入为主的，谁占了先机，后面的 Proposer 在第一阶段就会学习到这个议题而修改自身的议题，正是因为这样的竞争机制，才能让一致性得到保证。

在很多分布式系统实用场景中，其假设并不需要解决拜占庭将军问题。换言之，这些分布式系统的实用场景下只需要处理一般的死机故障。那么，此时采用 Paxos 协议会更加高效。但由于 Paxos 较难被人理解，故而出现了各种不一样的变种。例如，谷歌的 GFS、BigTable 就采用了基于 Paxos 的 Chubby 的分布式锁协议；Yahoo 的 Hadoop 系统则采用了类似 Paxos 协议的 Zookeeper 协议。

2.4.5 Raft 算法

Paxos 一直是分布式协议的标准，但是 Paxos 难以理解，更难以实现，故来自 Stanford 的新的分布式协议 Raft 应运而生，Raft 将更注重协议的可理解性和落地性。

Raft 把集群中的节点分为以下三种状态。

- Leader（领导者）：所有的消息都要先经过 Leader。
- Follower（群众）：所有的节点都以 Follower 的状态开始，如果没收到 Leader 的数据信息，则会变成 Candidate 状态。
- Candidate（候选人）：会请求其他节点给自己投票。如果得到大多数票，则会成为 Leader 状态，这个过程叫 Leader 选举。

那么在该算法中，Leader 是如何被选举的呢？

在最小模式下，一个最小的Raft民主集群需要三个参与者（A、B、C），这样才可能投出多数票。初始状态的A、B、C都是Follower，当发现没有收到Leader的心跳消息时，则认为Leader已经挂掉，三个节点都会变为Candidate状态，开始互相拉票，A向B和C拉票，B向A和C拉票，C向A和B拉票，这时候就比速度了，最先收到总节点一半数量以上的票数时，它就会成为Leader节点，并向其他节点发送消息表明“我”已经成为Leader，其他还在拉票的Candidate节点就会退回Follower状态。选出Leader后，Leader通过定期向所有的Follower发送心跳信息维持其统治地位。若Follower一段时间内未收到Leader的心跳信息，则认为Leader可能已经挂了，就会再次发起选主过程。

Raft协议强依赖Leader节点的可用性可以确保集群数据的一致性。数据的流向只能从Leader节点向Follower节点转移。当Client向集群Leader节点发送数据后，Leader节点接收到的数据处于未提交状态，接着Leader节点会并发向所有的Follower节点复制数据并等待接收响应，确保至少集群中超过半数节点已接收到数据后再向Client确认数据已接收。一旦向Client发出数据接收Ack响应，表明此时数据状态进入已提交，Leader节点再向Follower节点发通知告知该数据状态已提交。Raft的流程如图2-19所示。

该算法一般应用在私有链场景下。

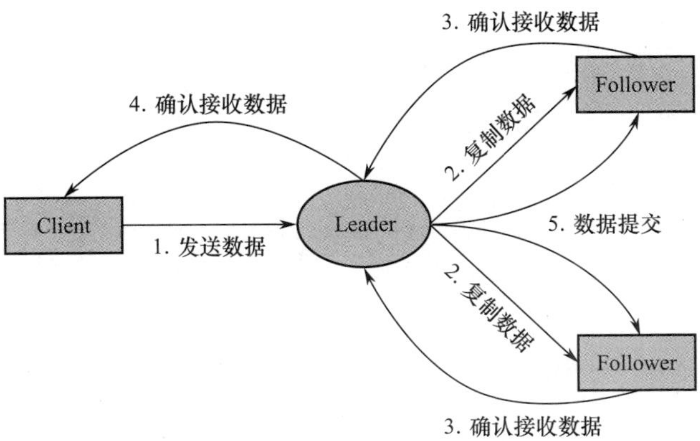

图2-19　Raft流程图

2.4.6 pBFT

首先介绍一下什么是拜占庭将军问题。简而言之，该问题的核心在于在已知有间谍的分布式军队中，虽然距离较远，但是将军们依旧能够达成共识，执行共同的作战计划，来取得战争的胜利。

区块链网络记账共识与拜占庭将军问题相似，参与共识记账的每个节点相当于将军，节点之间的消息传递相当于信使，某些节点可能由于各种原因而产生错误的信息传递给其他节点。这些发生故障的节点通常被称为拜占庭节点，而正常的节点被称为非拜占庭节点。

pBFT（拜占庭容错机制）是一种基于状态机副本复制的算法，该算法可以在保证活性以及安全性的前提下，提供失效节点不超过总节点数量三分之一的容错保证。pBFT 要求所有的节点采取的行动一致，即需要共同维护一个状态。所以需要运行三类基本协议，包括一致性协议、检查点协议和视图更换协议。系统正常运行在一致性协议和检查点协议下，视图更换协议则只有在主节点运行缓慢或出错的情况下才会启动，负责维系系统继续执行客户端请求的能力。

在 pBFT 系统中，节点分为两类：主节点和从节点。主节点仅有一个，其他剩余节点都是从节点。在实现 pBFT 系统功能之前，所有的节点都是从节点，经过选举，产生一个主节点。每个节点都有被选举权和选举权，选举过程中每个节点的概率都是平等的。一致性协议包含 5 个阶段：请求（Request）、序号分配（Pre-prepare）、交互（Prepare）、序号确认（Commit）、响应（Reply）。pBFT 的一致性协议如图 2-20 所示。

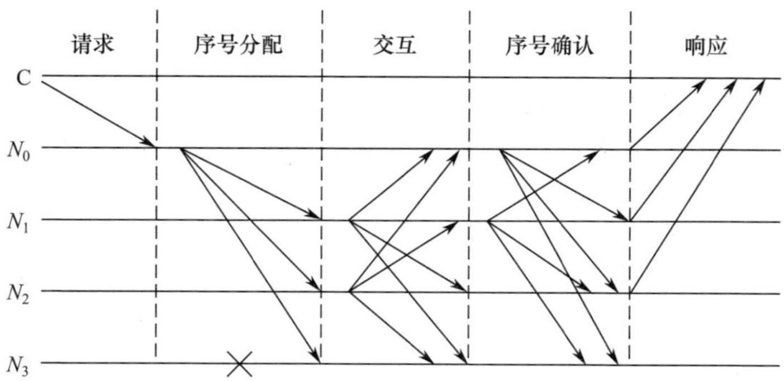

图 2-20 pBFT 一致性协议

注：pBFT 系统通常假设故障节点数为 f 个，而整个服务节点数为 $3f+1$ 个。其中 C 是客户端，N_0 是主节点，$N_1 \sim N_3$ 是从节点，N_3 是故障节点。该算法主要分为以下

5 个阶段。

（1）请求阶段

客户端发送请求到主节点，激活主节点服务。

（2）序号分配阶段

主节点给这个请求分配一个序号 n，然后发送一个消息格式为 <<pre-prepare, v, n, d>, m> 的 pre-prepare 消息给其余从节点，其中，v 是视图编号，n 是该消息的序号，d 是消息 m 的摘要，序号 n 必须在水线上下限 h 和 H 之间。水线存在的意义在于防止一个失效节点使用一个很大的序号消耗序号空间。

（3）交互阶段

从节点接收到这个 pre-prepare 消息后，并不知道其他节点收到的消息是什么，就给收到的消息签名后发给其他所有的节点，告诉他们"我"收到的消息是这样的。当然，从节点收到消息后会先对消息进行基本的校验和确认，检查消息中签名是否合法；检查 d 与 m 的摘要是否一致；检查当前视图编号是否与消息中的视图 v 一致。满足这些条件后，从节点将该消息存入消息日志中，然后对消息进行签名，并构造 Prepare 消息转发给其他所有的节点（包括主节点）。如果不满足，则该验证节点就会进入 View change（视图更换）阶段。

（4）序号确认阶段

每个节点收到其他所有节点的 Prepare 消息后，先对接收到的消息进行签名验证和确认。把签名验证通过后的消息与上一步中自己保存在消息日志中的消息进行比较，如果超过 $2f$ 个请求消息都一样，那么这个请求会认为是大家共识的请求。该节点将会对这个请求进行响应，给出运算结果，并进行签名。

（5）响应阶段

将序号确认阶段的处理结果发送给客户端，客户端收到 $f+1$ 个相同的运算结果后，就会认为该结果正确。

pBFT 在很多场景中都有应用，在区块链场景中，一般适合对强一致性有要求的私有链和联盟链场景。例如，在 IBM 主导的 Hyperledger Fabric 项目中，共识模块被设计成可插拔的模块，支持 pBFT、SBFT 等共识算法。

该算法主要应用于 Hyperledger Fabric，迅雷链小蚁采用了改进版的 pBFT 算法——dBFT（授权拜占庭容错算法）等场景。

2.4.7 Tendermint 算法

Tendermint 属于拜占庭容错算法，它针对传统的 pBFT 算法做了优化，只需要两轮投票，即可达成共识。目前 Tendermint 算法主要应用在区块链系统中，其核心算法流程如图 2-21 所示。

该算法主要分 NewHeight、Propose、Pre-vote、Pre-commit、Commit 共 5 个状态，每个状态都被称为一个 Step，首尾的 NewHeight 和 Commit 这两个 Step 被称为特殊的 Step，而中间的 Propose、Pre-vote、Pre-commit 三个 Step 则被称为一个 Round，是共识阶段，也是算法的核心原理所在。

需要注意的是，一个块的最终提交（Commit）可能需要多个 Round 过程，这是因为有许多原因可能会导致当前 Round 不成功（比如出块节点 Offline，提出的块是无效块，收到的 Pre-vote 或 Pre-commit 票数不够 2/3 等，出现这些情况的解决方案是移到下一轮，或者增加 timeout 时间）。

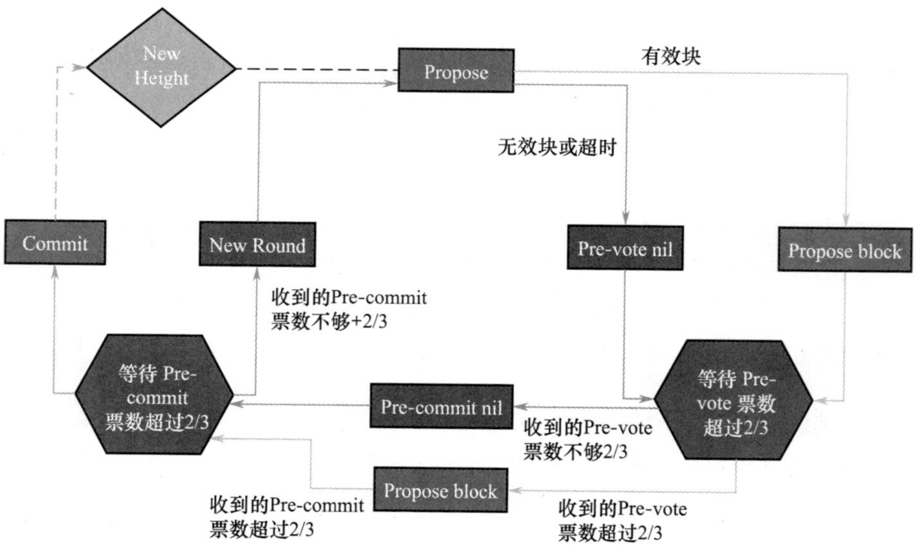

图 2-21　Tendermint 核心算法流程（彩图见插页）

这里还要介绍一个重要概念：PoLC，全称为 Proof of Lock Change，表示在某个特定的高度和轮数（height，round），对某个块或 nil（空块）超过总节点 2/3 的 Pre-vote 投票集合。简单地说，PoLC 就是 Pre-vote 的投票集。

Tendermint 中有两种类型的节点：Validator 节点和 Non-Validator 节点。顾名思义，只有 Validator 节点会参与共识投票，而普通节点作为 Non-Validator 节点，不参与共识投票，只协助传递状态或向 Validator 节点发送交易请求。

初始状态下（创世区块），高度为 0，此时，系统会基于 Round Robin 原则选出一个 Validator（每个 Validator 都有一定的 Voting Power），由这个 Validator 打包一个新的 Block，并向所有的节点发出 Proposal，剩余的 Validator 节点对该 Proposal 进行投票，最终达成共识。

之前提到，Tendermint 针对传统的 pBFT 算法做了优化，那么该算法与 pBFT 的异同点到底是什么呢？

与 pBFT 算法类似，Tendermint 最多容忍不超过 1/3 的拜占庭节点；均是三阶段过程，Tendermint 的三个阶段（Propose、Pre-vote 和 Pre-commit）与 pBFT 的三个阶段（Pre-prepare、Prepare 和 commit）是一一对应的；两种算法在超时的情况下，都会换掉 Proposer/primary（打包节点）。

不同之处在于，Tendermint 没有 pBFT 中的 View Change 阶段，Tendermint 把超时与普通情况相融合，在超时情况发生时，新块是一个特殊的空块。当提交 commit 空块时，就会触发切换 Proposer，而 pBFT 存在一个单独的 View Change 过程用以触发 primary 轮换。

简而言之，Tendermint 和 pBFT 关系类似于 Raft 和 Paxos 的关系，Tendermint 是针对区块链场景下的简化版 pBFT。

该算法适用于提供分布式系统的基础服务，比如动态配置、服务发现、锁、选取领导人等。

2.4.8 Casper 算法

Casper（投注共识）是以太坊下一代的一种共识机制，属于 PoS。由于在 PoS 机制下，恶意节点可以在没有任何损失的情况下把自己的币押在分叉链上推动硬分叉，而在 PoW 机制下，矿工分叉需要消耗算力资源。所以，以太坊需要一种解决方案，既可以实施 PoS，同时又要让恶意节点做“坏事”会有代价和损失。因此，以太坊开发者们提出了 Casper 协议，利用这个协议，系统可以快速惩罚恶意节点的作恶行为。

下面具体介绍一下 Casper 是如何工作的。

任何人抵押足够多的以太币到系统中时，都可以成为矿工并参与挖矿。当矿工们发现一个可以被添加到链上的区块时，他们将以押下赌注的方式来验证它。如果该区块最后被添加到链上，那么矿工们将得到一个跟他们的赌注成比例的奖励。该共识算法要求所有的矿工诚实工作，如果一个矿工有意破坏，不遵守协议，系统就会对矿工做出惩罚——没收之前抵押的以太币。有人把 Casper 这样的挖矿机制称为“虚拟挖矿”，比特币的矿工若要参与挖矿，则需要先购买矿机，Casper 则先要抵押以太币到系统中；比特币的矿工如果不按规则挖矿，则会损失电费以及可能的挖矿收益，而在 Casper 中，不守规则的惩罚更严重，除了失去挖矿收益，系统还会将抵押的以太币没收，相当于销毁矿工挖矿的“矿机”。从这一点可以看出，Casper 与传统的 PoS 不同的是，Casper 有惩罚机制，这样非法节点通过恶意攻击网络不仅得不到交易费，而且还面临着保证金被没收的风险。

2018 年 5 月 8 日，以太坊的开发者发布了 Casper 的第一个版本 Casper FFG（Vitalik 参与的 Casper 版本）。目前该版本代码已经被审计人员和客户开发人员进行更广泛的审查，一旦 Casper FFG 被实施，那么以太坊将会先进入一个 PoW+PoS 混合挖矿的阶段，这个阶段中大多数的区块仍然通过 PoW 来产出，而有 1% 的区块则会开始交给 PoS 节点，这样可以让整个网络以较为平缓的方式向 PoS 过渡。而如果要完全切换到 PoS，有可能会到以太坊发展路线图的第四阶段，即“宁静”。

表 2-3 比较了上述提到的几种共识机制。

表 2-3　共识机制优劣势对比

共识机制	优势	劣势
PoW	安全稳定，节点自由度高，去中心化程度高，节点系统开放	扩展性弱、性能低，没有最终性，造成硬件设备浪费
PoS	能源消耗少，去中心化程度高，节点系统开放	实现过程复杂，存在安全漏洞
DPoS	能源消耗少、性能高，具有最终性	去中心化程度弱、节点系统相对封闭
Paxos	高效节能、交易速度快、承载的交易量大	晦涩难懂、工程难以实现，未考虑拜占庭容错
Raft	高效节能、交易速度快、承载的交易量大、易于理解、容易实现	强 Leader 依赖，未考虑拜占庭容错
pBFT	高效节能、交易速度快、承载的交易量较大、能应对拜占庭容错、权利分散	只适用于静态节点，无法胜任节点动态加入与退出的对等网络环境
Tendermint	易用、易懂、高性能为设计原则，对各种分布式应用程序都有用	消耗电能
Casper	系统可以快速惩罚恶意节点的作恶行为	实现过程复杂

2.5 区块链账本技术

目前，零售商、农场商已经开始采用区块链账本技术追踪鸡肉、鸡蛋，以及西红柿等农产品从农场送到商店的全过程，从而大大缩短了食物溯源所需的时间。本节将聚焦基于 UTXO、账户余额，以及有向无环图（Directed Acyclic Graph，DAG）的三类账本技术，对区块链的记账原理进行详解。

2.5.1 基于 UTXO 的账本技术

UTXO（Unspent Transaction Output，未花费的交易输出）是比特币独创的一种账本技术，同时也是最早出现的账本技术。事实上，比特币并不存在账户概念，而是只记录地址之间的交易往来，比特币中的每一笔交易都要花费一笔输入，产生一笔输出。也就是说，每一笔交易的输出都来自某一笔已经被验证的输入，这笔交易输出就是“未花费过的交易输出”。当一笔交易完成后，各节点通过“共识”机制共同维护一套“虚拟账本”，从而使得价值转移被广泛接受，无人反对，可用于下次交易中的支付。

比特币 UTXO 的运作机制如图 2-22 所示，下面举例说明。

交易编码		7959yefe2342d7
输入来自	⇨	输出到
Joe 1000RMB		输出 Alice的账户 1000RMB (已花费)

交易编码		dfagag232525a41
输入来自		输出到
7959yefe2342d7	⇨	输出 Bob的账户 200RMB (已花费)
Alice 1000RMB		输出 Alice的账户（找零） 800RMB (未花费)

交易编码		hfjyj31hj324kk33j3
输入来自		输出到
dfagag232525a41	⇨	输出 Carl的账户 100RMB (未花费)
Bob 200RMB		输出 Bob的账户（找零） 100RMB (未花费)

图 2-22 UTXO 运作机制

Alice 的账户上有 1000 元，她要向 Bob 转账 200 元。现行记账方式一般是这样做的：第一步，银行检查 Alice 的账户余额是否充足，如果充足，则执行第二步；第二步，将 Alice 的账户余额减少 200 元，将 Bob 的账户余额增加 200 元；第三步，转账交易完成。

采用 UTXO 记账时，Alice 要向 Bob 转账 200 元，她的账户现在有 1000 元，来自上一笔交易，是 Joe 向 Alice 支付的一笔劳务费，这就是一个“未花费的交易输出”。Alice 使用这个 UTXO 作为输入，移到 Bob 的账户，这笔交易产生两个输出，分别是支付给 Bob 的 200 元和返回的 800 元找零：对 Bob 来说，这 200 元就是一个 UTXO，来自跟 Alice 的交易；对 Alice 来说，这 800 元找零也是一个新的 UTXO。以此类推，Bob 可以用这个 UTXO 作为输入，与 Carl 进行交易，将这个 UTXO “输出”到下一个账户并返回 Bob 找零。

在区块链中使用 UTXO 模型的好处有以下两点。

- 可扩展性：多个 UTXO 可以同时处理，因而可以实现事务并行处理，并鼓励可拓展性创新。
- 隐私：只要用户为每笔交易使用新地址，UTXO 就可以提供级别更高的隐私性。如果需要进一步增强隐私性，可以考虑更复杂的方案，例如环签名。

UTXO 不直接维护账户，但会通过编码的方式难以篡改地记录输入 / 输出关系，因而也可以转换成账户的形式。比如，比特币钱包里的账户余额就是 UTXO 聚合计算的产物。此外，虽然 UTXO 模型可以在共识系统中跟踪账户余额，但在应用过程中仍存在局限性。在 UTXO 模型中，计算某个地址中的余额，意味着需要遍历整个网络中所有相关的区块，占用大量的算力资源。同时，UTXO 模型由输入与输出脚本控制，虽然凸显了交易的先后顺序及依赖关系，但是模型本身是无状态的，这导致了功能扩展受限，难以执行复杂的逻辑结构，可编程性差。除此之外，在进行比特币交易时，需要对输入以及输出的信息进行组合，对应脚本也会增多，系统状态逻辑变得更加复杂，占用更多的存储空间。因而增加了验证交易的资源消耗。

2.5.2 基于账户余额的账本技术

继比特币的 UTXO 模式之后，分布式账本出现了，其类似于传统银行账本中的账户余额模式，以太坊就是利用这种账户余额模型在共识系统中跟踪用户的账户余额的。与 UTXO 模型相比，账户余额模型更容易理解和实现。以太坊将交易作用于账户的过程描述为状态转换函数：APPLY（S, TX）->S，其中，TX 代表交易（Transaction），S 代表状态（State）。根据以太坊的定义，状态由被称为“账户”的对象和在“账户”之间转移价值与信息的状态转换构成。每个账户是一个 20B 的地址，该地址可以是交易者的地址，也可以是合约的地址。即：地址账户与合约账户。地址账户不包含智能合约代码，其私钥由用户自己控制，可以主动发起交易，与比特币地址有完全相同的功能，能够向网络中发送已签名的交易；合约账户由合约代码控制，其包含一段可执行的智能合约代码，并且具有自己的存储空间，用来存储自身的状态变量。该智能合约的运行有两种触发方式：外部账户发起交易触发和其他合约“主动调用”进行触发。

此外，相较于复杂的 UTXO 模型，账户余额模型中的“交易”中没有输入和输出的交易 I/O 结构，其只记录 From 和 To 所对应的两个账户，每当一笔交易产生后，From 和 To 所对应的账户余额就会有相应的变动，而“状态”记录了多笔交易的信息。状态转换可以使系统自动算出每个账户所剩的余额。

另外要注意的是，UTXO 模型决定了来自不同输入地址的多笔相同金额的交易是完全不同的。因此，从原理上避免重放攻击，账户余额模型则通过引入随机数（Nonce）来解决这一问题。具体地说，所有账户的 Nonce 都必须从 0 开始递增，当前账户每使用 Nonce 签发并广播一笔交易之后，都会将其加 1，保证每次交易都会用最新更新过的账户余额。

账户余额模型的优点如下。

- 可以快速获取账户的余额，而比特币需要将指定地址拥有的所有 UTXO 中的未花费交易总值整合。
- 节省空间，因为每笔交易只有一个输入和一个输出。
- 可以较容易地实现图灵完备的智能合约。

虽然账户余额模型实现逻辑简单，优点突出，但它仍然具有一些弊端，如其交易之间缺乏依赖性。因此，容易存在重放攻击问题。例如，在用户发送多笔交易时，如果第一笔交易打包失败，后续多笔交易都将无法成功打包。

2.5.3 基于有向无环图的账本技术

有向无环图（DAG）是不同于区块链的一种分布式账本技术，但一般也被纳入区块链领域讨论之中。其中，“有向”指所有的数据顺着同一方向存储；“无环”指数据结构间不构成循环。

在 DAG 中没有区块机制，其组成单元是一笔笔的交易（这里可认为一笔交易即一个区块），每个用户都拥有专有单元记录自己的全部交易信息，这样就省去了打包出块的时间，验证手段则依赖于后一笔交易对前一笔交易的验证。假设当你发布新交易时，前面有两个有效交易，那么你的交易会主动同时链接到前面两个中。对于 DAG 中的每个新交易，都需要验证并确认其父交易，以及父交易的父交易，慢慢可达创世交易，并将其父交易的散列值包含到自己的交易中。这种验证手段使得 DAG 可以异步并发地写入很多交易，并最终构成一种拓扑的树状结构，能够极大地提高扩展性。

在实际应用中，DAG 机制具体往前验证几个层次的交易，需要根据不同的规则来决定。最著名的应用 DAG 技术的项目是 IOTA，IOTA 只往前验证两层交易，如图 2-23 所示，1 和 2 号是创世节点；当第 3 个节点产生时，只需要确认 1 号和 2 号的交易；当第 4 个节点产生时，只需要确认 2 号和 3 号，以此类推。

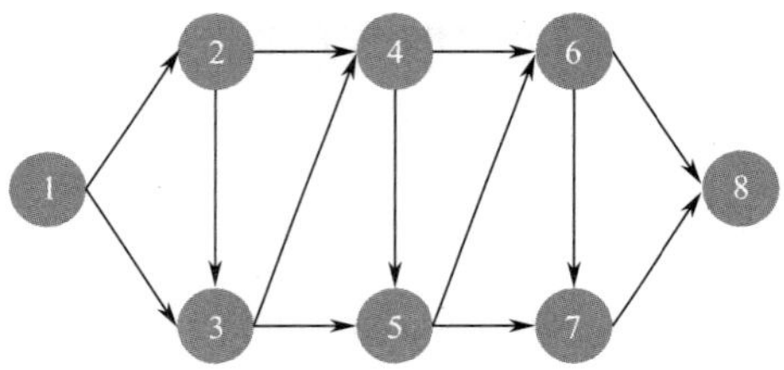

图 2-23　DAG 示意图（IOTA 项目）

IOTA 同时提出了 Tangle（缠结）方案，即将多个用户单元的拓扑结构交织在一起，通过“谣言传播”算法寻找拓扑结构中的“最短路径”，得到最高效的计算方案。此外，在 IOTA 的 Tangle 中，引入了权重积分的概念，即交易本身所占的权重、直接以及间接验证的交易权重之和。权重积分越大，意味着这笔交易对应的可信度越高。因此，各节点均会积极验证其他交易以提升自身交易的权重积分，从而增加该笔交易被篡改的难度。

DAG 与传统区块链的共识机制的不同之处在于将“最长链共识”替换成了“最重链共识”。传统区块链中，新区块会加入到已存在的最长链之上，并且以所有的节点都认为的最长链为准，按顺序无限蔓延。而 DAG 中，每个新加入的单元不仅只加入到长链里的一个区块，还会加入到之前的所有区块。最终，所有交易的区块链就会彼此连接，从而形成图状结构。

DAG 账本模型的主要优点如下：

- DAG 异步记账模式可帮助实现交易验证的局部处理和并行结算，使得交易速度大幅度提升，以解决传统区块链的高并发问题。
- 拓展性强，各个节点无须同步其他的节点数据就可进行计算，使得记账节点易于大幅延展。此特性使得 DAG 非常适用于物联网类项目。

虽然 DAG 账本与传统账本相比有许多优势，但其安全性和一致性还有待进一步验证和认可，且相较于传统区块链来说，DAG 的应用场景还不够广泛。除此之外，依据理论，一般情况下，交易均由自己创建并发布，这就容易使攻击者通过构建比它要推翻的那个交易权重更高的交易进行双花攻击，因为 DAG 网络中交易权重高者将会获得更多节点的认可。

2.6 区块链智能合约技术

这里以一个销售合约为例，卖家承诺发送货物，买家承诺支付合理的货款。这些承诺定义了合约的本质和目的。引申到区块链系统中，参与双方需同意的一套权利和义务协议是促使交易行之有效的必备要素，而这套协议就是我们接下来要谈到的智能合约。

2.6.1 区块链智能合约分类

智能合约这个术语是由多产的跨领域法律学者尼克•萨博提出来的，其定义是：一个智能合约是一套以数字形式定义的承诺（promises），包括合约参与方可以在上面执行这些承诺的协议。

其实智能合约并不是区块链催生的新产物，早在 20 世纪 90 年代就已经被提出，但是同人工智能一样，受限于所提出时代的基本技术、资源等发展不足，所以并没有在提出后得以蓬勃发展，其提出者尼克•萨博对智能合约的阐述以一个自动售货机的例子开始。可以认为，智能合约的原始祖先就是不起眼的自动售货机。售货机根据显示的商品价格收取投币，通过一个简单的机制形成了最初的计算机设计科学，并且有限且自动根据投币金额传递变化和产品。

尼克提出的正是智能合约的工作理论原型，但由于当时缺乏能够支持可编程合约的数字系统和技术，这一理论迟迟无法得以实践。直到区块链技术的出现才真正解决了该问题。区块链技术不仅支持可编程合约，还具有去中心化、不可私自篡改、可追溯、过程透明等一系列优点，特别适用于智能合约。在目前区块链的研究领域，我们通常也认为智能合约是区块链技术的重要特性之一。

1. 区块链智能合约的工作原理

我们首先来看一下区块链智能合约的工作原理。

区块链智能合约主要包含事务处理和保存的机制，除此之外，一个完整的状态机能够被用来接受、处理各种各样的智能合约。事务保存、状态处理等工作均在区块链上完成。事务主要包含需要发送的数据，而事件是对这些数据的描述信息。在智能合约里传入事务以及事件信息后，合约资源集合中的资源状态就会被更新，从而触发智能合约对状态机进行判断。

智能合约系统以事件描述信息中包含的触发条件为依据来判断，当满足触发条件时，从智能合约系统中自动发出预设的数据资源，以及包括触发条件的事件。整个智能合约系统的核心就在于智能合约以事务和事件的方式经过智能合约模块的处理，输出还是一组事务和事件。智能合约既不会产生智能合约，也不会修改智能合约。本质上，它只是一个事务处理模块以及状态机构成的系统，它不产生智能合约。它的作用在于让一组复杂的、带有触发条件的数字化承诺可以按照参与者的意志被正确执行。

2. 区块链智能合约的种类

接下来介绍主流区块链项目的智能合约种类。

（1）比特币智能合约

比特币系统的交易（也叫转账记录）中为了对交易权限进行校验，即验证某人是否有资格使用发送给他的比特币，一般而言，可以通过脚本系统以验证该权限。公钥和签名，或多人投票机制等是经常用到的权限验证方式。

该脚本系统是一种简单、基于堆栈、从左到右处理、非图灵完整的系统，与以太坊、EOS 等下一代区块链技术相比，该系统中使用的智能合约简单得多，所以其功能也比较有限。其本质是包含多个指令的列表，只要这些指令在逐个运行的过程中没有失败，一直到该指令列表中的指令都正常执行，则表明交易有效，即该用户可以动用这个交易中发给他的比特币。只要指令列表的指令在执行过程中有任意一个异常，就表示交易无效，该用户有可能是非法使用者，故不能使用该比特币。

脚本系统中常用的指令如下。

- 堆栈处理指令：OP_DUP（进行复制操作）、OP_DROP（删除栈顶元素）、OP_SWAP（栈顶的两个元素进行交换）。
- 脚本流程控制指令：OP_RETURN（标记交易无效）、OP_VERIFY（如果栈顶元素为 false，标记为交易无效；如果为 true，则交易有效）。

- 加密签名指令：OP_HASH256（进行 Hash 计算）、OP_CHECKSIGVERIFY（进行签名验证）等。
- 逻辑操作指令：OP_EQUAL（判断是否相等）、OP_EQUALVERIFY（判断是否相等后进行脚本流程控制判断，如果栈顶元素为 false，就标记为交易无效）。
- 算术操作指令：OP_ADD（加）、OP_SUB（减）、OP_MAX（取最大值）、OP_MIN（取最小值）等。

（2）以太坊智能合约

截至 2018 年 1 月，以太坊已经开发了 200 多个应用（简称 DApp，简单地说，就是区块链上的一个智能合约）。任何人都能够在以太坊上创建智能合约和去中心化应用，并在其中设立他们所定义的所有规则、交易方式和状态转移函数。

以太坊智能合约的调用流程如下。

1）编写智能合约。以太坊智能合约语言 Solidity 是一种语法类似于 JavaScript 的高级语言，它被设计成以编译的方式生成以太坊虚拟机代码。

2）编译智能合约的原始码，成为在 Ethereum Virtual Machine（EVM）上可执行的代码，EVM 不是真正的虚拟机，只是一个代码解释器。以太坊虚拟机是一个完全独立的沙盒，合约代码可对外完全隔离，并在 EVM 内部运行。EVM 分散存储在每个节点的计算机上，与主网的其余部分隔离，运行时不影响主区块链的操作。

3）部署智能合约。就是通过交易（Transaction）的方式把可执行的代码存储在链上，并生成合约。

4）调用合约。调用合约时，需要选择合适的函数和参数，合约的调用会涉及对智能合约数据状态的改变。

（3）超级账本智能合约

Hyperledger Fabric 中的链码（chaincode）通常处理由网络成员同意的业务逻辑，因此，它相当于“智能合约”。通过调用链码可以更新或查询提案交易中的分类账。考虑到一定的许可，一个链码能够被另一个链码调用。如果调用与被调用的链码属于不同的通道，则只允许读取查询。换而言之，不同渠道上被调用的链码只是一个查询，它在随后的提交阶段并不会参与状态的检查验证。

链码的开发一般使用 GO、Java、node.js 实现，每一个链码必须要实现链码接口，用于回应收到的交易。在链码 shim 包中有一个链码接口 StubInterface，可以与区块链账本、交易上下文、调用方证书等进行交互。每个链码必须实现的方法为：Init、Invoke。其中，Init 方法用来执行任何必要的初始化，包括应用程序的初始化。Invoke 方法是用来响应各种 Invoke 事务的。

表 2-4 对比了以太坊与超级账本智能合约。

表 2-4　智能合约对比

共识机制	以太坊	超级账本
合约间相互调用	可以。需要将被调用合约的源代码置于调用者合约的顶部，编译器会将最后一个合约作为部署者的合约，调用时给出被调用合约的地址	可以。在合约中调用其他合约算作一个交易，最终以调用者合约交易执行状态作为整个执行的状态，并将调用者合约的参数记录在主链上
库函数	少量库函数	Go 语言库
合约更新	不能更新	V0.6 无法更新，V1.0 在增加
外部系统交互	EVN 无法与外部系统交互	可以，但需要保证交互的统一性
合约部署	进行交易发布（编译成字符串发布，合约大小有限制）时，需要矿工挖矿才能部署（所有的节点）	直接在所有的节点上部署
合约交易执行	所有的节点都需执行来验证	所有的节点都需执行来验证
合约复杂度	不能太复杂，合约编译成字符串发布，需全网同步	相对于以太坊可以更复杂（基于 Docker）

（4）EOS 智能合约

EOS 智能合约通过 messages 及共享内存数据库（比如，只要一个合约被包含在具有异步事务的读取范围内，它就可以读取其他合约数据库的状态）相互通信。异步通信导致的 spam 问题将由资源限制算法来解决。

对于如何开发 EOS 智能合约这个问题，我们认为，需要完成该合约对应的程序，并将其上传到 EOS 平台上。计算机语言方面，目前智能合约只能用 C++ 开发，并将其编译成 WebAssembly 兼容的可执行程序，因为 Go 语言将支持 WebAssembly，所以未来也可以使用 Go 语言来编写智能合约。除此之外，也有开发者正在将 EOS 接入 JavaScript 虚拟机和 Python 虚拟机，所以在不久的将来，开发智能合约将不再受 C++ 的限制。

2.6.2　区块链智能合约语言

区块链智能合约的实现依赖于计算机语言，通常涉及的智能合约语言有 Solidity、

Golang、Python、Java、Rholang 等，下面对这几种语言进行详细介绍。

1. Solidity

Solidity 是一门面向合约的、为实现智能合约而创建的高级编程语言。该语言受 C++、Python 以及 JavaScript 语言的影响，其设计目的主要是为了让其能够在以太坊虚拟机（EVM）上运行。Solidity 属于静态类型的语言，它具有支持继承、库以及复杂用户定义类型等属性。图 2-24 是一个简单的 Solidity 智能合约的例子。

```
pragma solidity ^0.4.0;

contract SimpleStorage {
    uint storedData;

    function set(uint x) public {
        storedData = x;
    }

    function get() public view returns (uint) {
        return storedData;
    }
}
```

图 2-24　Solidity 智能合约示例

在图 2-24 中，代码的第一行表示源代码是基于 Solidity 0.4.0 版本编写的，并且向上兼容（最高到 0.5.0，但是不包含 0.5.0）。这样做的目的是为了合约在新的编译器版本中不会突发异常情况。接着使用关键字 contract 创建一个名叫 SimpleStorage 的合约，该合约中有两个函数，能够实现简单的存取功能。

2. Golang

Golang 语言简称为 Go 语言，该语言是谷歌于 2009 年发布的第二款开源编程语言。Go 语言专门对多处理器系统应用程序的编程进行了优化，使用 Go 编译的程序不仅安全，其运行速度也可以媲美 C 或 C++ 代码的速度。除此之外，它还支持并行进程。在 Hyperledger Fabric 中，智能合约就是使用 Go 语言编写的，Fabric 的智能合约叫作链码。链码被部署在 Fabric 网络节点上，运行在 Docker 容器中，并通过 gRPC 协议与相应的 Peer 节点进行交互，以操作分布式账本中的数据。图 2-25 是一个简单的 Fabric 链码例子。

在编写 Fabric 链码时，首先需要导入以下两个依赖库：

- gitHub.com/hyperledger/fabric/core/chaincode/shim
- gitHub.com/hyperledger/fabric/protos/peer

如图 2-25 所示，我们定义了一个 Helloworld 的链码，每个链码都必须实现 Init 方法和 Invoke 方法，其中 Init 方法用于初始化链码，整个链码在生命周期中只会被执行一次。Invoke 方法是应用程序与链码交互的入口。它们都接受链码 SDK 接口参数。接下来在图 2-25 中的代码后面写两个方法来实现一个简单的设置（set）和获取（get）功能，如图 2-26 所示。

```
package main
import (
    "fmt"
    "github.com/hyperledger/fabric/core/chaincode/shim"
    "github.com/hyperledger/fabric/protos/peer"
)
type Helloworld struct {
}
func (t * Helloworld) Init(stub shim.ChaincodeStubInterface) peer.Response{
    args:= stub.GetStringArgs()
    err := stub.PutState(args[0],[]byte(args[1]))
    if err != nil {
        shim.Error(err.Error())
    }
    return shim.Success(nil)
}

func (t *Helloworld) Invoke (stub shim.ChaincodeStubInterface) peer.Response{
    fn, args := stub.GetFunctionAndParameters()
    if fn =="set" {
        return t.set(stub, args)
    }else if fn == "get"{
        return t.get(stub , args)
    }
    return shim.Error("Invoke fn error")
}
```

图 2-25　Fabric 链码例子

```
func (t *Helloworld) set(stub shim.ChaincodeStubInterface , args []string) peer.Response{
    err := stub.PutState(args[0],[]byte(args[1]))
    if err != nil {
        return shim.Error(err.Error())
    }
    return shim.Success(nil)
}

func (t *Helloworld) get (stub shim.ChaincodeStubInterface, args [] string) peer.Response{
    value, err := stub.GetState(args[0])
    if err != nil {
        return shim.Error(err.Error())
    }
    return shim.Success(value)
}

func main(){
    err := shim.Start(new(Helloworld))
    if err != nil {
        fmt.Println("start error")
    }
}
```

图 2-26　Fabric 链码中的 set 和 get 方法

在图 2-26 的链码中，我们写了一个 set 方法和一个 get 方法，下面对这两个方法进行调用，链码安装和实例化完成之后，现在来调用链码，在终端输入：

① peer chaincode invoke -n mycc -c'{"Args"：["set"，"str"，"helloworld123"]}'-C myc

② peer chaincode query -n mycc -c'{"Args"：["get"，"str"]}'-C myc

上述代码中，①的命令调用 set 方法，将值设置为 helloworld123，②的命令调用 get 方法，用来获取刚才设置的值。此时终端会输出 helloworld123。

3. Python

Python 是面向对象的、动态的脚本语言，设计之初主要是用于自动化脚本（Shell）的编写，随着版本的不断更新以及语言新功能的添加，被越来越多地用于独立的、大型项目的开发。NEO 区块链项目就支持 Python 作为智能合约语言。图 2-27 是一个以 Python 为例的智能合约例子。执行该合约代码，最终会输出：

read message：'hello, world'

```
import eoslib

def init():
    print('hello,world')

def sayHello():
        print('read message:', eoslib.read_message())

def apply(name, type):
    if type == eoslib.N('sayhello'):
        sayHello()
```

图 2-27 Python 智能合约例子

4. Java

Java 是一门面向对象的编程语言，它吸收了 C++ 语言的各项优点，并且摒弃了 C++ 中难以理解的指针以及多继承的概念。因此，Java 语言具有功能强大和简单易用两个特征。作为静态的面向对象编程语言的代表，Java 语言能够较好地实现面向对象理论，能够让程序员用优雅的思维进行复杂的编程。Java 具有简单性、面向对象、分布式、健壮性、安全性、平台独立与可移植性、多线程、动态性等优点。Java 可以编写 Web 应用程序、桌面应用程序、分布式系统以及嵌入式系统应用程序等。目前趣链的联盟链项目可支持 Java 作为智能合约语言。图 2-28 是一个简单的 Java 智能合约例子。

```java
HelloWorldContract.java
package cn.hyperchain.application.contract;

import cn.hyperchain.jcee.client.contract.ContractTemplate;
import cn.hyperchain.jcee.common.ExecuteResult;

import java.util.List;

public class HelloWorldContract extends ContractTemplate {

    private ExecuteResult sayHelloWorld(List<String> args) {
        return result(true, "Hello World!");
    }
}
```

图 2-28　Java 智能合约例子

在图 2-28 中，HelloWorldContract 合约定义了一个 sayHelloWorld 合约方法，通过 ContractTemplate 父类的 result() 方法返回 ExecuteResult。这里的 result() 方法有两个入参，第一个参数是 Boolean 类型，表示该合约方法执行是否成功，如果为 true，则表示执行成功，如果为 false，则表示执行失败，合约将被回滚到本次合约方法调用之前的状态；第二个参数是 Object 类型，表示该合约方法执行返回的数据。

5. Rholang

Rholang 是一种用于编写在 RChain 平台上运行的智能合约的新语言。Rholang 是 Reflective Higher Order language 的缩写，这是一种基于 rho calculus（pi calculus 的扩展）的并发编程语言。不同于现代主流的编程语言，Rholang 具有最原始的并发性，特别适合区块链这种高 TPS（区块交易数）的应用需求。图 2-29 是一个简单的 Rholang 智能合约例子。执行该合约代码，最终会输出“Hello，Joe！”。

```
new helloWorld in {
    contract helloWorld(name) = {
        "Hello, ".display(name, "!\n")
    }
    | helloWorld!("Joe")
}
```

图 2-29　Rholang 智能合约例子

第3章 区块链主流项目分析

进入2018年，区块链技术如润物细无声的春雨洒落在各行各业，并以其去中心化、匿名性、分布式，以及利用计算机算法建立信任机制等特点，逐渐颠覆现有的生产关系，为金融、产权、供应链等诸多行业提供变革和增长的机会。据统计，在2018年上半年区块链热度最高的时期，市场上平均每天新增两个区块链项目。众多登场的区块链项目更像新生幼苗，很弱小，仍需要外界提供营养以维系生命，且大多早早夭折。但其中也存在一些点点星光般的优质项目在顽强地成长，也在为区块链技术及应用的未来发展引领着方向。

3.1 底层链类项目

3.1.1 Ethererum

1. 概述

以太坊（Ethereum）是一个公有区块链平台，该平台具有智能合约功能且开源。以太坊通过其专有加密货币以太币（Ether）以及去中心化的以太虚拟机（Ethereum Virtual Machine）来处理点对点的合约。以太坊的概念首次在2013年至2014年间由俄罗斯区块链少年天才Vitalik Buterin受比特币启发后提出，大意为“下一代加密货币与去中心化应用平台”，在2014年通过ICO众筹并快速发展。

以太坊与比特币最大的区别在于，前者具备“图灵完备性”的智能合约功能，提供了基础的脚本、竞争币和链上元协议等模块及协议支持，使得其应用形态从数字货币变为类似于App Store的去中心化应用（DApp）开发平台，开发者可以自由定义相关的规则、模式、代码和函数。

智能合约早在20世纪90年代就被提出，是一套通过数字形式定义的约定，合约中的任意参与方均能够在合约上执行约定好的协议。以太坊是首个将智能合约与区块链机制相互融合的区块链项目，它也因此被广泛地认为开创了区块链2.0时代。由于智能合约的执行是去中心化的自动化运行，不存在停机、审查等人为干预，为针对相关需求场景的特定应用提供了坚实的基础。

2. 核心技术

（1）基于 Gas 的计费机制

由于以太坊的智能合约支持“图灵完备”的虚拟机，因此，可能导致图灵停机问题（The Halting Problem）出现，即程序“死循环”现象，而且部署在以太坊的虚拟机是去中心化的，所以硬件重启也难以实现。事实上，以太坊曾受到过此类恶意攻击，即通过不断转移额度非常小的账目，使整个网络瘫痪。因此，以太坊引入了 Gas 的概念，以限制执行交易所需的工作量，目前以太坊上交易的确认、智能合约及 DApp 的执行，以及数据存储，都需要使用 Gas 衡量矿工的工作量并支持矿工。Gas 由两部分组成：Gas Limit（燃料限制）和 Gas Price（燃料价格）。

- Gas Limit 是用户愿意为确认某个交易或者执行某个操作而支付的最大 Gas 量。当然，一方面，实际上用到的 Gas 量一般小于 Gas Limit；另一方面，如果用户设置的 Gas Limit 太低，会被矿工认为由于 Gas 不足而无效，通常最少的 Gas Limit 量为 2100。

- Gas Price 是用户愿意为每个单位的 Gas 支付的以太币价格，该价格是以 Gwei 来衡量的，一枚以太币 Eth 等于十亿 Gwei。以太坊矿工挖矿时会决定确认哪些交易，如果用户认为这笔交易很重要而设置了较高的 Gas Price，则会被以太坊网络优先确认；而对于并不紧急的业务，用户可以通过降低 Gas Price 来节省交易费。

发起交易时，用户设定执行交易的最大 Gas 数量 Gas Limit，以及为每个 Gas 单位愿意支付的价格 Gas Price，二者相乘，即为总支出。用户可通过 ETH Gas Station（https://ethgasstation.info/）实时查询当前的 Gas Price，并在线计算手续费总支出、交易平均确认时间等，如图 3-1 所示。

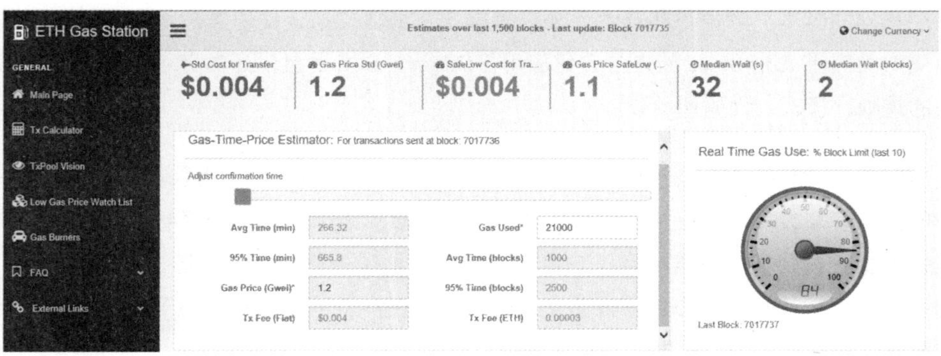

图 3-1　ETH Gas Station 交易界面

因此，在这样的机制下，即使出现程序“死循环”，交易或者合约在Gas耗尽后，由于矿工停止工作，也会自动终止。同时，以太坊认为，Gas是网络资源使用的固定成本，考虑到市场波动的问题。因此，不以Gas作为代币，而是另外发行以太币。当以太币价格波动时，Gas价格也自动随之调整，以此来保持Gas的真实“价值”不变。

（2）Casper共识技术

以太坊规划有四个发展阶段，其中前三个阶段Frontier（前沿）、Homestead（家园）、Metropolis（大都会）采用PoW共识机制，第四个阶段Serenity（宁静）则采用以太坊特有的PoS机制，名为Casper投注共识。

Casper实际上是对PoS机制的一种扩展，PoS机制不基于矿工和工作量证明，而是以验证者替代矿工，鼓励验证者对不同区块下注以获得回报，以赌注证明替代工作量证明。此外，PoS机制面临的最大挑战在于，赌注证明会鼓励“私设赌场”，即硬分叉。而且传统PoW机制下的工作量证明是全网验证的，除非推动硬分叉的节点具备绝对算力优势，否则其开设的分叉链会马上被否认，所有的算力投资也会血本无归。而PoS机制下“私设赌场”的节点只要有若干节点作为验证者愿意下注，就可以在小圈子内“自娱自乐”，这使得PoS机制天然具备“分裂倾向”。

为了解决这个问题，Casper引入严格的惩罚机制，以及对记账节点验证人的控制。Casper是一种经济激励共识协议（security-deposit based economic consensus protocol），它的运行机制主要基于保证金。该协议中的节点可以被看作为“锁定保证金的验证人”（bonded validators），验证人需要先缴纳一定的保证金（也叫作锁定保证金，bonding），才能够决议出新的块并且形成共识。Casper共识协议通过保证金来达到约束验证人行为的目的。换而言之，如果某验证人做出了任何被Casper认为“无效”的事情，那么该验证人的保证金将被罚没，出块以及参与共识的权力均会被取消。保证金的引入也能够解决经典PoS协议中做坏事的代价很低的问题。

Casper的实现可以分为两个阶段，第一个阶段为Casper FFG，第二个阶段为Casper CBC。2018年5月，FFG阶段的第一个代码版本正式发布，它将以太坊工作量证明转变为权益证明，即每50个区块中，有1个由权益证明产生，可以理解为一种试水。在未来的Casper CBC中，以太坊共识机制将全面转为权益证明，具体体现为以下两方面升级。

- 加入保证金制度：保证金制度要求节点用以太坊币作为交易保证金，才允许下注，任何不被以太坊认可的行为都可以没收全部保证金进行处罚。

- 上线分片技术：分片技术则由随机分配的节点组对随机切分的块进行验证，再统一出块、成链，在机制上不再开放“私设赌场”的权限。

（3）以太坊消息机制的特点

与比特币相比，基于合约的以太坊消息机制具有以下三大特点。

- 以太坊的消息可以通过外部实体和合约创建，比特币的交易只能通过外部创建。
- 以太坊的消息可以选择包含数据。
- 当以太坊消息接收者为合约账户时，能够通过选择来回应。这就使得以太坊的合约实质上具备了独立的主体身份，可以自由发送信息，甚至创建其他合约，这极大地扩展了“智能合约”的应用范围和灵活度。

（4）雷电网络（Raiden）

通过分片技术（Sharding）和状态通道技术（State Channels）可以提高以太坊的交易处理速率。其中，雷电网络（Raiden Network）是状态通道技术在以太坊上的实现。

以太坊的雷电网络与比特币的闪电网络类似。雷电网络的基本理念是，用户可以在私下互换转账签名消息，而不是将所有的交易放在链上进行处理。以太坊的雷电网络运作时，首先要在以太坊上建一个 Raiden 智能合约，交易双方向 Raiden 智能合约发送一条双方签名认可的报文（包括双方公钥、双方锁定资产数量、双方签名等信息），在彼此间建立一条锁定的通道，从而实现此后的任何支付动作都可以发生在以太坊区块链外。每一笔交易记录为唯一的状态，当合约关闭时，将最终状态结果发送至区块链网络，只有发生争议时，才会由 Raiden 智能合约的相关机制介入，从而大大提高了系统的交易效率。

（5）分片技术

不同于雷电网络，分片技术着眼于改进主链本身的协议来提高以太坊的可扩展性。传统的区块链处理速度慢的主要原因在于，每一个（矿工）节点均需要处理系统中的每一笔交易。而分片技术则是每一笔交易只需要让一小部分节点处理，以达到所有节点能够同时平行处理更多交易的目的。因此，以太坊分片的思路在于，将网络中的节点分成不相同的碎片，各分片可以并行处理不同的交易，这样就可以提高网络并发量。此外，以太坊分片方案的特点是：当节点数目增加时，网络吞吐量也会增加。

（6）智能合约技术

智能合约是一套以数字形式定义的承诺，包括合约参与方可以在上面执行以数字形式定义的协议。在以太坊中，智能合约通过网络本身来执行，具有的特性包括：网络共识不必借由可信的第三方、任何人都不能违反合约、不能伪造合约、可以在区块链上达成永久的 P2P 共识。

以太坊智能合约的编写能够支持高级语言，但其默认的语言是 Solidity，其实现的具体步骤如下：

1）当外部账户主动发起交易或发起消息以激活合约账户时，就可以创建合约，并根据合约创建者的地址和该地址发出过的交易数量（被称为 nonce）来计算出新合约的地址。

2）创建合约过程中的 payload 作为合约代码，由以太坊节点上的 EVM 虚拟机执行。

3）执行结束后，返回的结果经矿工广播和共识机制验证后存入区块链。

4）交易的发起者支付执行过程中消耗的 Gas，证实该交易区块的矿工得到这些燃料作为奖励。若合约执行过程中出现异常情况，则所有的改变取消，已消耗的 Gas 不返还，仍作为矿工贡献计算资源的奖励。

此外，虽然合约账户不能自发地触发代码的自动执行，但也可调用 Ethereum Alarm Clock 合约，触发预先约定好的合约。

（7）以太坊虚拟机（EVM）

以太坊虚拟机是智能合约的运行环境，它是沙盒封装的，也是完全隔离的。换而言之，在 EVM 中运行代码是无法访问网络、文件系统和其他进程的。EVM 包含了一些内置变量，比如当前 Block（块）的 Number、消息来源的地址等，还会提供一些 API 和一个栈，供智能合约执行时使用。

通过 EVM 运行代码后，智能合约账户的状态发生了变化，然后矿工将这些状态同正常账户里的资金变化一起，加密生成新的 Block，并链接到全网账单上。因此，一个交易只会在一个 Block 里出现，并且要得到大多数算力的确认才能上链，所以可以保证这些代码执行的唯一性和正确性。

（8）MPT

MPT（Merkle Patricia Tree）是以太坊中存储区块数据的核心数据结构，它是由 Merkle 树以及 Patricia 树融合成的一个树形结构。

对于 MPT 技术的发展历程，首先要从 Merkle 树说起。Merkle 树的叶子存储的是数据块的 Hash 值，由图 3-2 可以看出，非叶子节点是其子节点串联字符串的 Hash，底层数据的任何变动都会影响父节点，这棵树的 Merkle Root 代表对底层所有数据的“摘要”。这样的树有一个很大的好处，Merkle 树验证某一节点数据时，只需一段 Merkle 路径即可。例如，如果要验证 L1 数据的正确性，只需要拿到 Hash（0-1）、Hash（1）这两个 Hash 值，再加上本地存储的 Top Hash 就可以，这样就不需要重新计算所有交易的 Hash 值，从而大大缩短了计算时间。

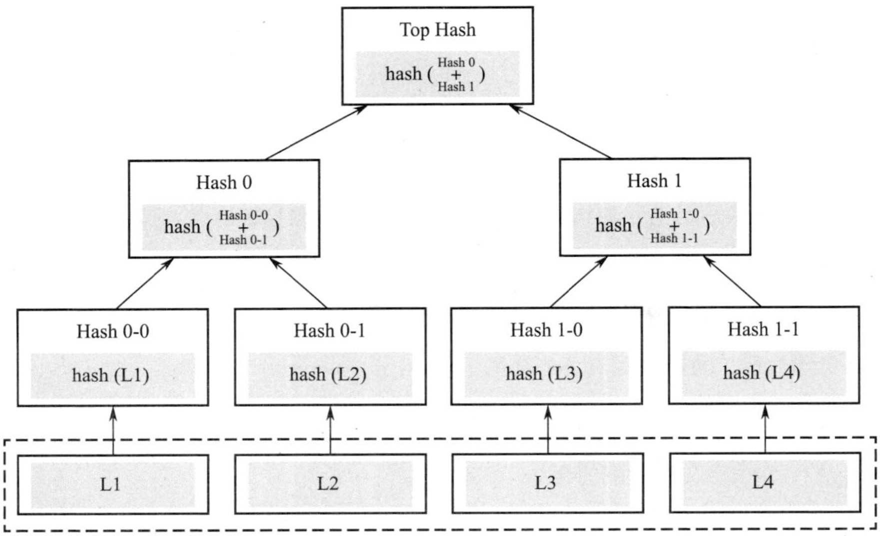

图 3-2　Merkle 树结构图

以太坊在 Merkle 树的基础上引入了 Patricia 树。Patricia 树结构如图 3-3 所示，其将有相同前缀的字符串放在同一分支中，再将不同的部分分叉出来，如 test 和 toast，都有相同的 t，再分叉出 est 和 oast 两部分。这种树形结构比将每一个字符作为一个节点的普通树形结构查找效率更高，而且它的键值可以使用多个字符，降低了树的高度，也节省了空间。

以太坊提出的 MPT 融合了 Merkle 树以及 Patricia 树的特性，并使用 MPT 数据结构组织和管理 [key, value] 型数据。MPT 有以下 4 种类型的节点。

- 叶子节点（Leaf Node）：表示为 [key, value] 的一个键值对。其中，key 是十六进制编码出来的字符串，value 是 RLP 编码的数据。

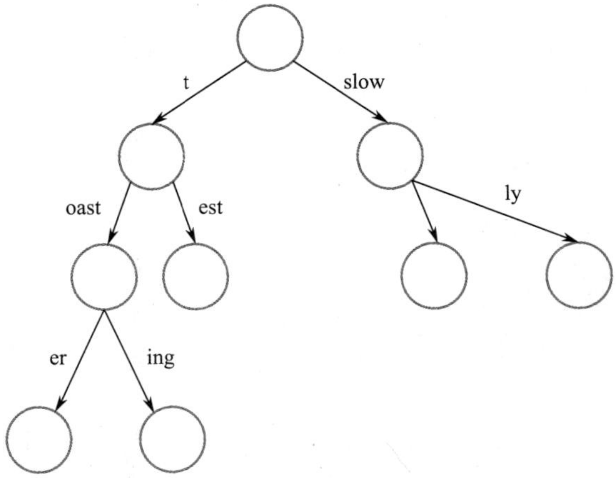

图 3-3 Patricia 树结构图

- 扩展节点（Extension Node）：也是 [key, value] 的一个键值对，但是这里的 value 是其他节点的 Hash 值，这个 Hash 值可以被用来查询数据库中的节点，并可以通过 Hash 链接到其他节点。
- 分支节点（Branch Node）：因为 MPT 树中的 key 被编码成一种特殊的十六进制数的表示，再加上最后的 value，所以分支节点是一个长度为 17 的列表，前 16 个元素对应键值（key）中 16 个可能的十六进制字符。如果有一个 [key, value] 在这个分支节点终止，那么最后一个元素代表一个值；若分支节点没有终止，则最后一个元素为一个散列索引。也就是说，分支节点不仅能够搜索路径的终止，而且能够作为路径的中间节点。
- 空节点：代码中用 null 表示。

MPT 结构如图 3-4 所示，其详细描述了 MPT 结构和索引关系。以第一个 key-value 值“a711355-45.0ETH”为例，索引次序依次为：根节点索引“a7”，下一层分支节点记录“1”，然后到叶子节点“key-end”为“1335”，该索引对应的 value 值“45.0ETH”记录在该叶子节点。同理，第二个键值对“a77d337-1.00WEI”，索引依次为：根节点“a7”、下一层分支节点“7”、扩展节点“d3”，再下层分支节点“3”，以及叶子节点“7”，该索引 value 值“1.00WEI”记录在叶子节点。

需要说明的是，为了保证树的加密安全，每个节点通过它的 Hash 值被引用，每个节点的 Hash 值组成 Merkle 树。Hash 和节点源数据以 [key, Value] 方式保存在

leveldb 数据库中。如图 3-5 所示，如果想获得一个非叶子节点的子节点，则只需要通过子节点的 Hash 值来访问数据库，就可以获得节点的 RLP 编码，然后进行解码。

总之，MPT 能有效地减少传统树的深度，而且通过节点的 Hash 值进行树的节点的链接，有助于提高树的安全性和可验证性。

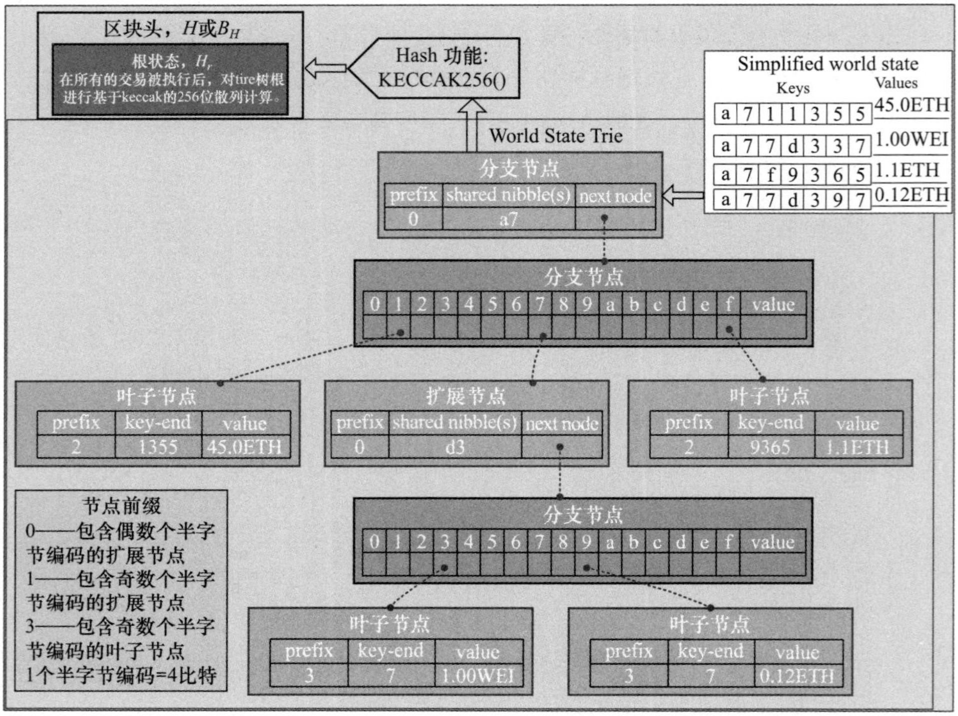

图 3-4　MPT 结构图

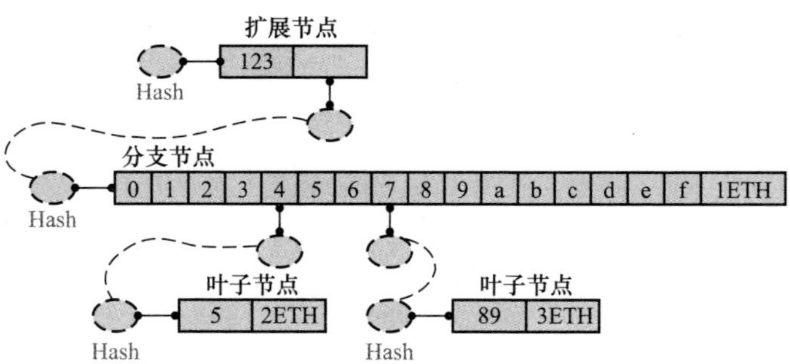

图 3-5　散列索引图（彩图见插页）

3. 商业运营

以太坊创始人为 Vitalik Buterin，以太坊向开发者大力宣传其两大特色：不可干预的应用程序和编码友好的智能合约。为了将用户扩展到企业，以太坊成立了企业联盟，并鼓励企业在以太坊虚拟机上构建许可链和私有链。

以太坊设定了 Frontier（前沿）、Homestead（家园）、Metropolis（大都会）和 Serenity（宁静）四个发展阶段，其发展规划如图 3-6 所示，目前以太坊处于大都会阶段，这个阶段包含已经完成的拜占庭（Byzantium）硬分叉和正在进行的君士坦丁堡（Constantinople）硬分叉。以太坊发展规划以东罗马帝国古堡命名，跟以太坊创始人 Vitalik Buterin 是俄罗斯裔不无关系。

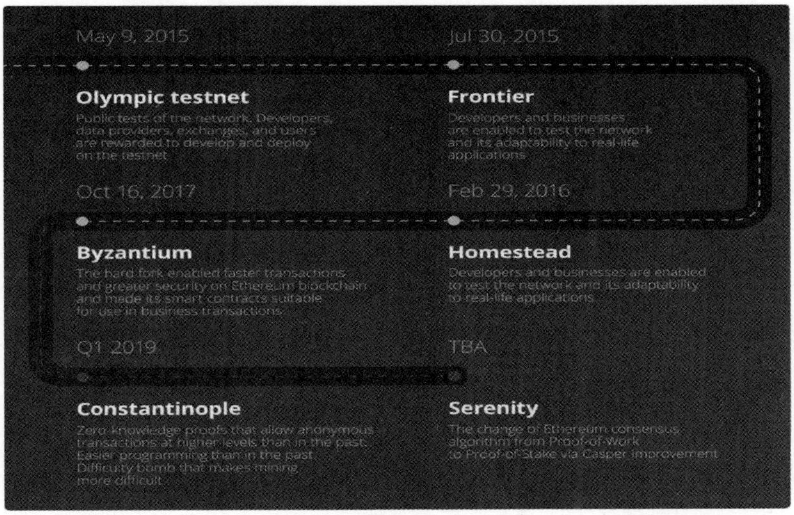

图 3-6　以太坊发展规划图

以太坊的生态系统建设包括公有链和私有链两个层面，其中，公有链层面的生态系统如图 3-7 所示，以太坊具备底层的开源技术协议、平台层的相关功能组件，以及应用层的去中心化工具集。同时，致力于在外围营造一个丰富的技术生态。

私有链层面则由企业以太坊联盟（EEA）统一协调，EEA 由 30 个创始成员共同组成，轮值董事会成员包括一些大型企业、新兴区块链创业公司以及学术组织 IC3（加密货币与合约倡议），其实质是帮助各垂直行业和领域的组织建设私有链或联盟链，并在未来通过侧链、闪电网络等技术与公有链打通，其内在逻辑可类比私有云生态与公有云生态。EEA 将基于目前的公有链以太坊扩容路线图进行创建，并且保留了兼容性和互操作性两大特性。例如，摩根大通负责的 Quorum，就是针对银行隐私保护以及其他特点所设计和配置的。

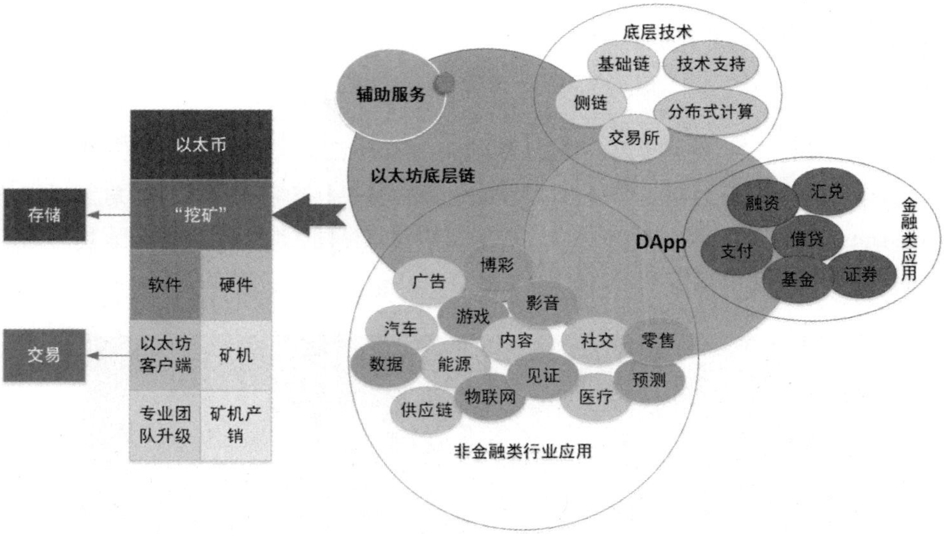

图 3-7　以太坊的生态系统（彩图见插页）

3.1.2　EOS

1．概述

EOS（Enterprise Operation System）是为商用分布式应用设计的一款区块链操作系统。EOS 采用石墨烯区块链架构，同时其采用的 BFT-DPoS 共识机制与并行处理技术使得其扩展性明显增强。理论上，其未来的交易规模有望达到百万级的 TPS，并使得 EOS 可以同时支持几千个分布式应用程序（DApp）在其平台上运行。

EOS 拥有 21 个主力超级节点（见证人节点）和 100 个备用见证人节点，可以为用户提供去中心化的区块链智能合约服务。除此之外，EOS 通过内置 WebAssembly 虚拟机，支持通过 C/C++ 语言编写的智能合约，DApp 用户无须付费。与此同时，EOS 为用户和开发者提供了良好的发展环境，并为开发者提供了友好的底层模块，可以支持多种编程语言。

2．核心技术

（1）石墨烯技术

石墨烯（Graphene）是 EOS 创始人 Daniel Larimer 带领 Cryptonomex 公司团队一起

创立的区块链底层技术架构。该架构是继比特币生态系统、以太坊生态系统后的另一区块链生态系统。EOS、BitShares、Steem 等著名区块链项目都是基于此架构开发的。

石墨烯架构的主要特点如下。

- 高度模块化。将内部节点间的分布式通信能力封装成插件（Plugins），由上层应用程序（DApp）动态加载调用，这使得开发者不必关注区块链底层细节问题，在具有可扩展性的同时极大地降低了开发难度。
- 转账速度快。石墨烯采用的是 DPoS 共识机制，出块速度是每 1.5 秒出一块。相对于比特币每 10 分钟出一块、以太坊约每 13.6 秒出一块，石墨烯技术使得区块链应用实现了更高的交易吞吐量，处理性能可媲美传统的中心化架构。
- 稳定性较强。石墨烯技术开发运行了这么久，尚未出现明显的 Bug，也没有资产被盗的情况。

EOS 石墨烯 90% 的代码由该团队自主编写，但是仍然沿用了原始石墨烯的基础架构。EOS 的石墨烯体现在两方面，一是基于 DPoS 协议达成拜占庭将军共识；二是高内聚、低耦合的分层设计模式。因此，EOS 石墨烯本质上是遵循以上两方面原则形成的代码库，其具体分层如下。

- 应用层（Executables）：最下层的可执行程序有见证节点（witness_node）、独立钱包（cli_wallet）和构造创世区块的工具（genesis_util）。应用层对插件库、核心 API 库和通用工具库的调用进行组合，从而实现业务功能。
- 插件层（Plugin-Ins）：插件对核心 API 进行封装以提供较为完整且独立的服务，例如，区块链查询、交易验证执行、打包区块、P2P 网络通信等服务。
- 核心 API 层（API/Core）：实现了基础核心业务功能组件，例如，网络、数据库、钱包相关功能（签名、私钥生成、验证）、区块打包计算。
- 通用工具库（FC utilities）：提供业务无关的基础功能工具。

（2）BFT-DPoS 共识机制

EOS 项目最初采用的是 DPoS 共识机制，其保障了同一超级节点产生新区块时不受当前网络的影响，但因为网络延迟，很难使其他节点对已经产生的区块进行确认，使其为不可逆区块。因此，目前在 EOS 最新的白皮书中已经将共识机制从 DPoS 升级为了 BFT-DPoS（Byzantine Fault Tolerance-Deligated Proof of Stake，带有拜占庭容错的委托股权证明）。

BFT-DPoS 机制的具体运行过程是：EOS 的持有者通过投票系统对各个超级节点竞选者进行投票，选出 21 个节点为超级节点。然后这 21 个超级节点以自身的网络资源状况商议出一个出块权顺序，在每个超级节点拥有出块权时，以 500ms 的时间间隔连续产生 6 个新区块，然后切换到下一个超级节点连续产生之后的 6 个区块，如图 3-8 所示。

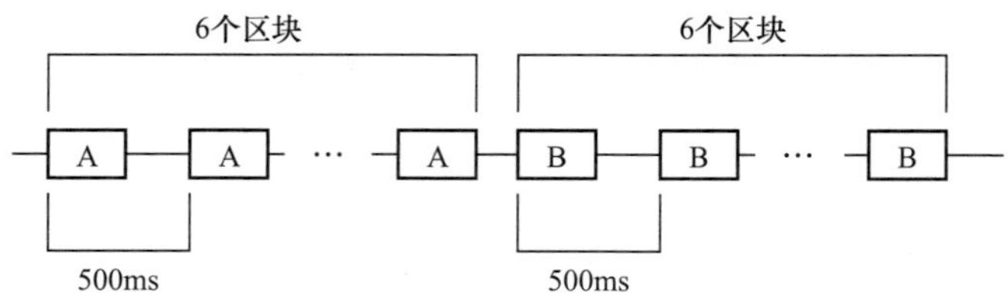

图 3-8　BFT-DPoS 机制运作过程

该方式能够保证一个超级节点以 500ms 的时间间隔连续产生区块，当超级节点 A 产生首个新区块后，A 对该区块签名并广播给其他超级节点，其他超级节点对这一区块进行验证后，对其进行签名并返回给 A 节点，当 A 节点收到来自 2/3 以上的节点确认后，该区块就成为不可逆区块，并连接到之前的区块链中。

使用 BFT-DPoS 协议使得 EOS 的出块间隔从原来的 3s 降低到 500ms，大大提升了单位时间内可确认的交易数量。

（3）基于交易的股权证明机制（TaPoS）

对于 EOS 应用的共识协议，若存在大于 1/3 的验证者同意，有可能出现分叉现象。而 EOS 处理分叉问题时应用了一个称为“交易权益证明”（TaPoS）的概念。它要求每一笔交易均有最近区块头的相应散列值。散列值有两个作用：一是可以防止双重支付，因为有效区块不会存在于伪造的链条上；二是通过向全网发出信号来指明特定用户的特定代币在特定的链上。该机制保证了所有用户最终都会直接确认区块链，从而使得伪造链较为困难。

（4）EOS 宪法

宪法是 EOS 中的“大法”，主要定义了对代码无法执行的用户之间的义务，制定了一些公认的准则，确立了法律和司法权的界限。

对宪法或协议变更时需要下列步骤：

1）区块生成者提议修改宪法并获得 15/21 以上的赞成票。

2）区块生成者要连续 30 天对新宪法维持 15/21 以上的赞成票。

3）所有的用户均需要表明接受新的宪法以作为未来交易处理的条件之一。

4）区块生成者通过源代码的变化来反映宪法的变化，并将新宪法的 Hash 值提交给区块链。

5）区块生成者要求 15/21 以上对新代码的赞成票连续维持 30 天。

6）7 天后能够对修改之后的代码进行更新，在批准源代码后，所有非区块生产者的节点会在一周内升级更新。

7）所有没有升级为新代码的节点将自动关闭。

依据 EOS 操作系统的默认配置，通过更新区块链来添加新功能需要 2 到 3 个月左右，而修复不需要更改宪法的一些非关键性漏洞大概要 1 到 2 个月。但对于特殊情况，即出现损害用户利益的安全漏洞时，区块生产者能够加速完成宪法的变更过程，来达到变更的目的。

（5）账户控制恢复机制

EOS 为用户提供了一种在密钥被盗时恢复其账户控制权的方法。账户所有者可以通过在账户中指定某个恢复伙伴账户，在密钥修改后的 30 天内，仍旧能够使用原有的密钥在该恢复伙伴账户的帮助下将密钥重置。

当有黑客攻击该账户时，由于黑客已经对该账户进行“控制”，因此，在尝试执行恢复过程时并没有收获。除此之外，若他们的确在进行恢复的过程，帮助恢复的合作伙伴就有可能借助身份认证以及多因素认证（如电话和电子邮件），这样黑客的身份就更容易暴露。

上述过程与多重签名安排也存在较大的差异。对于多签名事务来说，另外一个实体可以作为执行每个事务的参与方。相比之下，与恢复过程相比，恢复伙伴只是恢复过程的一方，对日常事务没有权限。这会较大程度地降低相关各方的成本以及法律责任。

（6）通信延迟优化技术

延迟时间指的是某一账户把消息发送到另一账户里并收到响应所花费的时间。

EOS 希望两个账户可以在单个区块内来回交换消息，却不必在每个消息之间等待一个完整的出块时间。为了实现这一点，EOS 将每个区块划分为一个周期（cycle），每个周期再划分为线程（thread），各个线程包含事务列表，每个事务包含一组要传递的消息。各层根据其特性可以被顺序或是并行地处理。

（7）智能合约并行执行机制

对于区块链智能合约平台来说，异步的并行智能合约执行将是一个跨越性的进步。EOS 对智能合约的并行化处理关键在于，账户层将不同账户的合约分配给不同的线程，并且同时进行并行异步处理。以太坊就好比是一台运行着 DOS 系统的 80386 处理器（该处理器属于串行处理程序），而 EOS 则可以被看作为一台能够并行执行程序、可随时扩容的超级计算机。

（8）资源利用机制

由于比特币和以太坊存在交易手续费，因此，可以避免大量的垃圾交易拥堵网络。然而 EOS 无须交易手续费，为了防止系统资源的滥用，EOS 设计了新的资源使用控制机制：通过账户中 EOS 通证的数量来分配系统资源。EOS 的资源主要有三种：CPU、网络带宽和内存（RAM）。

CPU 和网络带宽用于交易计算和传输，例如，我们每次使用转账功能的时候，都会消耗 CPU 和带宽资源，并且单位时间内转账的次数越多，消耗的 CPU 和带宽就越多。CPU 和带宽需要抵押 EOS 才能获取，例如，用户持有全网 1% 的 Token，那么该用户抵押这些 Token 后就拥有全网 1% 的 CPU 和带宽资源。当用户不再需要 CPU 与带宽时，可以将抵押的 Token 赎回，但是有三天的抵押锁定期。也就是说，抵押 Token 后，三天内是不可以赎回的。

内存用于交易业务数据的存储，内存资源是 DApp 运行的基础。内存需要使用 Token 购买才能使用，当用户购买内存时，系统从用户账户扣除 0.5% 的交易手续费，然后根据当前内存的价格，将 Token 兑换成内存，接着更新用户账户的内存数量。内存的价格是基于 Bancor 算法的，根据市场的供求关系决定内存价格，买的人越多，价格越高，此时卖出内存也许会获得更多的 Token。由于内存一直在消耗资源，所以不可赎回，只能进行买卖。

3. 商业运营

Block.one 是 EOS 背后的创始团队，其 CTO BM（bytemaster，原名为 Daniel Larimer）是目前世界上唯一一个连续成功开发了三个基于区块链技术的去中心化系统的人，同时，他也是 BitShares、Steemit 和 EOS 的联合创始人。

2017 年，BM 退出 Steemit，转而开发 EOS 项目。EOS 吸取了 BM 前两个项目的所有技术积累，且在 BM 的光环下，一宣布就获得了巨大的市场关注度。

根据官方资料的解读，EOS 生态中目前主要有 4 个关键实体，而整个 EOS 生态则是围绕这 4 个实体及其内在价值开展相关的业务逻辑。

- EOSIO：主要定位于区块链底层开发软件，可以横向或垂直拓展相关的分布式应用（DApp）开发。
- EOS Tokens：是在以太坊（符合 ERC-20）上发行的通证。
- Block.one：是 EOSIO 的软件开发商，但不配置或开发任何公链。
- EOS 平台：是社区成员基于 EOSIO 开发的区块链系统。

3.1.3 DFINITY

1. 概述

DFINITY（D-Ecentralized INFINITY）旨在打造一个由计算机客户端组成的公共网络，提供“去中心化的云”，这意味着软件不仅可以在传统区块链上托管的“智能合约”系统中正常运行，也可以在云上安装和运行。

与以太坊相比，DFINITY 作为以太坊的姊妹系统，主要在性能及扩展性方面进行了提升。在性能方面，DFINITY 使用阈值接力技术（Threshold Relay Technology），做到快速生成区块，大幅提升交易的吞吐量。在扩展性方面，DFINITY 通过将架构分为共识层、验证层和存储层实现“无限扩容”。另外，在治理理念上，以太坊认为“代码是法律”，而 DFINITY 认为“AI 是法律”。

2. 核心技术

（1）基于随机数灯塔的共识机制

通俗地讲，DFINITY 的共识机制指的是通过实现一种生成随机数的方法，即从无数备选节点中随机产生一组节点，并由该随机节点组成委员会实现出块和公证。

随机数灯塔是 DFINITY 共识机制可以良好运行并发挥作用的关键。其运作机制为：首先通过随机数灯塔产生随机数，然后根据该随机数和一定的准则从无数备选节点中随机产生两组节点，由这个随机产生的两组节点分别组成出块委员会和公证委员会，从而实现出块和公证。该随机数机制基于阈值 BLS 签名算法实现，“阈值签名 + 随机数灯塔”的机制组合可以理解为：在接收到 10 个人中任意 5 个人以上的数字签名后，一个逻辑黑箱就可以输出一个随机数，而数字 5 即代表该次产生确定随机数的“阈值”，黑箱本身就是“随机数灯塔”。

区块公证委员会对出块委员会提议的区块进行公证，然后向全网广播一个新的区块正式生成，只有被公证的区块才能加入到区块链中。两个委员会中的节点在出块和公证的过程中对区块进行签名，在公证委员会广播区块的同时，“随机数灯塔”收集数字签名，若收集到一定量的数字签名并达到设定的阈值后，便可以产生一个新的随机数，同时本轮结束。然后此随机数重复上一轮程序，抽取下一轮的委员会，而由上一轮产生的随机数并生成下一轮委员会的过程被称为“阈值接力”。

不难看出，DFINITY 共识机制与 DPoS 类似。不同的是，一般的 DPoS 机制是通过选举产生的节点，而由于选举结果拥有相对的确定性，例如，EOS 出块节点目前较少有明显的变化。这就存在针对确定节点可能会有攻击的可能性的问题，节点之间也会存在窜谋的风险。我们认为，真正随机产生的出块委员会意味着出块节点的选择不会被事先知道。

图 3-9 展示了随机数及区块的产生过程。

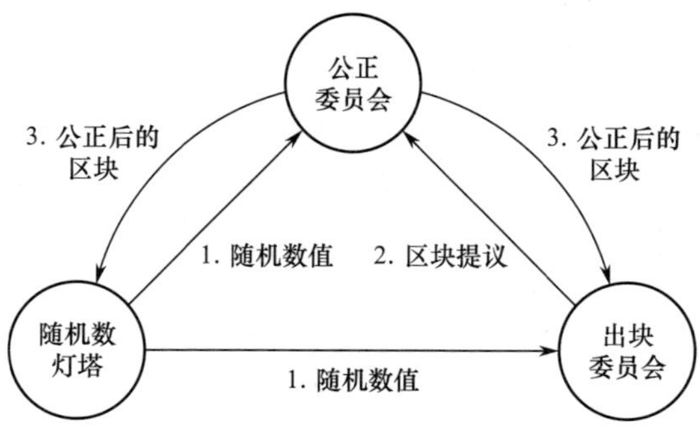

图 3-9　随机数及区块的产生过程

（2）概率插槽协议

在当前区块的委员会通过 BLS 签名生成随机数产生出块委员会后，这个委员会内的节点就立刻开始进行区块提议。依据 DFINITY 的协议设置，如果节点没有发现当前轮次被公证之后的区块，则提议区块会一直产生。这就意味着在一个轮次中可能有多个提议区块产生，但通常情况下只会有一个提议区块进入公正程序。由图 3-10 可知，每一个轮次（每个随机数签名 σ 代表一个轮次）均会存在多个委员会节点提交的区块提议，图中向下的箭头表明该轮次内的时间序列。

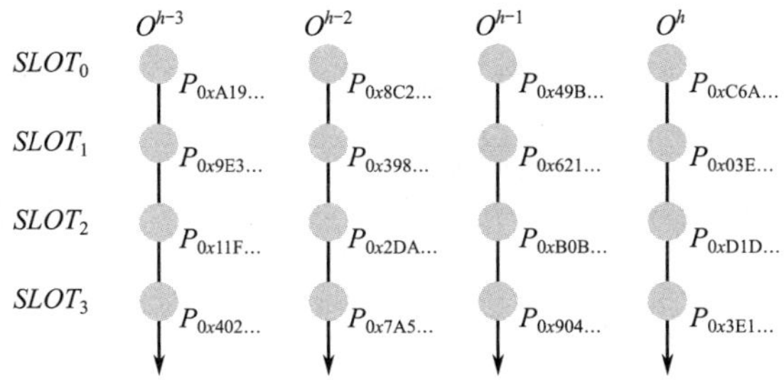

图 3-10　区块提议的多轮提议过程

因为存在多个重复区块，必然会出现选取哪个区块进行提议的公正性问题，同时为了避免分叉，DFINITY 提出了一种概率插槽协议（简称为 PSP）来解决这一系列问题。

- PSP 会对委员会中的节点分配权重，该权重则直接决定该节点提议区块的权重。
- 若节点接收到新的区块提议，并且该区块提议引用了曾经被公证过的区块，则该区块将被节点按照权重高低放入一个个权重值不同的“插槽”中。
- 一个区块的权重越高，优先级随之越高，则会有更大的机会进入公正程序而后被公正。

在正常情况下，虽然只存在一个被提议的区块能够进入公正程序中，但是也存在由于某些原因导致不止一个区块能够进入公正程序，并且都得到了公正的情形，这时就会产生分叉现象。基于上述现象，就引出了链的权重的概念。链的权重指在分叉开始的那一个区块开始，将所有区块的权重求和，就能够得到一条链的权重值。而将不同轮次的索引关系加到插槽图上，便能够得到链的权重，如图 3-11 所示。从第 h-3 轮开始产生了分叉，出现了两条链。这时橙色链中有 3 个区块的权重为 1，1 个区块的权重为 0.25，链的权重为 3.25；而另一条绿色链中，有 2 个区块的权重为 1，另外 2 个区块的权重为 0.5，链的权重为 3。绿色链的权重小于橙色链的权重，这时在进行区块提议时，下一轮的客户端就会放弃绿色链并选择权重较大的橙色链。这种方式最终可以快速达成一致。

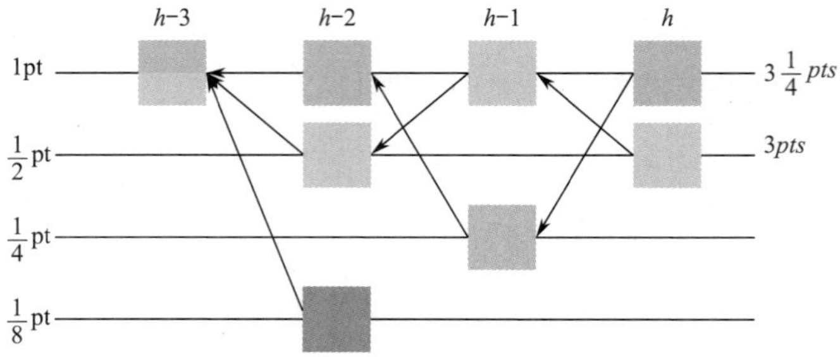

图 3-11　链的权重（彩图见插页）

（3）BNS 治理机制

DFINITY 的区块链治理方案被称为 Block Chain Nervous System（BNS），即区块链中枢神经系统，该系统采用人工智能即法则（AI is Law）的设计原则，旨在通过 AI 的方法实现区块链的自治。需要注意的是，这里的 AI 并不是传统意义上的人工智能，本质是通过人类控制的“神经元”提供的输入信息来对各种提议做出决策的民主治理机制，其实现方案如图 3-12 所示。除此之外，DFINITY 区块链神经元系统有大量的管理功能，例如，管理协议以及软件升级、修复合约程序、冻结“恶意”智能合约的错误、修改激励参数等，这些都是自动化执行的，只是 BNS 系统会通过社区民主决议形式投票来决策是否采取行动。对于任何提案，只有通过存入保证金代币，而且在网络上运行“神经元”，并具有投票权的用户才可以直接投票，所有提案均会被仔细地审查，只有符合社区最大利益的情形才会通过。

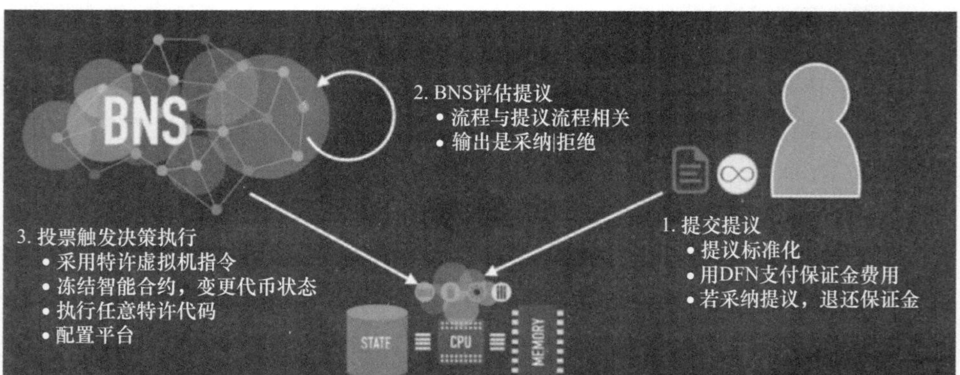

图 3-12　DFINITY BNS 实现方案

3. 商业运营

DFINITY 是 String Labs（密码学和分布式计算实验室）孵化的项目，DFINITY 项目的 CEO 是 Tom Ding，同时他也是 String Labs 的联合创始人和 CEO。而且项目的首席科学家 Dominic Williams 也是发现 DFINITY 项目关键创新技术“阈值接力”的技术专家。

String Labs 总部位于美国硅谷，其成员主要为斯坦福大学、耶鲁大学、谷歌、以太坊基金会等机构的科学家和工程师，拥有丰富的区块链、密码学以及人工智能等方面的经验，研发资源充足。

目前 DFINITY 已经有超过 2000 万美元的融资资金。DFINITY 在中国（例如，在北京、上海、杭州等）也多次开展线下见面会。

3.1.4 Aeternity

1. 概述

Aeternity（简写为 AE）号称新一代区块链网络，于 2016 年由德裔计算机科学家“以太坊教父”Yanislav Malahov 与前 Augur 核心开发者 Zack Hess、前 Synereo 核心开发者 Jack Pettersson 发起，致力于解决以太坊、比特币在交易速度、扩展性、隐私保护等方面的固有缺点，目的是重塑当前的智能合约底层协议。Aeternity 的技术亮点是去中心化预言机（Oracle）和图灵完备的状态通道（State Channels）。

2. 核心技术

（1）状态通道技术

Aeternity 的智能合约（Smart Contact）作为功能选项存在于状态通道中，用户只在侧链上互动，只有当意见不一致时，智能合约才会涉及区块链。其整个运作机制类似于具有自我裁决能力的数字法庭，如图 3-13 所示。

根据白皮书报道，Aeternity 为了防止网络拥堵，绝大多数的交易通过侧链的平行状态通道去实现，而不是写在主链上。若交易双方发生分歧，交易才会被放在主链上并进行裁决记录。状态通道彼此是互相独立的，个别交易并不会影响整个网络的交易，这也是 Aeternity 与以太坊的最大差异。依据白皮书测算，一个状态通道能够达到每秒 32 次的转账。因此，从理论上说，整个交易网络可以满足的交易次数是无限的。

除此之外，由于状态通道对双方交易的身份、金额、时间等没有记载，从而实现了对用户的匿名保护。

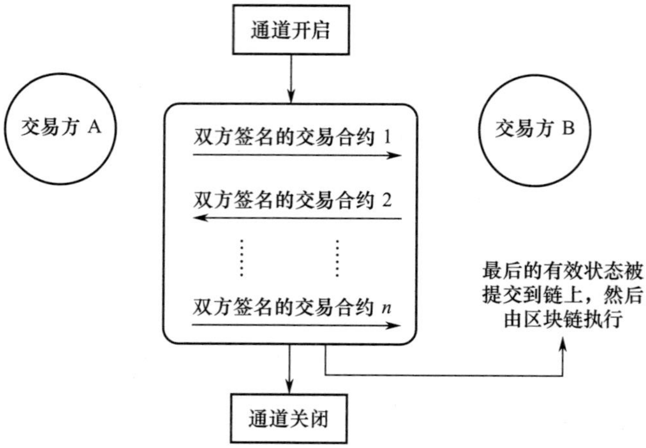

图 3-13　Aeternity 状态通道交易流程[1]

（2）去中心化预言机

AE 项目的去中心化预言机主要面向公共数据的提供，其能够在一定程度上推动商业应用的落地。任意一个 AE 代币持有人均能够通过提交问题来启动一个预言机，这个问题的答案用是或者否来回答，同时提交这一问题的代币持有者需要确定回答问题的时间，可以是马上回答，也可以是在未来某个时间回答。此外，启动预言机的用户可以根据回答问题的时间来抵押一定数额的 AE 代币。

当提供答案的预定时间到来时，预言机的启动者提供一个答案，其他用户可以提供一个相反的答案，当然，这些用户提供的答案也需要抵押一定数额的 AE 代币作为背书。如果在规定时间内没有与预言机启动者相矛盾的答案产生，则这个答案将被视为真实答案，抵押的 AE 代币会自动返还；相反，如果存在与之相矛盾的答案被提交，那么将会交由机器来裁决，如果预言机的启动者被裁决为虚假答案，则所抵押的代币将会被销毁。同理，如果其他用户提供的答案被裁决为虚假答案，则所抵押的代币也会被销毁。这在一定程度上极大地增加了造假成本，最大限度地保证了数据的真实性。

为了更容易理解预言机，下面举例说明。用户 A 启动一个预言机，预言“今天 NBA 勇士队和火箭队西部决赛，勇士队获胜”。大家都可以通过抵押的代币回答是或否。最后，如果结果是火箭队赢了，那么预言勇士队获胜的抵押代币就会被销毁。因此，这种撒谎的成本非常大。预言机的整个工作流程如图 3-14 所示。

1　源自链塔智库。

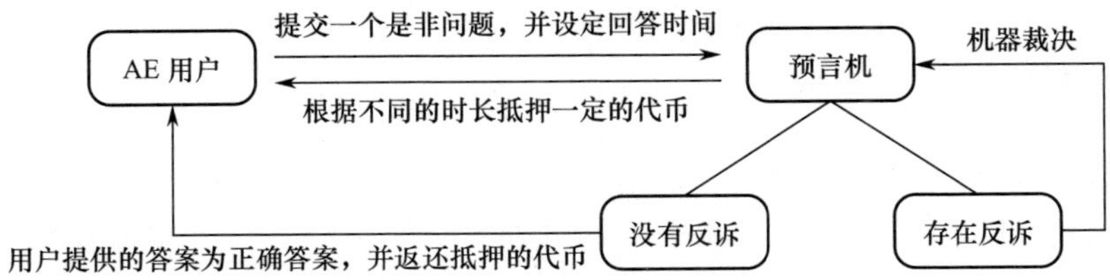

图 3-14 Aeternity 预言机工作流程

（3）PoW+PoS 双共识算法

Aeternity 基于 PoS+PoW 的融合共识机制，与区块链领域主流的 PoW（工作量证明机制）、PoS（权益证明机制）以及 DPoS（代理权益证明机制）共识算法不同，Aeternity 是将 PoS 和 PoW 两个算法融合而成的独特共识算法。PoW 让矿工通过生成新区块来记账的方式变得更加容易，并且挖矿更加趋于平民化，家用电脑、智能手机都能用来当矿机挖矿；而 PoS 算法则是将决策权按照持币比例分配给通证（Token）持有者。

PoS+PoW 的融合共识机制形成了一种既可以保持区块链公链的多中心化，又可以让持币者拥有决策权的共同决策的形式，使得 Aeternity 能够避免发生类似于比特币中存在的算力集中化问题。

3. 商业运营

团队情况方面，根据官网信息，Aeternity 团队现以开发人员为主，共有 48 人。Aeternity 团队整体能力较强，但不稳定，因为两任 CTO 的离职给团队技术架构上带来了一定的冲击，也导致了 Aeternity 开发进度缓慢。社区媒体热度方面，Aeternity 谷歌搜索指数均值在 50 左右，2018 年 4 月至 2018 年 5 月期间达高峰 100，如图 3-15 所示。

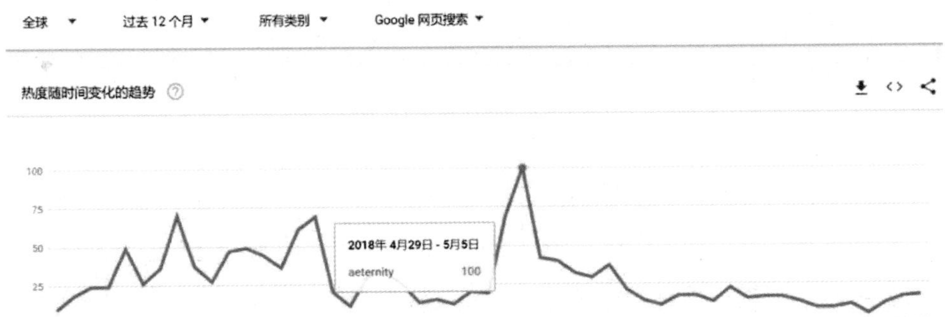

图 3-15 Aeternity 的谷歌搜索指数

Aeternity 在谷歌搜索指数上有较好的表现。除此之外，Aeternity 社区建设方面也表现良好，拥有丰富的 PR 活动。

另外，根据资料显示，目前 Aeternity 仍处于测试网阶段，虽然相对路线图有所延期，但是仍在按照计划开发中且将于 2019 年 9 月发布主网的第一个候选版本。

3.1.5 Cardano

1. 概述

Cardano（卡尔达诺）项目发起于 2015 年，作为一个完全开源的区块链平台，为 DApp 开发提供可编程的区块链和智能合约，ADA 为其代币。Cardano 旨在改变加密货币的设计和开发方式，构建一个分层次的区块链生态系统。目前，Cardano 以层次构建的方式使得系统更便于维护，并且可以通过软分叉升级。Cardano 将分离构建计算层用以处理智能合约，从而为未来的商业和业务提供支援。

2. 核心技术

（1）分层架构

相较于其他平台，Cardano 最大的技术突破就是提出了分层区块链生态的独特概念。简而言之，Cardano 想要同时解决比特币和以太坊现有的几大问题，例如，比特币的交易速度缓慢、更新协议需要分叉；以太坊的性能和扩展性不强等问题；打造一个“比特币 + 以太坊”的区块链生态。

Cardano 的分层架构具有两个层次：结算层和控制层。

- 结算层：该层负责代币转账和所有账户的余额。Carnano 的代币 ADA 在这一层进行交易，并且用户在这一层的交易都是匿名的，其实现了和比特币一样的功能，但性能比比特币更高。目前，Cardano 正在设计一套规范，旨在实现通过软分叉来进行货币交易升级换代的功能。

- 控制层：该层将提供身份认证、智能合约、消息通信、游戏拓展等功能。同时，控制层会为各类分布式应用程序（DApp）提供高性能、智能化的底层基础平台。

这种分层设计与计算机网络中的 TCP/IP 协议的设计类似，层与层之间通过接口交互，各个层次分工不同。这种设计理念主要有两个好处：首先，保护了交易的隐私。在 Cardano 中，交易能够在没有额外元数据的前提下进行，这些元数据在以太坊或

NEO 等平台的交易中是不可或缺的。其次，实现了更集中的扩展更新。例如，更新可能只会影响计算层，而不至于危及用户存款或交易处理能力。

（2）安全侧链技术

Cardano 团队通过引入可证的安全侧链技术来抵御通过侧链引起的对主链的攻击。他们将之称为工作量证明的非交互性证据（Non-Interactive Proofs of Proof of Work，NIPoPoW）。为了成为“区块链的互联网”，Cardano 中不同类别的加密货币能够并存，且均保留着自己的协议与规则。另外，支持多个不同区块链的币种可以自由交换，用户可以在不借助任何第三方平台或中介的情况下在多链之间无缝地转移数字资产。不过该技术尚未有翔实的资料证明，而且目前 Cardano 团队还没有在 Cardano 上实现 NIPoPoW 侧链，如果最终技术落地，无疑是对侧链技术的极大改进。

（3）乌洛波洛斯（Ouroboros）共识机制

Cardano 采用了基于 PoS 共识算法的共识机制，被称为乌洛波洛斯（Ouroboros），该机制由 IOHK 首席科学家 Aggelos Kiayias 教授领导的团队设计而成，并且通过了学术社区同行评审。这是一种可证明安全的权益证明协议，是加密币界第一种真正严格安全的算法。此外，Ouroboros 还是模块化的，可以通过安全、多方执行掷硬币协议来达成股权领导者选择的随机性，不会产生恶意攻击。与比特币及它的 PoW 机制相比，Ouroboros 所采用的 PoS 机制除能够提供同样的安全保障外，其运行成本也非常低，它不需要大量的计算资源（尤其是这些计算资源还需要去做无意义的运算）。

Ouroboros 的基本原理是，将每个 Ouroboros 时间段划分为固定数量的 slot，每个 slot 表示一个新的区块，该 slot 的负责人投入 ADA 的账户，并负责创建这个区块，每个时间段的 slot 负责人均在上一个时间段被选出来。一个账户被选中的概率跟该节点权益成正比。此外，在 Cardano 中，节点持币的相对价值被称为权益，可简单地理解为节点持币价值与全网总价值之商。如果某个节点的权益大于 0，则被称为权益所有人，如果该节点被选为区块生产者，则被称为 slot 领导者，相当于比特币的矿工。

3. 商业运营

Cardano 项目的计划路线图共有五个阶段：拜伦（Byron）、雪莱（Shelley）、哥根（Goguen）、芭蕉（Basho）和伏尔泰（Voltaire）。目前，Cardano 项目整体仍然处于产品研发阶段。据官网介绍，Cardano 的下一个阶段将是雪莱版本。

Cardano 项目主要由以下三个组织协同合作，它们分别在资金、技术、运营等方面各司其职。

（1）IOHK 负责整体技术支撑

IOHK 作为 Cardano 的核心组织，承担项目的整体开发工作。该组织由前以太坊团队核心成员 Charles Hoskinson 和 Jeremy Wood 领导。Charles Hoskinson 在以太坊发布之前离开了以太坊团队，之后还参与了 BitShare 的开发。整个核心开发团队囊括科学家、工程师、运营官，总人数超过了 100 人。

（2）Cardano 基金会负责资金监管

Cardano 基金会位于瑞士，它是一家独立的标准机构，主要为项目提供发展和应用方向，管理项目资金，推动加密货币 ADA 的应用普及，并负责与政府和监管机构沟通。基金会与 IOHK 之间是深度的承包开发关系，其官网上显示的合约到期时间为 2020 年。

（3）Emurgo 负责项目生态布局

Emurgo 致力于发展、扶持和孵化有潜力的商业团队，并将其整合进 Cardano 生态系统中，从而推进整个项目的生态建设。由于 Emurgo 是日本公司，所以 ADA 在亚洲，尤其是日本的市场具有一定的优势。

此外，Cardano 计划逐渐推进链上治理、链上资助计划以及与政府的协调合作，积极拥抱监管，寻求中心化和去中心化之间的平衡。Cardano 的这种运营思路或许更能够贴近现实的应用，同时也能够更好地拥抱现有的大量企业。

3.1.6 Hyperchain

1．概述

Hyperchain 是一个国产自主可控的联盟链服务平台，它面向企业、政府机构和产业联盟的区块链技术需求，提供企业级的区块链网络解决方案。Hyperchain 支持企业基于现有云平台快速部署、扩展和配置管理区块链网络，对区块链网络的运行状态进行实时可视化监控，且符合 China Ledger 技术规范，是第一批通过中国电子技术标准化研究院和中国信息通信研究院链标准测试的平台。

2．核心技术

（1）鲁棒性拜占庭容错算法（RBFT）

pBFT 作为经典的分布式算法，目前包括 HyperLedger、中国 ChinaLedger 在内的诸多区块链联盟都在研究并验证其部署和应用，但该算法在可靠性与灵活性方面还不完善。Hyperchain 采用可插拔的共识模块，通过优化现有的 pBFT 算法执行流程，增加数据自动恢复与动态节点增删等机制，在满足 BFT 强一致性的前提下，可以提升整个系统的交易吞吐量以及稳定性，从而达到增强共识模块的容错性以及可用性的目的。图 3-16 是 RBFT 的共识流程与传统 pBFT 算法验证的具体流程对比图。

RBFT 的吞吐性能可以稳定达到 3000 ～ 10000 TPS（Transaction Per Second，每秒交易数），并可以将交易执行时间控制在 300ms 左右，拓展了区块链商业应用的范围。同时 Hyperchain 可以通过使用基于 GPU 的验签来加速，从而进一步提升系统性能。

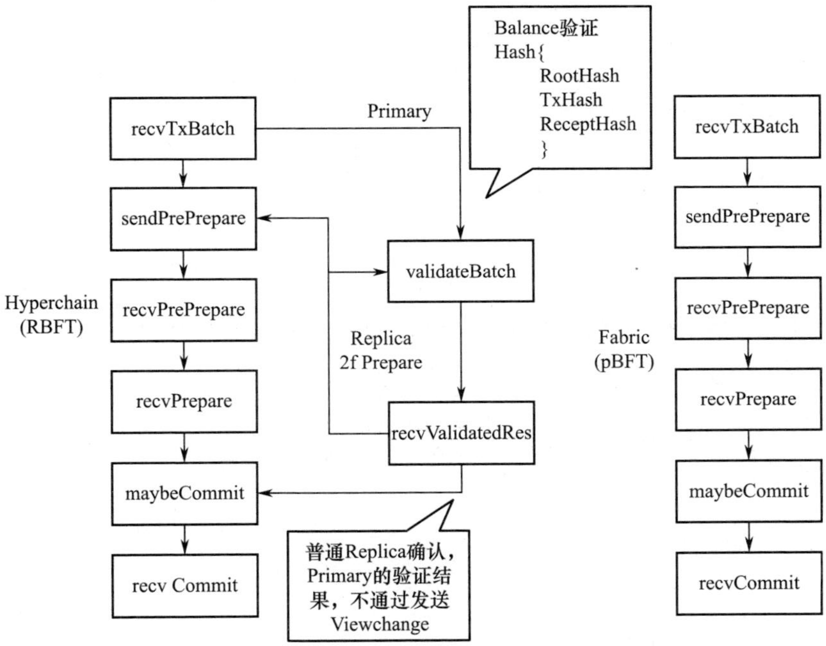

图 3-16　RBFT 流程与 pBFT 流程对比

（2）可插拔的多级加密机制，支持国密

Hyperchain 对于业务完整的生命周期所涉及的数据、用户等均进行了不同策略的加密。在发送交易前，用户能够使用私钥通过椭圆曲线数字签名算法（ECDSA）对交易进行签名，用以防止数据被篡改；Hyperchain 会通过 ECDH 密钥协商技术对传输层数据加密，然后根据该密钥对称加密进行安全的网络数据传输通信，保证通信双方可以不共享任何秘密便进行加密通信；最后会通过 hyper-key 对数据进行加密存储。

同时，Hyperchain 完全支持国密算法的集成。其中，国密算法 SM2 为基于椭圆曲线密码的公钥密码算法标准，包含数字签名、密钥交换和公钥加密，可用于替换

RSA、Diffie-Hellman、ECDSA、ECDH 等国际算法；国密算法 SM3 为密码散列算法，可用于替代 MD5、SHA-1、SHA-256 等国际算法。

（3）隐私保护机制

大部分商业应用场景中，链上的信息需要进行隐私保护。Hyperchain 平台提供了多种有效的隐私保护机制。

- Namespace：Hyperchain 设计了基于 Namespace 的分区共识机制，并且通过区块链账本的分区维护、交易的分区共识以实现敏感交易数据的存储以及执行空间的隔离。该机制允许部分区块链节点创建属于它们的 Namespace，其中的数据交易及存储对其他 Namespace 中的节点不可见。
- 同态加密：Hyperchain 通过同态加密的思想实现区块中交易金额和账户余额的加密，可以使验证节点在不知道账户余额和交易金额的情况下，对交易进行合法地验证。
- 隐私交易：Hyperchain 不仅可以对隐私数据进行有效的隔离，还能验证该隐私交易的真实性。Hyperchain 可支持交易粒度的隐私保护，在发送交易时指定该笔交易的相关方，该交易明细只在相关方存储，隐私交易的散列则在全网共识后进行存储。
- 合约访问控制：合约编码者能够在合约中为高权限的函数设置权限控制，使其只被固定地址的调用者调用，从而实现访问权限控制。

（4）智能合约引擎 HyperVM

Hyperchain 自主研发了可插拔智能合约引擎通用框架，其组件如图 3-17 所示，主要包括用于合约编译的编译器，用于代码执行优化的优化器，用于合约字节码执行的解释器，用于合约执行引擎安全性控制的安全模块，以及用于虚拟机和账本交互的状态管理模块。

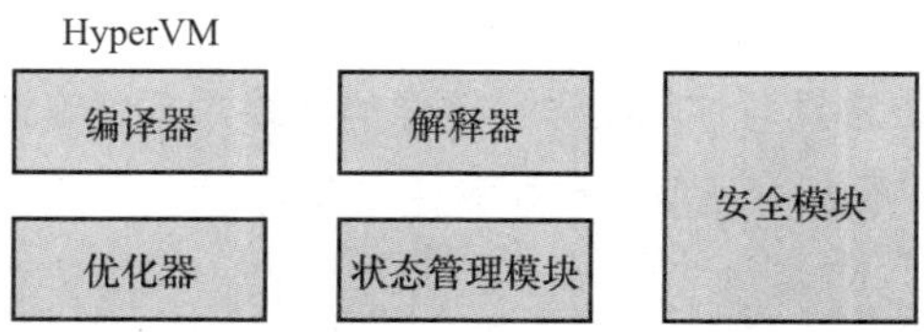

图 3-17　HyperVM 组件

HyperVM 允许不同智能合约的执行引擎接入目前已兼容 Ethereum 的 Solidity 语言的 HyperEVM 和支持 Java 语言的智能合约引擎 HyperJVM，未来 Hyperchain 将集成 JSVM、WVM 等。

（5）可视化合约数据管理技术

Hyperchain 提供了基于消息监听实现区块链状态变迁的消息订阅机制，可以在区块链正常运行的同时，将状态变量的数据导入到关系型数据库中（例如 MySQL）进行分析和审计，使得合约状态可视化、可监控。如图 3-18 所示，Hyperchain 将该消息订阅系统视为智能合约与外界通信的消息通道，实现链上链下的消息互通。

ser	status	version	balance	creditRating	accountID	account_json	address	brithday	cardAcountNum	id_number	isOverdue	name	occupation
	1		0	0	1876811..			15024..	62230912358..		0	融资..	程序员
	1		0	0	1876811..			15024..	62230912358..		0	融资..	程序员
	1		0	0	1876811..			15024..	62230912358..		0	融资..	程序员
	1		0	0	1876811..			15024..	62230912358..		0	融资..	程序员
	1		0	0	1876811..			15024..	62230912358..		0	融资..	程序员
	1		0	0	1876811..			15024..	62230912358..		0	融资..	程序员
	1		9000000	5	1876811..			15024..	62230912358..		0	融资..	程序员

图 3-18　基于消息监听的合约数据管理

（6）数据归档

区块链的存储容量随时间的增长呈线性增长，且增长速度超过了存储介质容量增长的速度。因此，区块链数据存储将是限制区块链技术发展的重要因素之一。Hyperchain 提供了一种基于“状态快照”的数据归档方法，这大大地减轻了区块链节点存储的负担，同时实现快速的数据库内容恢复功能，增强了区块链存储的扩展性。

（7）硬件加速

Hyperchain 以现有相关理论为基础，实现基于 GPU 加速的验证签名算法。GPU 有远超过 CPU 的计算单元，擅长大规模并发计算。因此，Hyperchain 使用 NVIDIA 厂商的 GPGPU 和 CUDA 作为开发环境，用 GPU 以并行方式实现椭圆曲线标量乘法运算，使交易签名和验签都得到了数量级的提升。

（8）联盟治理

Hyperchain 通过自治联盟组织（Antonomous Consortium Organization，ACO）机制进行联盟治理，通过该组织，每一位组织成员均能够提出提案（比如节点加入、系统升级）、审议提案（投票），最终通过去中心化的形式以决定该项提案是否通过。

3. 商业运营

Hyperchain 核心团队成员多来自浙江大学、清华大学等国内外一流的高校，并由中国工程院陈纯院士担任董事长。

Hyperchain 以底层平台作为技术支撑，进一步开发了全面的运营平台飞洛，使得 Hyperchain 可以对区块链生态进行底层技术输出，也可以在运营层进行业务导入，积极推动区块链技术研发与应用落地。

目前，Hyperchain 已经积累了包括中国人民银行、中国外汇交易中心、中国银联、上海证券交易所、德邦证券、谷歌、微软、华为在内的客户伙伴，平台在若干大中型金融机构的技术测评中均名列首位。目前已经上线的应用场景包括数字票据、资产证券化、应收账款、数字存证、数据交易、股权、债券、供应链金融、溯源、物流管理等，其中大部分应用系统已产生了较大的经济和社会价值。

3.1.7 CITA

1. 概述

CITA（Cryptape Inter-enterprise Trust Automation）是世界上第一个使用微服务架构来解决区块链可扩展性问题的面向企业级应用的区块链框架，也是国内首个开源企业级应用区块链平台，并且已经成功应用在多个金融级别的区块链中。它具有安全、高效、可定制的特点，能够兼容 EVM 和 Go 语言智能合约，并且已经在 2017 年 7 月开源。

2. 核心技术

（1）微服务架构技术

CITA 将单个节点按照功能解构为以下 6 个松耦合的微服务。

- Executor：负责计算和执行交易。
- Chain：负责存储交易。
- Auth：负责检查交易的合法性。
- Network：负责接收来自其他节点通过网络战法的交易和投票。
- RPC：是和用户进行交互的模块。也就是说，用户能感知到的只有这里，如查询交易、块高等。
- Consensus：是 CITA 里的共识模块，形成一种共识交易顺序。

在 CITA 的微服务架构中，“节点”是一个逻辑概念，可能是一台服务器（一台服务器上面运行一组微服务），也可能是由一组服务器组成的集群，不同的服务器可运行不同的微服务，以实现计算资源的灵活配置。同时，CITA 还支持部署在云服务器上，基于 Docker 的部署方案实现了一键部署功能，大大减少了开发成本。节点与节点之间通过 P2P 通信，节点内部各模块通过消息总线通信。

除了可扩展性带来的高性能，微服务架构还将 Chain 与 Executor 独立，Executor 仅负责计算和执行交易，Chain 负责存储交易，使得计算与存储相互分离，故而可以极大地提高交易处理能力。而且由于共识和交易处理的分离，交易处理可以异步执行，使 CITA 不仅具有了更好的共识性能，还带来了更有弹性的交易处理能力，交易负荷可以被更均匀地分摊到一段时间内。在实际的测试中，CITA 的交易性能已经可以达到每秒 15000 笔交易（数据来自 CITA 0.20，在四台 32 核、64GB 的云服务器上部署 4 个节点，每台服务器之间配置百兆带宽）。

此外，CITA 采用松耦合的微服务架构，各个组件支持可插拔（Pluggable）特性，组件能够独立替换升级，各组件将来可以平滑迁移至更好的共识算法或更好的技术方案（如数据库、隐私方案）中。除此之外，CITA 的引入更适用于特定业务场景中的特定功能。

（2）节点管理

节点是区块链网络的基础单元，它运行着具有一致性的区块链协议。在 CITA 中，按照是否有记账权节点可分为共识节点和只读节点。

- 共识节点拥有网络记账权，可以直接签名出块或者为其他节点的区块投票。全体共识节点通过 CITA-BFT 共识算法，对某一高度的块达成共识，最终一步步地延长区块链的数据。CITA-BFT 是一种专为区块链设计的高性能共识算法，基于半同步网络假设，CITA-BFT 在保证活性和安全性（Liveness&Safety）的前提下能够容忍 1/3 的拜占庭节点。
- 只读节点不打包区块，同时也没有投票权。只读节点不参与共识流程，但可以接入网络并同步数据，适用于在某些特定场景下实现业务逻辑。

CITA 对节点提供了严格的准入管理机制。只读节点的准入通过各节点独立的白名单进行管理，共识节点的准入通过系统合约由系统管理员进行管理。各节点间的通信可以选择通过明文进行传输，也可以选择基于自签名证书的 TLS 加密传输。

（3）账户和权限管理

区块链上的账户指的是用户生成的合法的公钥对、私钥对和地址。CITA 的账户模型与以太坊类似，用户通过使用账户的私钥对交易签名并发送到区块链节点，从而可以请求服务和改变区块链的状态。区块链上的交易分很多种，如基础转账、创建合约、调用合约。账户是区块链数据的生产者和使用者，所以不仅需要对账户进行准入管理，还需要对其能够进行的操作细分权限管理。

CITA 支持基于角色的权限管理。CITA 内部默认集成了具有最大程度的操作权限的账户——超级管理员账户，该账户主要负责账户的权限管理，通过创建不同的权限角色，对不同的账户或者组赋予角色，从而进行权限设置。可以设置的权限包括最基础的发送交易的权限、创建合约的权限和批量交易权限等，开发者也可以自行扩展权限设置项。

CITA 还支持基于组的账户管理。CITA 链的超级管理员能够创建不同的用户组，并为用户组设置相应的权限。不同的组之间用树形的方式进行管理，即每个组还可以有自己的子组。以上方式类似于企业的组织架构，有利于进行用户管理。若管理员将某用户添加到了对应的组中，那么该用户会拥有其所在组的权限，并且该用户的权限不仅可作用于本组，还可以作用于该组的所有子组。在用户发送交易时，CITA 首先对该用户自身的权限进行检查，之后对该用户所在组的权限进行检查，从而提高了权限设置的灵活性。

（4）紧急干预机制

在某些极端情况下，如某个节点遭到集中的 DoS 攻击，CITA 链的超级管理员可以选择启用紧急制动模式来抵御该攻击。该模式下，CITA 链将只接收来自超级管理员的交易，其他所有的交易将被拒绝。除了在遭受攻击的情况下，该模式也可以在其他场景中进行应用。比如，在链的管理员需要对链进行维护期间，可以保持链在线，通过启用这个模式，所有普通用户的交易就不能进行，管理员负责所有的升级、维护等操作。

（5）智能合约

CITA 当前不仅支持运行于虚拟机上的轻量合约，还支持直接运行于操作系统上的原生合约。轻量合约支持使用 Solidity 语言编写，在区块链运行时通过交易来部署和更新，执行效率较低。原生合约可以采用 Rust 语言编写，在创建链的时候部署。因此，需要开发者自行注意控制，不要引入无法达成共识的不确定性因素。此外，CITA

提供了可插拔的智能合约接口，开发者可以自行扩展其他的虚拟机模块来支持其他语言的合约。

3. 商业运营

秘猿科技（Cryptape）在区块链领域积累了许多经验和技术，在此基础上自主研发了一种面向企业级用户的智能合约平台，这就是 CITA。目前，秘猿科技的合作伙伴有招商银行、Nervos、中钞区块链研究院、丝芭传媒、现在支付、众签科技、以太坊企业联盟（EAA）、Runtime、RISC-V 等。

此外，秘猿科技与多家大型金融企业、政府机构合作开展区块链业务，积累了大量为大型金融企业和政府机构开展区块链业务的经验。秘猿科技核心团队曾参与或主导开发的项目包括 Nervos、Ethereum、Peatio、Sparkpool 等。秘猿科技自主设计开发的多链钱包 Neuron、区块链浏览器 Microscope 等配套产品也已开源，满足企业级用户全套需求的同时大幅降低了企业的开发成本。

3.1.8 井通公链

1. 概述

井通公链（System Working Token China，SWTC）号称是中国的“RIPPLE+ 以太坊”，目前已有大量实体经济产业和区块链结合的应用项目架构在该公链上形成应用落地，如书签购物电商、智链通物流、易孔链连锁便利、健身链健康、斜杠钱包资讯等落地应用项目。

2014 年，井通公链上线运行，其设计目标和愿景是提供真实、可信的商用区块链环境。为保障交易的快速执行和确认，井通公链使用了 BFT 共识机制的优化方案——RBFT，采用了分层设计的架构，支持银关体系和智能合约，交易最终确认速度可达 10 秒级，并支持国密。

井通公链兼备智能合约和银关体系，所有在井通公链上发行的通证被 SWTC 钱包原生支持，同时任意两个通证之间的交换也是由井通区块链底层原生支持的，并可实现去中心化的六度撮合，而不需要借助智能合约，这成为井通公链将区块链作为价值共享网设计的一个例证。

井通公链具有便于交易撮合的特点，被认为是目前非常适合未来数字经济、价值互联网的底层技术之一，也被认为是目前最适合作为未来跨境汇兑技术升级的底层技术之一。

2. 核心技术

（1）RBFT+PoA 共识机制的有效去中心化

井通公链在设计时一方面保持了去中心化带来的可靠性，另一方面，避免了区块链在效率方面的不足，这被认为是井通公链设计的核心优势。其做法是选择一个有效的优化区间，而非一个优化点。具体地讲，绝对的中心化和彻底的去中心化之间存在一个很大的区间，需要结合不同应用场景，考虑不同行业实践，以寻求最符合用户需求、成本最经济、使用最方便的平衡点。一个有效去中心化的节点既需要保证去中心化的安全和成本优势，又不能因过度去中心化而降低效率。

井通的做法就是使选择的这个最有效的平衡点变得可以自动调节，用户可以根据自身需求选择接入井通的公链，也可以借助井通技术架设私钥以及联盟链。同时，这些私链和联盟链均可选择是否与井通公链互联成为井通公链的子生态链，实现与整个井通公链生态体现中的价值互通。

井通的共识采用 Randomized BFT 的方式，验证节点的选择方式则采用了 PoA 方式。井通的核心有若干个验证节点维持系统的基本验证网络。井通验证网络的开放对象是每一个接入井通的应用，这些应用是指以井通为平台的针对某些用户的应用程序，可以借助井通提供的 API 直接接入井通公有区块链，并维持了一个验证节点，验证节点的功能有以下两个。

- 参与井通网络的公共节点验证。
- 应用接入井通网络。如果应用本身采用一个私链，验证节点的功能是实现从用户私有货币到井通的转换。当然，若应用仅需使用 API 访问所需的区块链功能，这种场景并不需要部署一个单独的验证节点。若存在用户私有链和井通相连，此时还需要银关来实现用户通的发行和兑换。

（2）分层

比特币、以太坊和 Ripple 等的建设重点是单一功能链（专业链），井通与之不同，井通的建设目标是构建区块链底层技术的标准协议，努力打造能够承载多层功能的信用栈。井通系统分为三层：区块链层、交易层和合约层。

区块链层实现了区块链的基本功能，包括数据的可信、数据共识以及点对点通信等功能。这一层次是所有区块链的必备功能，井通系统将其功能独立出来，一方面是为了便于模块化，另一方面是已经可以满足一些基础性应用的需求。可以将其简单类比为普通的数据库技术，但此数据库也有其特点，包括分布式存储、多方灾备、成本低廉、防篡改、去中心化等。与传统的关系型数据库和NoSQL相比，它更适合于构建基于大批量用户数据一致性的应用，包括征信、溯源、防伪、数字版权等。

交易层实现的是区块链的支付、挂单、关系等原子交易。井通系统的基本交易功能原语是通过本层来实现。交易层不尽满足了区块链基本功能的需求，还为合约层的功能提供了原子交易基础。交易层提供了金融领域应用所需的基本功能，而且由于其交易的不可篡改性、去中心化等特点，为跨境支付、资产电子化、资产兑换、金融交易等功能的实现提供了便利。以上应用借助传统技术很难实现，而通过上述交易系统和免费的API接口则可以在很短的时间内实现应用的快速开发与上线。交易层的功能是满足大部分应用的需求。

合约层实现了井通系统的合约功能，合约功能依赖于交易层的交易功能，通过交易功能的组合实现合约功能数据可信地向下传递。交易层驱动合约层，对合约的执行进行分布式验证，并把有交易的输出通过交易的形式记录在区块链中。合约层在井通系统中的作用是实现应用的极大分布式和有效去中心化，并对交易层的功能做了极大扩展。第三层次的功能可以实现井通的DAO、DAS等应用。

上述三个层次中，下一层次是上一层次的服务者，上一层次是下一层次的依赖者，信用关系从下往上一传递，保障了区块链整个架构里各层次的可信任性。同时，每个层次都是某些应用的服务者，用于满足特定的应用需求。

（3）银关和用户通

井通公链不仅支持原生的基础货币SWTC，还支持用户通。用户通是自定义的数字资产的一种表征符号。用户通可通过银关或智能合约来发行，发行方对用户通的承兑负责。若用户通发行完成，其可以在系统里进行自由支付、流通、去中心化六度撮合，而不需要发行方的干预，与SWTC类似。然而，用户通的价值兑换必须由银关实现。第三方资产在井通网络中的接口由井通银关来实现，第三方资产由银关进入井通网络，并发行相应的用户通。用户通的兑现必须通过银关来获得资产。

（4）分层与智能合约

井通公链合约系统实现的过程如下。

1）采用TX驱动的做法，由TX发起合约的创建和合约功能的调用，如果执行过程中需要修改用户余额，则交易被发起并下发到下层的TX，所有这些交易都将在TX

执行验证，并记录在底层的区块链中。

2）TX 层的交易不受合约的影响。

3）TX 层与合约相关的交易以单独的 TX 的方式保存合约的代码和状态，合约的具体状态对应于合约相关功能的调用及参数，TX 层的状态 Hash 保证信息的一致性。

4）合约层由多个合约节点 Contract Validator 以确定的方式分别执行并达成共识。

5）每个合约节点采用 VM 执行代码。

6）合约节点在共识验证单元和合约执行单元之间设立合约执行缓存单元，执行合约采用异步调用方式，这样的分层设计使得合约采用异步调用方式，从而实现合约的快速调用和返回，同时支持用户选择分片的方式来执行智能合约，所有节点避免了做同样的事情，整个系统的处理能力得以提升。

（5）智能合约的异步调用

井通公链包含一种跨区块异步调用合约系统，由于该系统的区块共识不依赖于合约执行结果，因此，能够提高合约执行的并发量，增加区块支持的合约数量，增强系统容错能力。井通区块链的后台核心技术是异步调用，相比其他智能合约执行技术，其具有的优势有：

- 实现合约执行和系统共识单元的互相隔离，合约的执行可以在远端，这样就不会占有系统共识的资源。
- 实现合约执行单元和系统共识单元去耦合，合约执行模块和共识模块得以相对独立，支持热插拔。
- 设立合约执行缓存单元于共识验证单元和合约执行单元之间，在整个合约执行过程中创造性地采用了异步调用执行方式，使得合约的调用和执行结果在跨区块（区块 i 和区块（$i+k$））之间分别实现。此外，还保证了各验证节点之间能够达成共识。上述合约异步调用执行模式在共识的过程无须等待合约的执行结果，从而显著提高了合约执行的并发量，大大提高了区块支持的合约数量。
- 提升了系统的容错能力。一方面，系统可以设置合适的超时处理机制来处理合约延时的情况；另一方面，用户在合约调用中可以通过配置合适的 k 值来确保长时间执行的合约得到正确处理。

（6）基于智能合约的快速交易

快速交易合约节点。普通交易合约节点与验证节点之间进行通信采用预定义协议，通过此协议得到合约执行所需的信息，合约执行完毕后，结果被返回至验证节点；快速交易合约节点执行快速交易请求，执行后的结果被返回至合约接入服务器。

（7）分片调用技术

基于智能合约的快速交易被视为一个分片技术的特例。通俗地讲，对智能合约执行节点的选择性执行，就是一个分片技术的实现。除上述快速交易外，若多个智能合约节点之间通过预定义的协议（BFT）来实现信息同步，那么这些节点之间就实现了一个 BFT 的共识。当然，采用 BFT 公识之后，智能合约的处理效率会降低，但是与之前所有的节点同时处理一个合约的情况对比，此种方式处理效率仍然有显著优势。

3. 商业运营

井通公链的创始人是周沙先生，首席科学家是陈小虎先生，技术开发人员由大量来自美国硅谷的具有丰富工作经验的华人科学家和工程师，以及国内技术精英组成。井通公链的商业运营由以下公司或机构组成：无锡井通网络科技有限公司是井通公链的核心底层技术提供和技术服务方，并为井通公链提供 API、SKD、浏览器等。井通科技是国内首家底层技术公司，也是国内第一家为区块链商业应用落地提供技术服务的公司。井通公链基金会是井通公链的运营方，节点联盟由井通公链的节点运营方组成，并设有由社区选举 7 名成员组成的节点理事会，节点联盟负责应用项目的全流程服务和扶持。井通开发者协会负责组织开发者社区的开发工作，主要包括井通公链的中间层工具。

井通公链的节点不仅是公链的共识节点，也是井通公链的技术推广和应用项目的技术服务节点。井通目前已形成较强的生态能力和社区能力，并在政务、司法存证、版权、积分、支付、信用、数字身份、数据确权、电子发票、溯源、防伪、农业供应体系、供应链金融、精准扶贫、普惠金融等多个领域进行应用。

3.2 二层链类项目

区块链技术的可扩展性不强是阻碍区块链底层链类项目推广使用的一个主要障碍。目前已经提出的可提升扩展性的方法主要分为两类，其一是在底层“链上”提供解决方案，其二是区块链“链外”构建的第二层解决方案。人们熟知的几种网络，如闪电、等离子体、Raiden 和 Sprites 等是二层链类项目的典型代表。

本节将介绍以 Plasma、Celer 等为代表的新型二层链类项目。

3.2.1 Plasma

1. 概述

Plasma 是以太坊的一种二层协议扩容方案，是在激励下强制执行智能合约的框架提案，该框架除支持扩容外，还可将每秒钟的状态更新提升至极高的数量级水平（可能数十亿次），从而使得区块链具有反映全球海量去中心化金融财务应用的能力。上述智能合约在网络交易费的激励下持续自主运行，最后依赖底层区块链（例如以太坊）来执行交易状态的转变。

在应用场景方面，Plasma 并不以促进支付和智能合约为目的，它不是一个单独的项目，而是为各种不同的项目提供链下解决方案。这一特点对企业级用例有很大的好处，因为它允许以半中心化和半去中心化的方式构建应用程序，一方面，可以受益于区块链的高安全性，另一方面，也能获得中心化系统的效率优势。如图 3-19 所示，所有人都可以在底层区块链之上创建不同的 Plasma 以支持各自不同的业务需求，例如，分布式交易所、社交网络、游戏等。

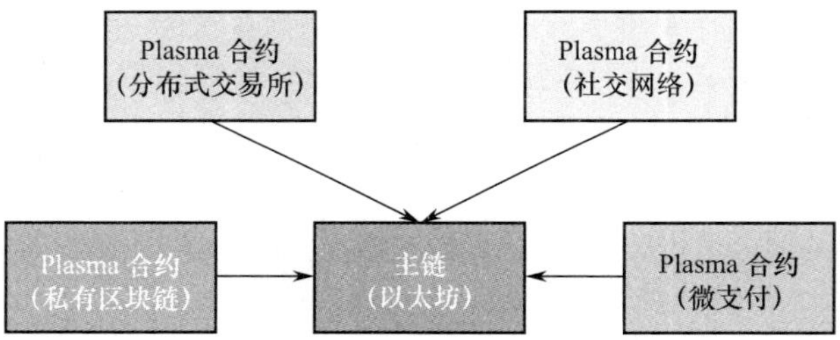

图 3-19 Plasma 链下扩容方案（彩图见插页）

2. 核心技术

（1）链下扩容

所谓链下扩容，即通过将大量、频繁的计算工作转移至“链下”完成，并定期或在需要时将链下的计算结果提交到“链上”，能够保证计算结果的最终性。链下扩容方式不需要修改区块链的底层协议，其核心思想是将底层区块链作为共识基础，使用智能合约或者其他手段作为链下和链上沟通的桥梁，一旦发生欺诈行为，链下用户仍可以回到链上的某一状态。将计算转移到链下时，会在一段时间内损失最终性，但从全局来看，这种做法不仅极大地提高了区块链的灵活性和可扩展性，也极大地减少了用户进行交易所付出的代价。将计算转移到链下并不意味着完全忽视安全性，这是因为最终的安全性还是需要底层所依赖的区块链来保证。

（2）Plasma 的 PoS

Plasma 的 PoS 共识机制在一个区块链智能合约中执行，采用 Nakamoto 共识机制构建一个有益的激励机制，通过极有效的激励来最大限度地减少区块扣留攻击（一种双花攻击）。如果直接选举新的主节点，那么该主节点会遭到区块扣留攻击，Plasma 的 Pos 通过允许权益所有者在主链或父 Plasma 链中发布一个新区块，并提交散列来减轻这个问题。具体地讲，首先，验证者仅会在被完全验证过的节点上创建新的区块，并且为了实现最大化的信息共享，区块创建可以并行进行；其次，设计了一种验证者激励政策，使得最近的 100 个块与其当前权益成正比（比如，如果一个节点的权益占 3 成，那么过去的 100 个块也需要占 3 成）。然后，费用超出部分（基于那些表现不理想的权益者）将会进入一个池在将来才被支付。在每个块里存在一个包含最近的 100 个块（和一个 nonce）的提交。最后，经过一段时间后，正确的链将是总权重最高的链，该链最终将会被确定。

（3）Plasma 的多方链下状态

在构建涉及多方的链下通道的过程中，通常有两个问题：第一，当需要在整个系统中进行一个状态更新时，所有参与方的状态变化必须同步，且所有参与方必须在线；第二，添加或者移除通道时，参与方需要在链上进行大量的更新，而且所有的参与方都需要参与。

Plasma 构建了一个机制，在不需要主链状态更新时，多方参与者添加或移除节点，以及内部状态的更新均不需要所有参与方，仅当有关余额变更或检测到 Byzantine 行为时才需要状态的同步。构建时子区块链允许在根区块链（如以太坊）的智能合约中代表自身余额，子 Plasma 区块链的最终区块状态由根区块链的智能合约余额来代表和分配。这种方式使得子链持有代表其在父区块链中余额的本地代币，且准许在争议调解期后取款。因此，Plasma 为账本构建了一个 UTXO（Unspent Transaction Output）模型，使推断快速取款变得更容易，根区块链中的账户持有智能合约，但 Plasma 链维护了一个在主链账户中的余额花费 UTXO 集合。针对没有明显状态转换需求的子链，可以采用账户模型来处理更复杂和频繁的状态转换。

（4）欺诈证明（Fraud Proofs）

为防止区块生产者作弊，Plasma 创建了一种机制使得所有人都可以向根节点合约发布欺诈证明（fraud proof）。欺诈证明包含了之前区块的信息，并且允许用户根据子链中的状态交易规则进行判断，因此，错误的区块并不能正确接上之前的状态。欺诈一旦被证实，子链就会回滚到前一个区块。另外，Plasma 还构建了一种体系，在这个体系下签出错误区块的区块生产者会被处罚，区块生产者将因此丢失一个链上押金。

如图 3-20 所示，子链中每个节点都包含 1 ～ 4 个区块的数据。假设区块 1 ～区块 3 经验证是合法的，而区块 4 中存在恶意交易，那么每个节点都可以利用区块 1 ～区块 4 中的数据构造欺诈证明并提交给主链，经主链验证通过后，子链中的状态将回滚至区块 1 ～区块 3。因此，欺诈证明能够保证所有的状态转换均是有效的。

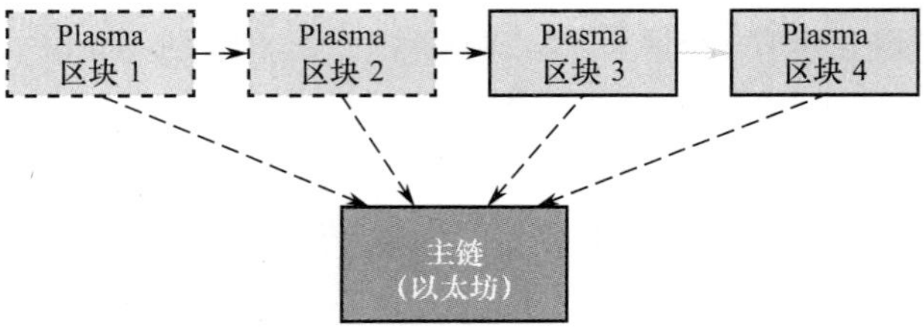

图 3-20　Plasma 节点的欺诈证明（彩图见插页）

（5）MapReduce 计算框架

MapReduce 提供了一个对上千个节点进行高扩展计算的框架，该框架以层级树组织的方式计算，使得状态迁移变得相对容易。区块链存在着与之类似的问题，即达到较大的运算规模的同时需要额外的计算证明生成。

图 3-21 中左侧蓝色虚线是 Plasma 从父节点传递到子节点的消息，子节点必须在 *n* 个节点内提交到父节点，否则链将暂停。向子链通过数据分发工作，子链提交工作证明。图中第三级的子节点完成以上计算，并返回一个字典表，最终字典表会作为提交的一部分被返回，字典表在子链中被组合并提交到父节点，最后一个全局字典得以完成。这使得大规模场景下的强制计算成为可能，只需要一个区块头提交到主链，即可涵盖大量的数据和工作。除需要发布某个区块是无效数据外，其他情况下仅需周期性地提交很小的数据量到主链。Plasma 采用的方法是：Map 阶段把用于计算的提交数据作为输入，当结果返回时，在 Reduce 里包含状态转换的 Merkle 证明。Merkle 状态迁移证明通过主链上构建的欺诈证明来保证会强制执行。此种结构允许不可估量的高扩展计算，同时兼具时间和速度的权衡。这些权衡产生了一个网络，其中的节点假定计算的有效性，参与者有责任对其进行校验。MapReduce 计算框架并非无信任地输出

计算能力，而是通过启用一种能力，把计算打包进一个绑定的押金证明上，这些证明旨在鼓励参与者为诚实作证，否则将没收押金。

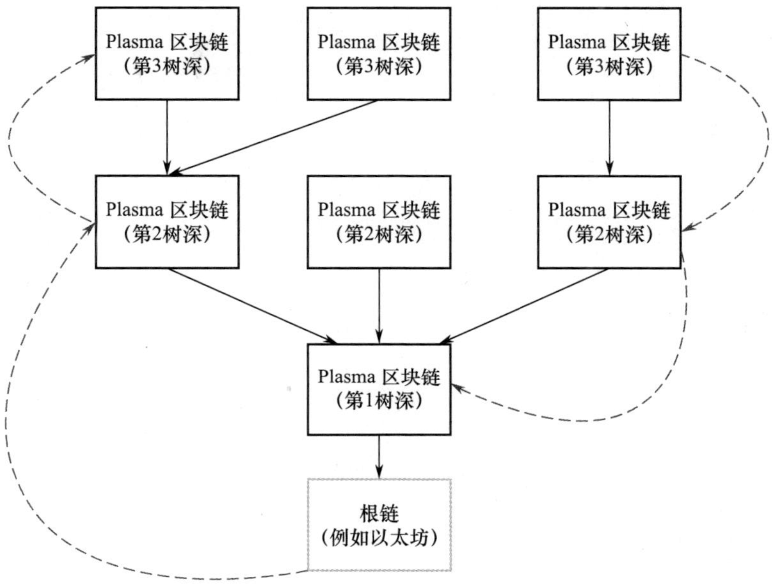

图 3-21　MapReduce 高扩展计算流程图（彩图见插页）

（6）Plasma MVP 的共识

Plasma MVP 中采用的共识机制是 PoA（Proof of Authority），即参与共识的只有唯一一个矿工，称为 Operator。所有子链上发生的交易由 Operator 负责处理，Operator 将交易打包成区块存储在子链上，并且将区块周期性地提交给 Plasma 合约，将子链上的状态（区块的散列值）提交到主链共识。Operator 是唯一的矿工并不代表着 Plasma 丢弃了去中心化的宗旨，它应该是一种去中心化向执行效率的妥协。如前文所述，底层的区块链是 Plasma 安全基础的依赖，只要底层的区块链能够确保安全，那么在 Plasma 子链上发生的最差结果也只是用户被迫退出子链，并不会造成资产的损失。Operator 可以采用最简单的 RESTAPI 方式实现，子链中区块的数据可以通过调用简单的 API 进行获取。

3. 商业运营

Plasma 设计模型有两个主要的分支：Plasma MVP 和 Plasma Cash。Plasma MVP 的目的是简化 Plasma，提供基本的安全性能，并让开发者快速地开发 Plasma。Plasma Cash 又称为区块链可扩展性解决方案，是 Plasma 迈向成熟的关键一步，已经有很多公司使用 Plasma Cash 搭建自己的平台和应用。OmiseGO 在 2018 年年初时开始用 Plasma MVP 进行开发。如图 3-22 所示，OmiseGO 的 GitHub 代码提交在 2018 年上半年较为活跃，一共有 22 位贡献者，大部分代码由两个人完成。

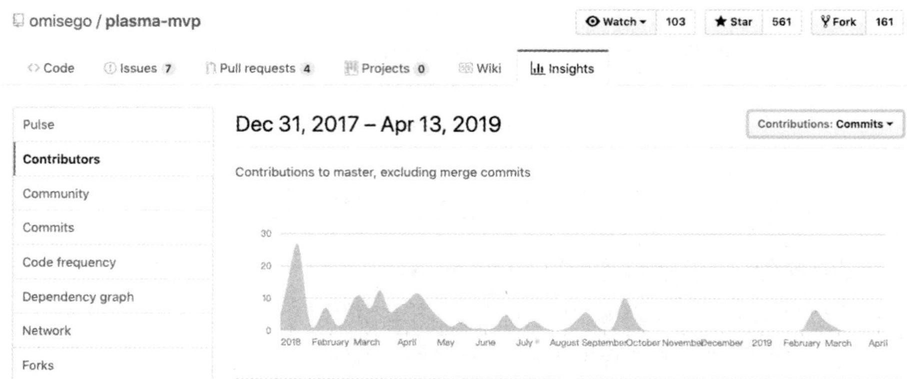

图 3-22　GitHub 开发活跃度

3.2.2　Celer

1．概述

Celer Network 是一个规模堪比互联网的区块链平台，该平台无须信任及隐私保护，并且允许任何人在该平台上快捷地开发、运行及使用能够高度扩展的分布式应用。作为一种新型网络系统，Celer Network 区别于独立的区块链，能够广泛运行在现有和未来的区块链之上，是首个具有连贯技术和经济架构的脱链运营网络，它创新性地将互联网级别的可扩展性带入了区块链。它利用脱链的概念，横向扩展到实现可在每秒进行数十亿次交易的速度，解决了当前区块链的一大痛点。如果该项目在技术上有较大的突破，那么它将和现在使用的互联网非常相似，有非常大的商业利用价值。

2．核心技术

Celer Network 采用了简洁的分层架构，将复杂的离线操作网络被分解为分层模块，这种架构能够大幅度降低系统设计、开发以及维护的复杂性，并且能够快速演变为单独的组件。Celer 的 cStack 分层架构由 cChannel（通道层）、cRoute（路由层）、cOS（系统层）和 cApps（应用层）组成，如图 3-23 所示。Celer Network 的目的是通过上述完整的分层架构解决区块链的可扩展性瓶颈，主要包括四个方面：支持任意 DApp 和链下智能合约状态快速更新的通用性状态通道与侧链；具有最优证明的分布式支付网络路由算法；高性能 DApp 开发架构与运行环境；能够创造网络效应，给运营节点提供充足资金，以及保障线下状态安全性的新经济模型。

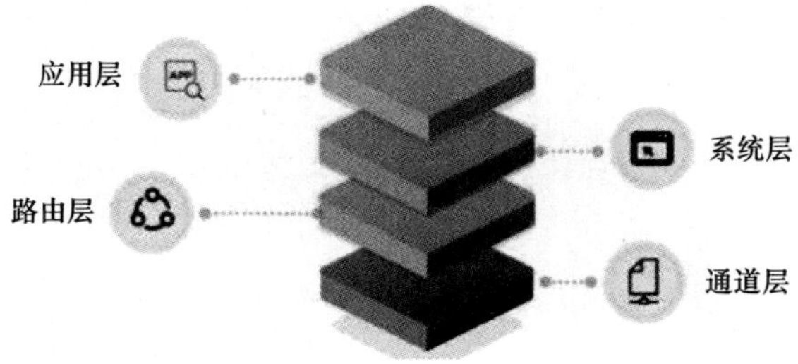

图 3-23 Celer Network 分层技术架构[1]

（1）广义的状态通道和侧链套件（cChannel）

广义的状态通道可以理解为如何将链上的逻辑判断通过有效、安全的方法移到链下来进行。这样可以避免链上大量数据的使用问题，从而也就避免了链上效率较低的尴尬问题。链下传输依赖的是 DAG 的任意状态传输，从而使得 Celer 能够支持复杂的高性能离线 DApp，如游戏、拍卖、保险、市场预测以及去中心化交易。因此，cChannel 负责提供链上和链下的过渡与连接，以及两两之间通道的创建和管理，并且将实实在在发生链上交易的主区块链进行抽象与隐藏，从而允许与不同的公链和主链进行连接。

（2）最佳价值传输路由（cRoute）及分布式平衡路由算法（DBR）

所有参与价值传输的节点在 Celer Network 中 cRoute 的组织下构成一个梯度网络，该网络模型的拓扑结构会随着时间或其他因素的变化而改变，价值流在传输过程中会借助一系列算法，选择势能差最大、阻力最小、最轻松的路径进行传递。在这之中，DBR 算法由无线网络中使用的背压路由算法发展而来，其设计理念和传统的最短路径路由算法大相径庭，DBR 不必得到出发节点到目标节点的确切路径，而是分析当前网络的拥堵梯度，采用“高山流水，奔向大海”的策略。通俗地理解，就是水往低处流，但是水不需要提前知道它到大海的路径，只需要借助重力往下流就行了。同理，Celer 采用了分布式拥塞梯度的分布式平衡路由算法 DBR，通过 cRoute 协议建立一个状态通道网络的全新拓扑结构，解决最佳路由选择、拥塞控制和状态通道互联的问题。因此，上述路由和算法具有可证明最佳吞吐量、透明通道平衡、完全分散、故障弹性、隐私保护等特点。

如图 3-24 所示，Celer 公开发表的学术论文表明 DBR 的吞吐量比现有的路由算法

1 源自币投助手。

Flare、SpeedyMurmurs 提高了 15 倍。

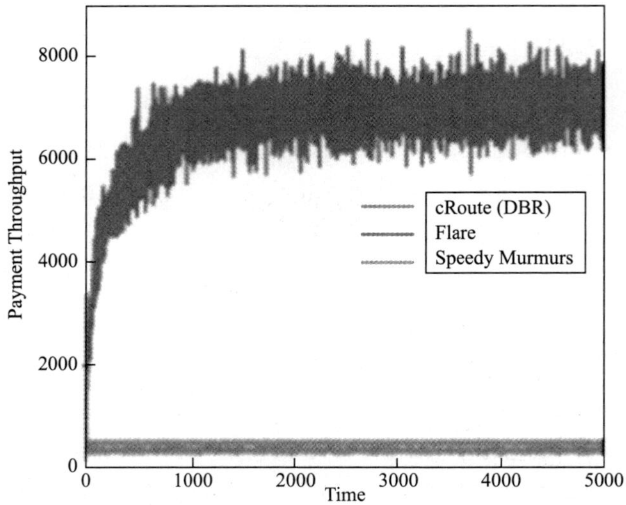

图 3-24　线下支付路由算法性能（彩图见插页）

（3）链下 DApp 开发框架和运行环境（cOS）

cOS 是应用开发框架与运行环境相结合而产生的。Celer 的目标是使开发者更专注于应用程序逻辑的开发，并创建最优的用户体验，而 cOS 则集中于处理链下状态依赖关系、链下状态跟踪、存储和争议、节点故障容错和证明、支持多个并发链下 DApp 等任务。cOS 支持离线功能的应用程序开发框架，提供通用的设计模式，让任何人都能够轻松开发、操作开发框架，与可扩展的链下 DApp 进行交互，因此，链下扩展带来的额外复杂度得到了降低。

Celer Network 创新的分层技术架构降低了开发的复杂度。因此，具有较高的人性化设计、高度可扩展和低成本的优点。

（4）cEconormy 通证经济体系

Celer Network 的通证经济体系 cEconormy 中三个相互关联的关键部分分别如下。

- 流动性资金担保挖矿机制（PoLC）：该机制通过引入挖矿经济激励为支付系统带来流动性资金，这些资金成为整个 Celer Network 流动性资金的关键源头。
- 流动性资金支持拍卖机制（LiBA）：LiBA 机制主要为状态通道服务供应商（OSP）提供足够的流动性资金。对状态通道提供者而言，他们可利用 LiBA

机制获得 100% 保证金的 IOU Token，并将其用于链下扩容中继所需的价值转移媒介。即 OSP 是整个生态内功能的提供者，其所获得的收益需要等值兑换。拍卖机制为生态功能提供者 OSP 获得最大利益提供了保证。

- 链下状态守护者网络（SGN）：SGN 是一条为离线客户认证链下状态的侧链。Celer Token 持有者通过抵押 Token 的方式成为链下状态守护者，提交链下状态任务的守护者会基于状态散列和“责任分数”来随机挑选。抵押 Token 越多，则其被委派守护链下状态的任务的可能性越大，从而有更大概率获得更多的手续费收益。

这三个机制在运行过程中互相配合，PoLC 和 LiBA 将引导更多的生态角色进入 Celer Network，SGN 则保证 Celer Network 的安全性能。在资金流动性的基础上，该经济体系能够保证系统的可扩展性和可用性，维护三者相互平衡和协调，保证了 Celer 代币能够在 Celer Network 生态中具有实际且关键的作用，而不仅仅只是作为一个平台货币来使用。

3. 商业运营

Celer Network 拥有一支经验丰富的研究人员和工程师团队，其创始成员拥有麻省理工学院（MIT）、伯克利、普林斯顿、伊利诺伊大学厄巴纳-香槟分校（UIUC）等世界知名院校的博士学位，并具备业内领先的网络系统开发经验。Celer Network 也有不俗的资产实力，早期投资人有 Pantera、FBG、DHVC 和 Stable Fund。如图 3-25 所示，以 Celer Network 在 Github 中的 cChannel 为例，代码提交频率一般。Celer Network 英文社区更加活跃，其项目的关注程度高。此外，Celer Network 在 Twitter 上推广的小游戏活动也广受欢迎。

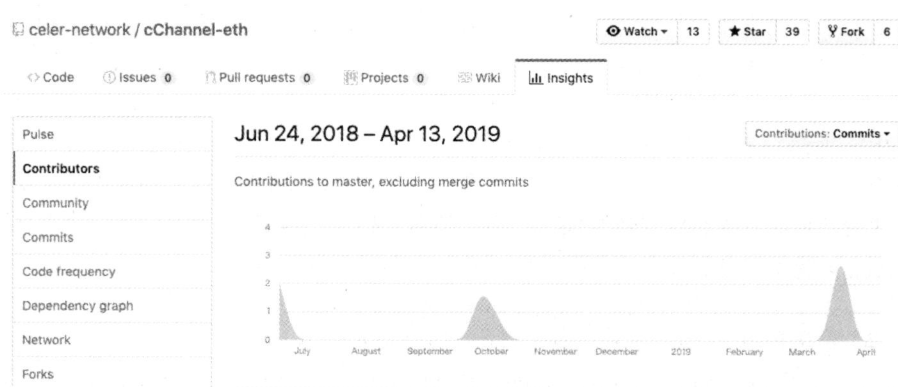

图 3-25 GitHub 开发活跃度

3.2.3 Algorand

1. 概述

Algorand 是一条公链，其宗旨是构建一款可扩展的、安全的、去中心化的数字货币及交易平台。Algorand 区块链与比特币区块链相比，具有能耗低、效率高、分叉概率极低、可拓展性好、民主化等优势。其中，Algorand 的最大优势在于解决了一直以来困扰区块链公链的三难问题，即不可能三角。

- 真正意义上的去中心化：所有的节点都一样，不存在矿工与普通用户角色的不同。
- 很大的可扩展性：通过计算量很小、几乎没有延时的随机算法，在可扩展性上得到了很大突破。
- 良好的安全性：能够抵挡协议层和网络通信层面的攻击。

以上三点分别代表了去中心化、可扩展性和安全性。

2. 核心技术

（1）拜占庭协议（BA*）

拜占庭协议（Byzantine Agreement，BA*）可以视为一个两阶段的投票机制，是一种新型协议。第一阶段，被系统随机挑中的“验证者”对收到的候选区块（实际上采用了候选区块的散列摘要以控制通信成本）运行分级共识协议（graded consensus），选出“验证者”共识最多的候选区块。第二阶段，“验证者”针对第一阶段选出的候选区块，运行二元拜占庭协议，即要么接受它，要么接受空区块。BA* 两个阶段的参与者可更换，均可由全新、独立、随机选择的参与者来执行，这样能有效地防止验证权力集中在某些用户手中，避免“敌对者”腐化这些用户进而攻击区块链。在这种情况下，BA* 仍然能够正确、有效地达成共识。

BA* 的执行速度非常快：每次循环包含三个子步骤，在每次循环后均有大于 1/3 的概率可以达成共识。一旦“验证者”对某一个新区块达成共识，一半以上的“验证者”就会使用其自身私钥对该区块进行电子签名（相当于认证），接着该区块就开始在 Algorand 网络中传播。

（2）密码抽签

密码抽签（cryptographic sortition）是 Algorand 的关键创新。Algorand 没有引入激励机制，其特点是共识机制将可验证随机函数（vrfs）和 PoS 整合，采用的是

Micali 教授发明的密码抽签技术，选出部分用户作为新区块的验证者。考虑到安全性，以上用户身份被保密，Algorand 可以在提高 TPS（和 Visa 相当）的同时保持去中心化优势（和 PoS 相当），并具有良好的扩展性。

首先，Algorand 创建一个独立参数“种子”，并不断更新它。“种子”参数不仅无法被“敌对者”预测，还无法被其操纵。其次，在 BA* 的每次循环中，Algorand 基于当前“种子”参数构建一个随机算法，并将其公布。上述随机算法中的关键参数之一是只有用户本人知道的私钥。每个用户使用自己的私钥运行系统公布的随机算法，得到其私有凭证。凭证值满足一定条件的用户成为此轮的“验证者”。“验证者”组装一个新区块并连同自己的凭证一起对外公布。其中，第一个子步骤中凭证值最小的那个“验证者”的地位比较特殊，称为“领导者”。所有“验证者”基于“领导者”组装的新区块运行拜占庭协议 BA*。

从上述过程中可以得出以下结论：

第一，“验证者”在秘密情况下得知自己被选中，但他们只有公布凭证后才能证明自己的“验证者”资格。尽管“敌对者”可以瞬间腐化身份公开的“验证者”，但是“验证者”已经对外发出的消息不会被篡改或撤回。

第二，所有“验证者”公布自己的凭证并进行比较后，才能确定谁是“领导者”，即“领导者”被视为由公共选举产生。

第三，随机算法的性质决定了事先很难判断谁能够被选为“验证者”。因此，“验证者”的选择过程几乎不会被操纵或预测。

第四，尽管“敌对者”有可能事先安插一些交易来影响当前公共账本，但由于存在“种子”参数，“敌对者”将不可能影响“验证者”（特别是其中的“领导者”）的选择，因此，不能攻击 Algorand。

3. 商业运营

2016 年，图灵奖得主、MIT 教授 Silvio Micali 与合作者（主要是纽约大学石溪分校陈静副教授）提出了一个区块链协议——Algorand。2018 年 2 月，Sivio Micali 募集 400 万美元开发 Algorand 区块链协议。团队的其他成员多数来自麻省理工学院（MIT），顾问主要以 MIT 的经济学、计算机科学以及密码学的教授组成，还包括了 COINLST 的创始人和 ZEC 底层协议的联合发明人。MIT 计算机科学和人工智能实验室在亚马逊云上使用了 1000 台 EC2 虚拟机对 Algorand 进行了测试，得出了如下结论。

第一，如图 3-26 所示，Algorand 确认交易的时间能够控制在 1 分钟内，而且此时间随着用户数量的增加并无明显变化。

第二，如图 3-27 所示，将用户数固定在 5 万人，测试不同区块大小对通量（可以用产生一个区块的平均耗时来衡量）的影响。可以看出，区块越大，构建区块的耗时越长，但对拜占庭协议 BA* 的运行时间并无较大影响。

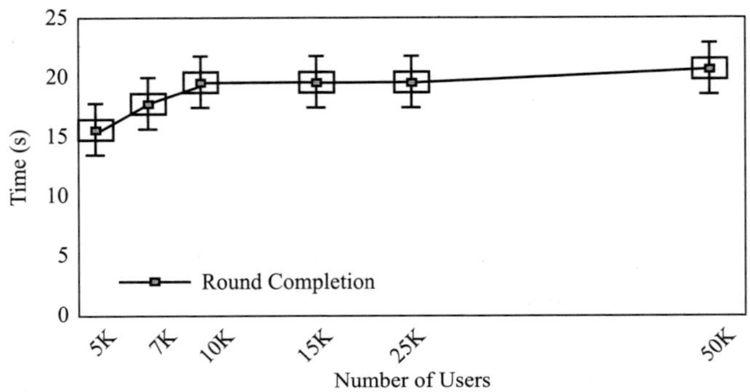

图 3-26　确认交易时间与用户数量关系图

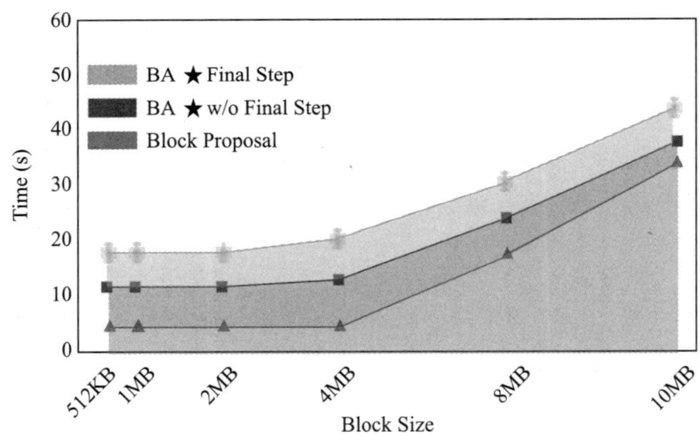

图 3-27　区块大小对通量影响关系图（彩图见插页）

Algorand 项目的市场空间较为广阔，它创造性地使用了 BA* 的共识机制和密码抽签等技术，使得区块链的交易效率得以提高，区块链应用前景得到扩展，同时 Algorand 也面临着较大的同业竞争压力。该项目在美国硅谷享有盛誉，目前，社群、社区热度尚未得到充分激发。

3.2.4 Seele

1. 概述

Seele是定位于“为产业而生”的底层公链，其创始初衷是赋能产业、服务实体。Seele最先引入全新的神经网络共识算法，提供了从底层技术、架构到上层应用的一整套生态系统，让全球范围内的各类资源方相互信任，实现更大范围的信息交换和业务协同，促进社会更加高效地运转。其目标是成为在区块链技术中提供实际应用价值的突出践行者。

2. 核心技术

（1）神经网络共识算法

Seele提出了一种新的共识算法：神经网络共识算法。该算法提出了全新的基于“微实数”的异步排序技术（ϵ-Differential Agreement，EDA），该技术将原本离散的投票问题（对或错）巧妙地转换为大规模环境下连续排序的问题，如图3-28所示。为便于理解，上述算法其实就是把原本0和1的问题（对与错）转换成了概率问题，并且通过动态参数来调整算法，以此求得更佳的鲁棒性和并发性。

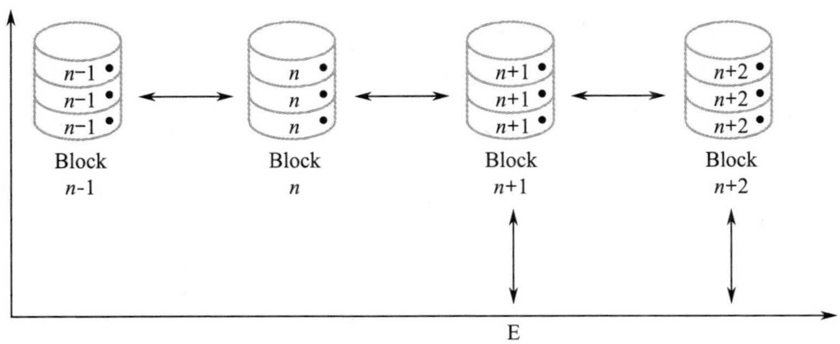

图3-28 共识排序机制[1]

此算法的灵感来自人类大脑的工作机制。它将共识问题与异步请求进行转换，在基于“微实数”的大规模环境中进行数据处理和分类，以保证网络中的所有节点能够达成共识。神经网络共识算法与当前其他共识算法相比，在不牺牲安全性和低能耗性的前提下，还增强了其线性扩张能力。线性加速将保证节点数量扩大后的业务需求。

在Seele的实验报告中显示：通过更改共识算法的参数，神经网络共识算法可以承受更多的故障节点。若故障节点超过40%，大部分共识算法就会失效，然而神经网络共

1 源自希多说币。

识算法降低了采样率，因而仍能达成共识。在大规模节点场景下，神经网络共识算法能够极大地减少节点之间的通信（投票传输次数）。当故障率超过35%时，pBFT算法将受到堵塞，而神经网络共识算法将允许节点继续投票，直至故障恢复。

（2）异构森林网络

在互联网域名系统DNS的启发下，Seele提出了自己的解决方案：异构森林网络（Heterogeneous Forest Network，缩写为HFN）。异构森林网络被视为现实世界与数字世界的一座桥梁，通过这座桥梁，资源和资产在价值互联网上的定义、存储、转移和转换得以实现，从而促进价值互联网和传统互联网业务的融合。

由于现实世界的不同业务具有各种各样的特殊性，单链结构难以良好地支撑多种异构业务。而异构森林网络中，每一条链仅仅服务于最小功能集合的业务，每个内聚型的业务在单独的链上运行，这样既能保证有效的安全隔离，又能实现计算和资源的有效利用价值最大化，不同链之间通过跨链协议可以进行交互，实现价值交换。

如图3-29所示，异构森林网络包含了若干不同的子网，每个子网可以视为一个分层分区的树，树的顶端包含一个提供全局配置和调度服务的全局服务链——“元链”。下层是各种不同业务场景、隔离机制、性能开销的链，逐层往下划分，上层是下层寻址和调度的服务提供者。每一层可以独立设置访问权限、流量控制、安全机制等治理机制，且每层均可构成多个相互独立的小生态，许多相互独立且相互依存的小生态构成了一个完整的大型生态——异构森林网络。

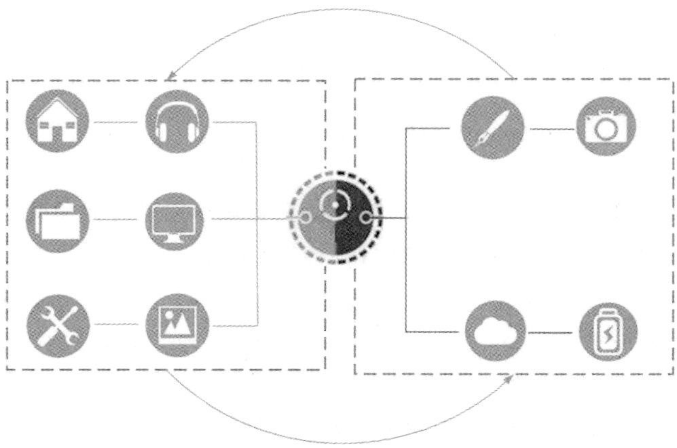

图3-29 异构森林网络的组成图

异构森林网络的结构可以满足现实世界中许多不同类型的复杂业务需求，不同类型、不同特性的业务运行在不同的子链上，例如，计算密集型、I/O 密集型、混合型可以分别在不同的链上良好运行；不同安全等级要求的业务也可以运行在不同的层次，如银行业务在数据的保密、安全和事务的强一致性方面会有更高的需求。因此，可以被隔离在最安全的一层。

（3）价值交换协议与价值互联网传输协议

为了配套异构森林网络的解决方案，Seele 发明了新的协议：价值传输协议（Value Transport Protocol，VTP）。该协议包含了对链上资产的统一标识，使用一套完整的、用于区块链价值网络的传输协议作为资产查找的路由策略，这有效地解决了各区块链网络之间无法进行高效价值传输的痛点。

区块链网络的节点分布广泛，网络环境复杂，节点间距离相差巨大，不同节点之间的数据传输需要跨运营商甚至是跨海或跨洲进行，网络抖动和延迟非常大，这些给共识算法的性能以及各节点间区块的同步带来了严重影响。Seele 基于 TCP/UDP 实现了一种低时延的价值互联网传输协议（Quick Value Internet Connection，QVIC），如图 3-30 所示。目前，区块链网络使用的是传统互联网 TCP/UDP 协议，与其相比，QVIC 能够更好地适应和满足区块链价值网络传输层和应用层的多种需求，能够处理更多的连接，安全性和延迟性优势突出，尤其是针对特定区块大小的数据包（1MB，2MB）传输进行了特殊优化，传输效率实现了接近一个数量级的提升。所以，在较低层次上，区块链不必依赖于 UDP 或 TCP，而是可以直接使用价值互联网传输协议（QVIC）。

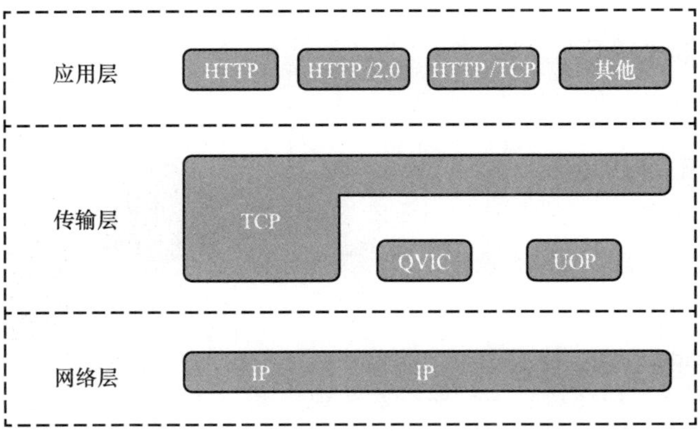

图 3-30 价值互联网传输协议[1]

1 源自希多说币。

Seele 受互联网 HTTP 协议的启发，还创建了价值应用协议（VHTTP），给 Seele 上层应用之间的跨链访问通信带来了便利，使得链与链之间、链内和链外之间的价值交换得以实现。

3. 商业运营

Seele 的团队主要由学术背景和工程背景很强的成员组成，其中毕伟作为中国区块链技术创新与应用联盟副秘书长，拥有 8 项区块链相关技术发明专利，是团队的核心成员。Seele 主网已于 2019 年 3 月 31 日上线，其开源代码在 2018 年年底更新频繁，全球约 20 余名贡献者，如图 3-31 所示。该项目没有进行大规模的市场宣传，电报群和 Twitter 用户量虽然一般，但热度火爆。

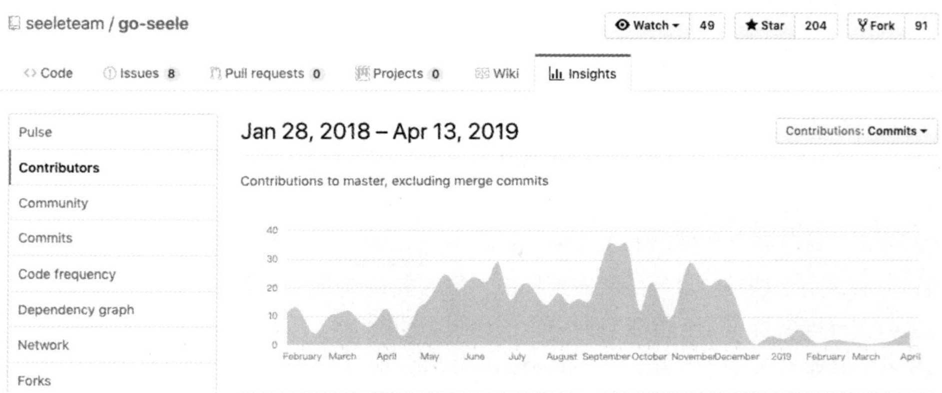

图 3-31　Seele GitHub 开发活跃度

3.2.5 MOAC

1. 概述

墨客是众链之母（Mother Of All Chains，MOAC）英文的音译，墨客区块链是一个通过多层架构来提供多种智能合约服务的公有区块链平台，其设计目的主要是解决两个问题：一是同时实现区块链的可扩展性（Scalability）和安全性（Security），如图 3-32 所示；二是解决应用上链的实际问题。墨客区块链采用一个多层技术架构，通过一个母链与多个子链协作的方式，来实现可扩展性和安全性。在母链上采用成熟的 PoW 共识机制，作为整个系

图 3-32　墨客 MOAC 的设计原则

统的安全保证，同时通过子链支持多种类的应用需求，可以灵活地扩展区块链的性能，使得单个应用有自己独立的区块链，又可以通过内嵌的跨链技术进行互相通信，从而支撑起强大的商业应用。另外，墨客区块链引入公共子链挖矿的协议，通过“一键发链”和 API 使得应用的接入更加简单、灵活。

2. 核心技术

（1）母子链多层架构

墨客采用整体的底层链（layer1）+ 二层链（layer2）的解决方案来实现可扩展性，同时以保证其安全性。对于单纯的 layer2 技术解决方案，因为锚定的 layer1 通常是比特币、以太坊等成形的公链。因此，通过 layer2 可以实现的功能受限于 layer1。由于在设计时整体考虑多层结构之间的项目调用关系，因此，可以扩展多层架构的优势，又能够获得足够的安全性。具体地讲，墨客公链采用类似于以太坊的 PoW 的挖矿机制实现母链的安全性与去中心化特性，其上层由多个子链来支撑不同的业务逻辑。墨客 MOAC 的体系结构如图 3-33 所示。

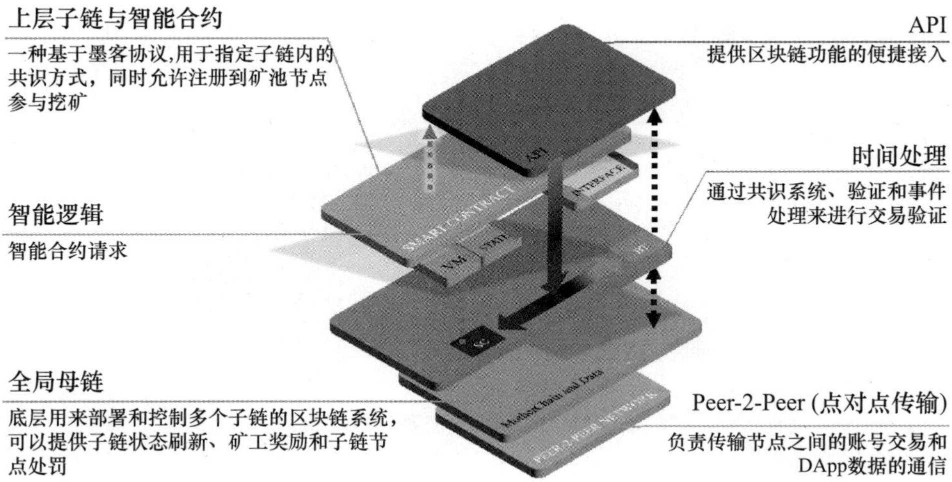

图 3-33　墨客 MOAC 的体系结构

墨客的子链具有可定制共识算法的特性。子链在母链上层搭建，任何子链都独有一套自己的共识系统和算法。例如，用户若想达到快速高并发的交易效果，可以创建一个使用 PoS 共识模式的子链。股权证明系统的优点在于它能够完全扩展到企业量级的交易，能效高且支持的交易种类多。其验证能力会随着网络中的节点数量增加而同步提高，并且在无须不断地访问母链的情况下，允许 DApp 子链开展小额交易。除股权证明和工作量证明外，墨客平台还可以支持额外的即插即用共识系统。目前墨客已经实现了面向 DApp 的应用子链（ProcWind）和星际风暴子链（File Storm）的应用。墨客的母链与子链均支持全功能的智能合约。

（2）跨链技术

通过墨客特有的母子链结构，可以较容易地实现跨链，包括子链和母链之间的跨链，子链和子链之间的跨链，以及子链和外部区块链之间的跨链。子链和母链之间的跨链通过在母链上运行的智能合约来控制。子链通过定期的刷新机制将子链的状态最终化到母链上。一方面，实现子链状态的确定性，另一方面，可以实现子链与母链之间通证或代币的原子互换。子链与子链之间的跨链则是通过共享同一个底层点对点网络实现去中心化信息传递。子链可以通过定制化模块实现与外部区块链的跨链。墨客 MOAC 的两种跨链技术如图 3-34 所示。

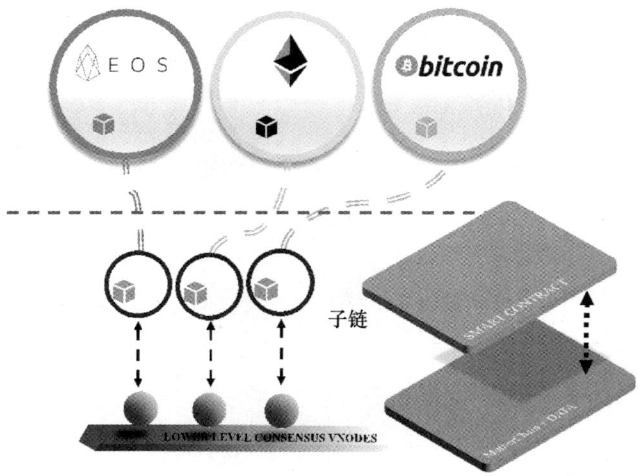

图 3-34 墨客 MOAC 的跨链机制

（3）面向 DApp 的应用子链 ProcWind

区块链落地的一大难点是如何对接实体应用。应用方普遍认为当前技术和区块链平台的学习曲线十分陡峭，技术较为复杂，并且使用和维护成本也很高，所有这些都会对区块链技术的市场接受度以及可扩展性带来影响。墨客通过“一键发链”的功能，使得应用用户可以较容易地获得一条应用区块链，从而避免应用方需要自己开发、维护区块链这个烦琐且耗费高的任务，应用方可以聚焦于自己的商业逻辑，降低整个项目的开发难度和风险。

（4）去中心化存储子链 FileStorm

墨客的诞生是为了解决应用去中心化的问题，它是一个多层次区块链，每个子链都会支持一个应用，并且大部分应用都有存储需求，这是区块链应用不可或缺的一部分。对于星际风暴（FileStorm）这条子链，文件写入和读出 IPFS 网络可以通过调用智能合约来完成。为保证每个文件都被验证，FileStorm 子链需要定期进行文件验证，随后支付收益给存储节点。由于底层协议的一致性，通过 FileStorm 存储的文件与 IPFS 主网是相连的。因此，墨客通过实现 IPFS 存储，将成为一个去中心化应用开发平台。

3. 商业运营

墨客测试网于 2017 年年底上线，2018 年 4 月，主网盘古版（pangu）上线，实现了母链的主要功能。2018 年 6 月，推出了两款不同功能的子链（ProcWind 和 FileStorm）。随后在 2018 年 8 月推出具有完整功能的女娲版（nuwa）。在 2018 年年底实现“一键发链”的基础上，2019 年开始主推基于子链的 DApp 应用。墨客计划在 2019 年年底推出可以支持物联网应用的伏羲（fuxi）版本，该版本可以作为工业区块链性能和容量的标准。

当前墨客生态有多个关键实体开展相关的业务。

- 墨客基金会：成立于新加坡的非营利性机构，管理整个墨客公链的运营和生态，为项目提供发展和应用方向，管理项目资金，推动生态的发展。基金会与墨客科技公司之间存在深度的承包和开发关系。
- 墨客科技公司：总部在美国硅谷的底层研发团队负责整个公链体系和子链的开发。其核心领导者周沙一直是中国经济变革中具有关键影响力的人物，曾撰写关于区块链和大数据的书籍，在中国精英圈享有盛誉。他的合作伙伴，区块链影响者和母子链设计师，首席执行官 David Chen 是 20 多年的硅谷资深人士，同时也是井通科技（实体资产代币化技术平台）的前 CTO 和创始人。墨客科技首席技术官杨歆乐曾是负责耐克电子商务平台的科学家和工程师。
- 生态节点：参与墨客公链的独立实体，可以运作底层挖矿、上层子链挖矿等，是墨客公链上项目落地的主要推手，还包括去中心化交易所井畅等。

3.3 跨链类项目

现有区块链技术仍然存在大量共同的问题，其中，区块链之间的互通性问题极大地阻碍了区块链之间的价值传递，进而限制了区块链的应用空间。但跨链技术的出现弥补了这个空缺，它是解决此类问题的关键性技术，能够成为区块链之间的桥梁，把一个个处于孤岛中的区块链链接起来，被视为区块链领域的 TCP/IP，成为区块链互联实现的重要前提。

早在 2016 年，Vitalik Buterin 的报告中就总结了跨链技术，但近年这些跨链的项目才初具规模，而且总体方向也发生了转变，不再一味地追求更高的转账效率。一些项目开始着力于跨链去中心化应用 DApp 的开发平台建设，自称是区块链 3.0 的有力竞争者。本节将对目前的跨链技术和相应的项目进行重新整理和分析。

3.3.1 Cosmos

1. 概述

Cosmos 是 Tendermint 团队推出的一个支持跨链交互的异构网络，具有高性能、一致性、拜占庭容错等特点，它的最终目标是创建一个区块链互联网，使得大量自主且开发容易的区块链之间能够互相扩展和交互。Cosmos 基于 Tendermint 开发，Tendermint Core 之上构建起一个类似实用拜占庭容错的安全共识引擎，兼具高性能、一致性等特点。

Cosmos 认为，将来我们的世界不可能仅由一两个区块链所主导，我们将会生活在一个多链多币的世界里，每一条链都有属于它自己的特有功能。事实上，Cosmos 正在构建一个网络体系，可以轻易创建新区块链，每条链都将在 Tendermint 上运行，并实现创立之初链与其他链之间的交互。

Cosmos 的整体框架如图 3-35 所示。在 Cosmos 所有的生态框架中，Tendermint Core 是区块链的核心（如图 3-35 绿色部分所示），它提供了 DPoS+BFT 的共识机制。Cosmos Hub 允许不同区块链之间进行交互和价值转移。各个区块链应用之间通信的方式是 IBC 接口。

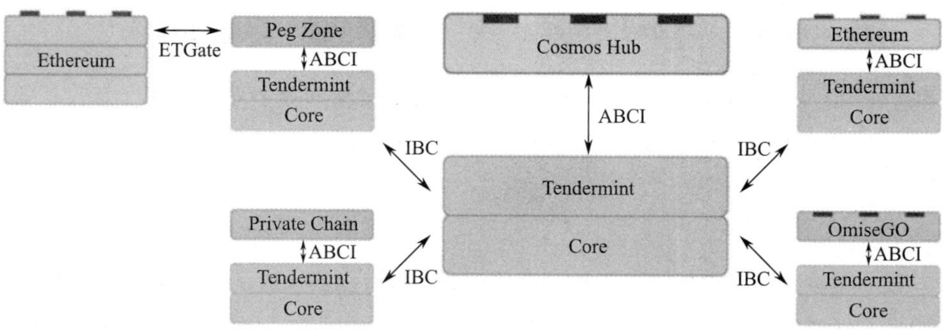

图 3-35 Cosmos 生态框架（彩图见插页）

Cosmos 的框架有助于一些区块链相关的基本功能的实现，例如：

- 区块链的数据存储以及共识机制（DPoS+BFT）。
- 各应用（区块链）之间 Token 的互换（IBC）。
- 现有区块链的接入（Peg Zone）。

在 Cosmos 框架的基础上，开发人员如果想要开发一条区块链，唯一需要做的事情就是编写符合 ABCI 接口的应用程序，即解释区块数据、业务处理等。

2. 核心技术

（1）Cosmos SDK

Cosmos 项目中包含了的 Cosmos SDK 这个子项目，具有灵活性和安全性等优点。该框架使用了模块化的程序栈设计，主要是抽象出 Stack（Middleware），并将区块链的应用功能拆分成一个个模块（Module），允许应用程序根据需要选择使用模块，进一步方便区块链开发人员开发新链，而且所有的模块都采用沙盒，提高了应用程序的安全性。

此外，Cosmos SDK 区块链还具有非常细致的功能划分：客户端、服务器端、App。具体地说，客户端提供的是用户操作的接口，如转账、查询等。服务器端需要和客户端对应，用于提供服务器端的实现（REST 接口），二者之间通过 websocket 通信。App 是区块链业务逻辑实现。这些功能模块在 Stack 模块之上，Stack 由 Cosmos-sdk 的一个个模块组成。区块链相关的每个小功能都由一个个模块实现，这些中间件串在一起叫作 Stack。App 将区块链状态记录在 State（状态）上。

Cosmos SDK 的框架如图 3-36 所示。

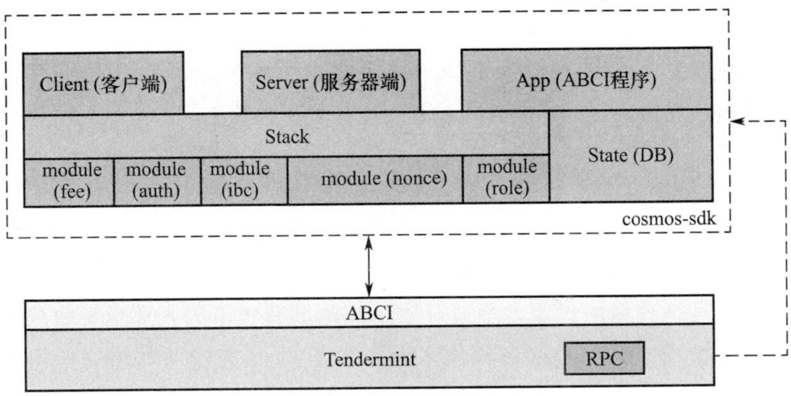

图 3-36　Cosmos SDK 的框架（彩图见插页）

（2）Tendermint 共识算法

Tendermint 共识算法是 Cosmos 的核心技术，该算法起源于 2014 年创立的 Tendermint 开源项目。Tendermint 算法与 pBFT 的主要区别是在超过 1/3 节点为拜占庭节点的情况下，当拜占庭节点数量在验证者数量的 1/3 和 2/3 之间时，pBFT 算法无法提供保证，使得攻击者可以将任意结果返回给客户端。而 Tendermint 共识模型认为必须超过 2/3 数量的 precommit 确认才能提交块。此外，pBFT 需要预设一组固定的验证人，而 Tendermint 是通过要求超过 2/3 法定人数的验证人员批准会员变更，从而支持验证人的动态变化。

（3）枢纽（Hub）与分区（Zone）

Cosmos 网络包含了大量独立的并行区块链，网络中首个区块链为 Cosmos Hub（枢纽），其他的并行链称为 Zone（分区），借助跨链协议（IBC）与 Hub 进行跨链操作。Cosmos 的跨链技术让不同区块链的价值网络实现互通，建立了价值网络的桥梁，从而有效地解决了价值孤岛的问题。Cosmos 的系统结构如图 3-37 所示。

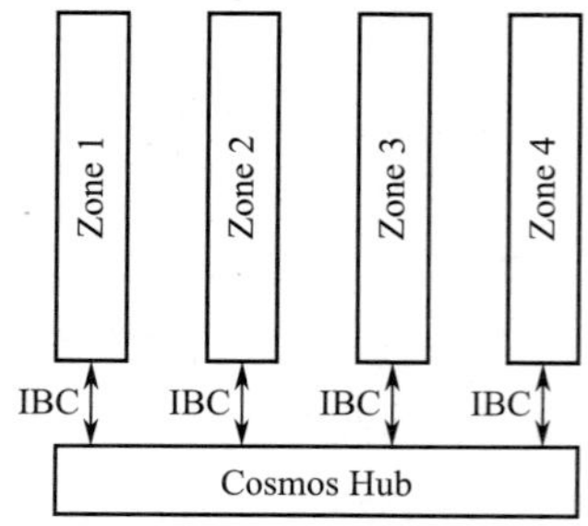

图 3-37　Cosmos 的系统结构

Cosmos 的系统主要由枢纽（Hub）和分区（Zone）两个关键结构组成。

- 枢纽。Cosmos 网络里第一条链是枢纽，可以将其理解为 Cosmos 的中心链或者管理员链，所有其他区块链的交易都会在枢纽上记录，一条区块链上的代币可以通过枢纽转移到另一条区块链。枢纽负责保持各个分区中各类代币总量不变。由于 Cosmos 的枢纽在整个系统中扮演着中央代币账本的角色，其安全性极其重要。虽然每个分区可能都是一个 Tendermint 区块链，但是 Cosmos 枢纽必须通过全球去中心化验证组来保证安全，而且这个验证组要能够承受最严重的攻击，比如，区域网络分裂或者由国家发起的攻击。

- 分区。Cosmos 分区是独立的区块链，能够和 Cosmos 枢纽进行 IBC 消息交换。从枢纽的角度看，分区是一种多重资产、动态会员制的多重签名账户，可以通过 IBC 数据包来发送和接收代币。就像加密币账户一样，分区不能转移超出其持有量的代币，不过可以从其他拥有代币的人那里接收代币。分区可能会被指定为一种或多种代币的“来源”，从而赋予其增加代币供应量的权力。

（4）跨链通信协议（IBC 协议）

IBC 协议完成了最主要的两个交易类型的数据包的定义：一个是 IBCBlockCommitTx，其功能实际上就是把目前发起的一条链的最新区块的头部信息传到目标区块链，这样目标区块链就获得了当前最新的这条链上的 Merkle Root。另一个是 IBCPacketTx，其实现了跨链转代币的交易信息的传递，此交易信息实际上是消息体中包含的 payload 信息。

为了说明 IBC 的工作原理，这里假设现在有三个空间，分别是分区 1、分区 2 和枢纽。现在分区 1 中有一个用户想要发送一笔代币给分区 2 的另一个用户，那么分区 1 的这个发送人需要提供两个证明：IBCBlockCommitTx 和 IBCPacketTx。IBCBlockCommitTx 通过散列值来表明发送方所在区块链网络的最新区块是哪一块。IBCPacketTx 则是转发本身的信息，包括发送方的身份证明等内容。这两个证明以交易请求的方式首先从分区 1 发起，在分区 1 得到认可之后，被枢纽接收，枢纽随后更新在中心区块链上分区 1 的状态（扣除转账消息中的代币数）。然后枢纽也同样发起这两个交易，更新中心区块链上分区 2 的状态（增加转账消息中的代币数），将代币发送到分区 2 中。而在枢纽发起的两个交易证明与先前发起的不同地方在于，此时 IBCBlockCommitTx 证明的是枢纽的最新区块，而不是分区 1。IBCPacketTx 则与先前的一致。这个过程可以通过图 3-38 来表示。

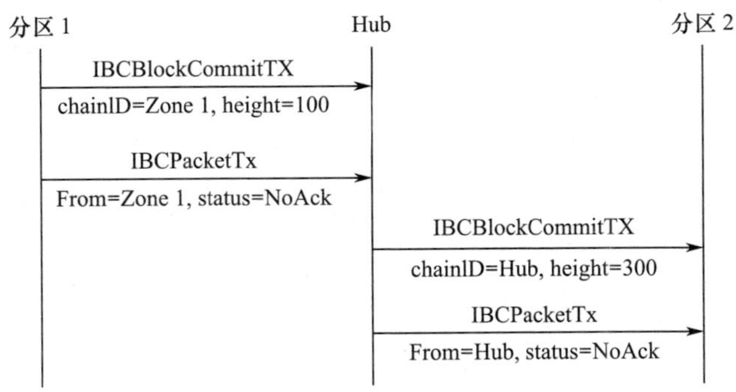

图 3-38　跨链通信的过程

关于 IBC 的工作原理，需要注意的一点是，我们很容易把这个跨连交易过程理解为“运送”的过程，但实际上有一些差别。这里的“运送”如同我们生活中的快递服务一样，用户发送的东西通过快递公司的中介服务之后，另一方用户会接收到一模一样的东西。但是在 Cosmos 中，这个过程更像是“冻结与创造”的过程。

（5）链上治理机制

Cosmos 网络采用让 Atom（Cosmos Hub 的原生代币，其核心作用是作为一个权益抵押机制，确保 Hub 在权益证明过程中起到押金的作用）持有者对提案投票的方法进行链上管理，提案可以用于系统参数调整、升级或者 Cosmos Hub 治理宪法管理变更。网络中的每个分区都可以有自己的法规和治理机制，这个章程允许权益相关者聚集到一起解决盗窃及漏洞等相关问题（比如 DAO 事件），并得出更快、更明确的解决方案。

（6）挂钩分区（PegZone）

基于 Cosmos-sdk 开发的区块链能够轻松满足实时最终性，但是当前使用 PoW 共识的一类区块链（如 Bitcoin 和 Ethereum）则不具备该特征，它们只属于概率最终性，不能防止区块链的回滚。因此，研究人员利用 PegZone 方案来解决上述链存在的问题。

（7）Peggy

Cosmos 网络之间可以通过 IBC 协议进行信息交互和加密货币转移等操作，但是 IBC 协议不能实现 Cosmos 和以太坊之间加密货币的转移。主要是由于 IBC 数据包不能在以太坊中被高效解码，且不被 EVM（以太坊虚拟机）兼容。因此，Cosmos 设计了 Peggy，其从根本上解决了和以太坊之间转移加密货币的问题。

事实上，最初尝试把 Cosmos 和以太坊连接起来的是一个叫 ETGate 的黑客马拉松项目，它尝试在 EVM 内部克服兼容性，构建可互操作区块。但事实证明，ETGate 需要消耗大量 Gas，成本非常昂贵。而 Peggy 的设计思路是将解析转换机制放在 EVM 之外，即定制的区块链中完成，该方法不仅实现了 Cosmos 和以太坊之间的兼容，还大大节省了 Gas 的消耗。从图 3-39 中可以看出，Peggy 分为以下 5 部分。

- 智能合约（Smart Contract）：资产托管角色，保管以太坊中的代币和 Cosmos 中的代币。主要提供了代币锁定（lock）、代币解锁（unlock）、代币挖矿（mint）、代币销毁（burn）共 4 种方法。
- 见证人（Witness）：以太坊的一个全节点，用于监听以太坊合约的 event（事件），并等待 100 个区块产生后，封装 WitnessTx 提交到 PegZone 中来证明在以太坊内的状态更改。
- 挂钩分区（PegZone）：PegZone 基于 Tendermint 设计实现，负责用户账户信息的维护，允许用户之间转移资产，并提供交易查询。
- 签名者（Signer）：使用椭圆曲线算法 secp256k1 对交易进行数字加密签名，

以便智能合约能够对该签名进行验证。这一数字签名对应的就是智能合约校验者的公钥集合。

- 中继器（Relayer）：中继器负责交易转发。将所有 Signer 签名后的 SignTx 转发到智能合约中。

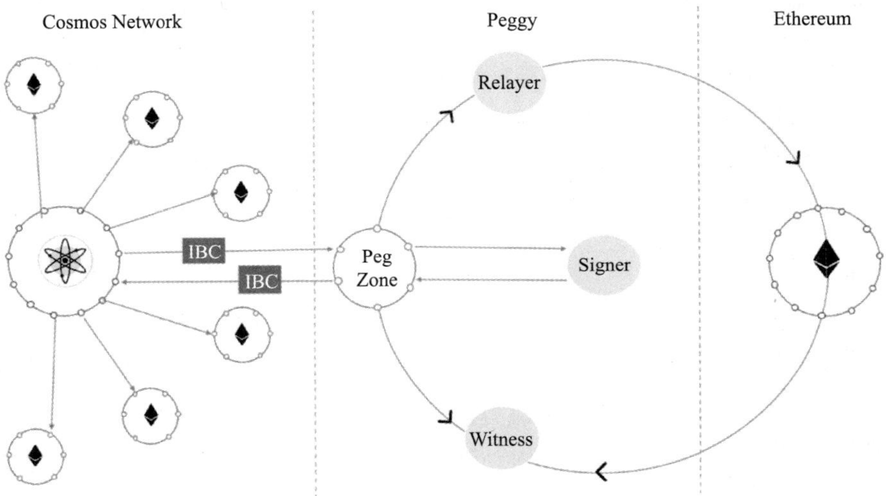

图 3-39　Cosmos 与以太坊的交互方式

（8）Cosmos 网络的平衡机制

Cosmos 网络旨在利用枢纽区块链来连接多个区块链网络，以形成一个区块链互联网络。该网络的控制或审查行为都必须是多方进行的，这样的机制保证了足够多的验证者能够从安全验证中获利，但又不会使绝大部分权益（以持有代币数量表示）属于一小部分人，从而达成一种平衡。理想化的系统能够向验证节点提供足够的工作权限，同时又不会因权限过于集中而引发安全性问题。

Cosmos 所采用的拜占庭容错机制是基于 PoS 实现的，这不仅能保证系统的分布式运行，还能保证系统的运行效率。这是因为 Atom 持有人能够选出代表自己利益和全体网络利益的验证者。

3. 商业运营

Tendermint 是 Cosmos 跨链项目的开发团队，目前 Tendermint 已加入了微软 Azure 区块链即服务平台，也已成为以太坊区块链联盟成员之一。Tendermint 团队的

Cosmos 跨链项目是值得关注的项目，该项目是互联链基金会（Interchain Foundation）的第一个项目，于 2017 年年底上线。特别是，这个项目的愿景非常长远，它不仅提供 DPoS+BFT 共识机制的底层引擎，还为区块链产业提供基础设施和开发生态。Cosmos 上线后，Atom 也同时在系统上开放交易。目前 Cosmos Hub 已经进行了多个版本迭代，MVP 版本已完成上线，测试网络和主网也已同步更新在 GitHub 上。关于团队的信息及开发进展，可以参阅 GitHub 上的 Tendermint 和 Basecoin 资源库。

此外，Cosmos 和 Polkadot 的愿景有很多相似之处。它们都在朝着同一个目标前进，但是采取的角度稍有不同。Cosmos 倾向于采取渐进式 / 迭代式的方法，然后慢慢向共享安全性、分片安全性前进。而 Polkadot 似乎想一次性解决所有的问题。到底哪一种运营策略更好？我们将拭目以待。

3.3.2 Aelf

1. 概述

Aelf 简称 ELF，是一个分布式高性能云计算区块链网络，能够实现资源隔离并且拥有完备的治理发展体系。Aelf 的愿景是为商业应用提供一个可自定义的区块链操作系统，令越来越多的企业可以使用区块链技术来满足自己的实际需求，同时与其他区块链在 Aelf 公链上进行跨链交互，实现链上信息、资产共享。

在 Aelf 区块链网络中，成员节点的类别是根据其工作内容进行划分的，专业化记账节点（全节点）可在服务器集群上部署及运作以提升整个区块链网络的性能；“主链 + 多侧链”结构能有效实现“一链一场景”的资源隔离需求；代币持有人的委托票选制度能够保证区块链网络的高度自治以及良性发展。与目前流行的各个区块链网络相比，Aelf 可对标以太坊等主流技术，有望成为超越 EOS 的下一代区块链网络。

2. 核心技术

（1）“主链 + 多侧链”结构

Aelf 最大的特色是通过主链 + 多侧链的结构，解决以太坊“链链不分”的弊病。因为在以太坊中，各个应用均使用主链，就像一座城市的全部交通运能都集中在一条主干道上，当然容易堵车。而 Aelf 通过在主链上并联多个侧链，将平面的区块链结构变成了立体的多维结构，就像立交桥一样最大程度地分流聚集在通道上的区块交易量。该结构的优势如下。

- 每个 DApp 程序与智能合约都拥有独立的区块链，当多个应用并行运行时，不需要共享资源。

- 每个用户可以拥有只属于自己的侧链，在自己的侧链上可以自定义各种功能，甚至使用与主链不一致的共识机制（PoS、PoW、pBFT 都可以），这样不仅有效实现了资源隔离、“一链一场景”，还可以减少冗余数据。
- 支持接通私有、公有、半私有侧链。
- 通过转换解码器和信息传输的方式可以与比特币、以太坊等任何其他公有链互传信息。

（2）组群节点

如果将比特币节点比作一台机器，那么 Aelf 的节点就是一个组群的网络服务器，其中不同的机器负责不同的任务。而且节点根据工作内容进行分类，专业化记账节点（全节点）部署在服务器集群上，是一类功能齐全的成员节点，如图 3-40 所示。这种设计使节点的功能增强和效率提高，提升了整个区块链网络的性能，有利于更有效地满足企业的需求。

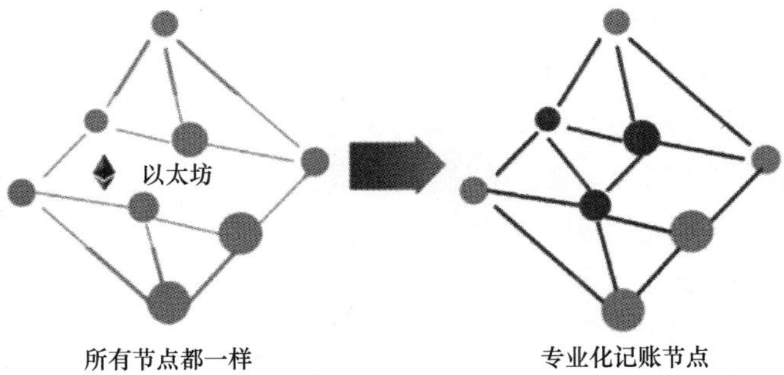

图 3-40　专业化记账节点

（3）区块内并行处理交易

Aelf 能够分析区块所记录的交易状态并对每笔交易数据的影响域进行评估。如图 3-41 所示，多个不存在读 / 写冲突的交易能够被并行处理，这样的处理过程不仅不会影响任何一笔交易的输出，而且还能有效提升区块链验证和事务打包的效率。在生成区块的过程中，区块链验证节点根据交易的互斥量把各个交易分配给不同的组。同一组内的交易会被串行处理，不同的组将会并行处理。

由于交易的数据影响域在处理其他交易时会发生变化，因此有些特殊的交易无法实现并行处理。在这种情况下，节点将优先处理允许并行操作的交易。如果有足够多的交易费用，非并行组内的这些特殊交易将按顺序处理；否则，节点可以拒绝处理这些交易。

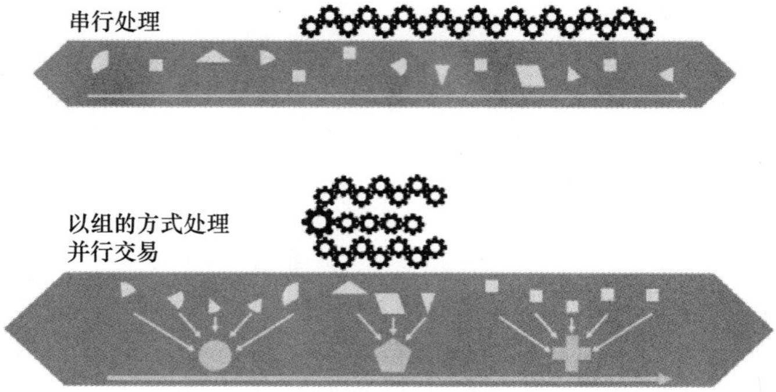

图 3-41 区块内并行处理交易

（4）Aelf 跨链优化

为了适配不同链的区块生成速度，跨链交易需要针对不同的链进行优化。Aelf 设计了两种机制来解决这个问题。一是分层侧链机制。我们根据链的区块生成速度将链分类到不同的级别，并提供专用的适配侧链或适配器模块，以对链的每个级别执行相同级别的交叉链交易。二是跨层次保障机制。为了适配不同级别的跨链交易，主链为交易处理效率较低的链提供优先级保证。如果需要的话，它可以成为一个可选机制。这两种机制是提高 Aelf 交叉链交易速度的有效解决方案。图 3-42 为跨链优化的节点拓扑图。

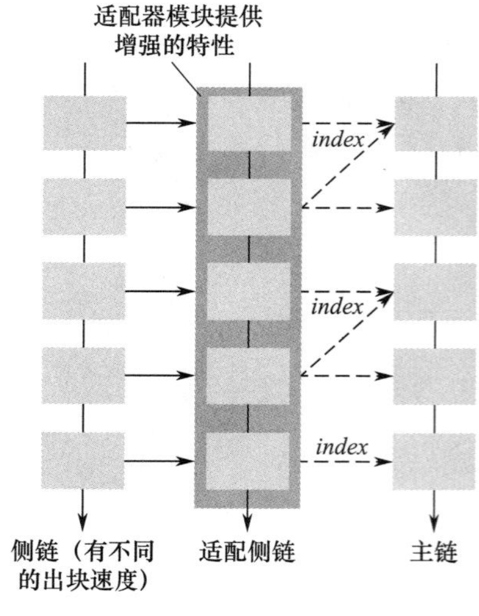

图 3-42 跨链优化的节点拓扑图

此外，Aelf 还提供了用于开发侧链的模板和基础设施，使得不同的侧链之间能够进行数据共享与信息交互。登记认证侧链是线上 / 线下行业急需的价值链。数字资产侧链用于存储数字资产的信息（包括所有权、数额等），通常用于通证首发。使用这种侧链机制能使普通交易免受大规模通证发售的影响。作为分布式侧链，Aelf 实现了 KYC 认证、资产充值 / 提现、挂单、撤单以及成交撮合的逻辑。

（5）一链一合约

与传统的“一链多合约”架构相比，Aelf 首次提出“一链一合约”架构。如

图 3-43 所示，每条侧链都只负责某一特定类型的交易，使得整个结构和数据更加简单明了，可以更好地适配业务的实际需求。而且用户可以通过向 Aelf 添加新的侧链，来为 Aelf 添加新的功能，使架构易于扩展与管理。

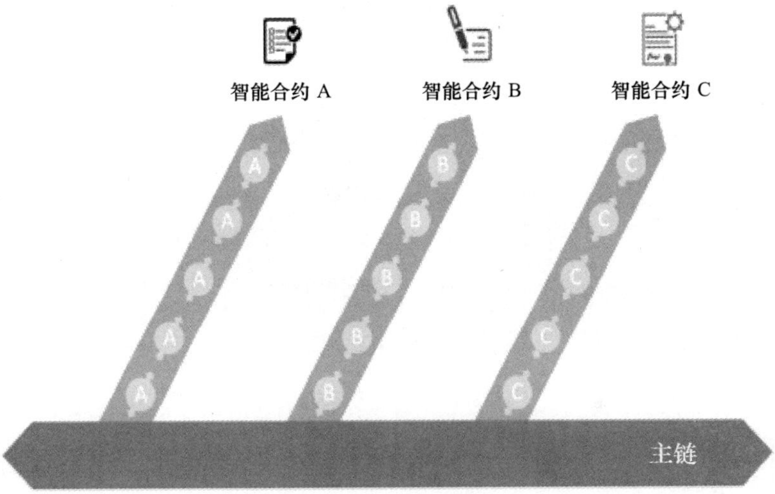

图 3-43 “一链一合约”架构

（6）DPoS+PoW 的共识机制

Aelf 生态系统的可持续发展依赖于良性的经济体系。Aelf 系统采用 DPoS 共识机制来激励持币大户参与系统的维护工作，所有代币持有者也可以通过投票自行选择委任代表。对于某些重大事件（如系统更新），Aelf 社区成员可以进行投票更新，避免了日后出现系统分叉等严重问题。同时，在侧链上使用 PoW 产生 Aelf 通证。在 Aelf 系统里，用户可以根据业务的实际需求为侧链选择最合适的共识机制，而无须与主链保持一致。

如图 3-44 所示，用户可以根据自己的需求定制各式各样的区块链并嫁接到 Aelf 上，你可以做保险链、政务链、金融链、食品链等，使得各类商业用户在使用区块链技术高效处理业务的同时还能有安全保障。

（7）跨链交互通信体系

Aelf 是一个动态系统，通过主链的 Merkel 树与各条侧链进行信息交互，并对外部消息进行输入验证，建立一个高效的跨链记录和交流系统。例如，Aelf 可以通过消息交互与比特币、以太坊等主流区块链之间进行跨链互动，采用跨链交互技术可以构建一个功能多样的多层次跨链系统，进而实现数字资产和用户信息共享互通。

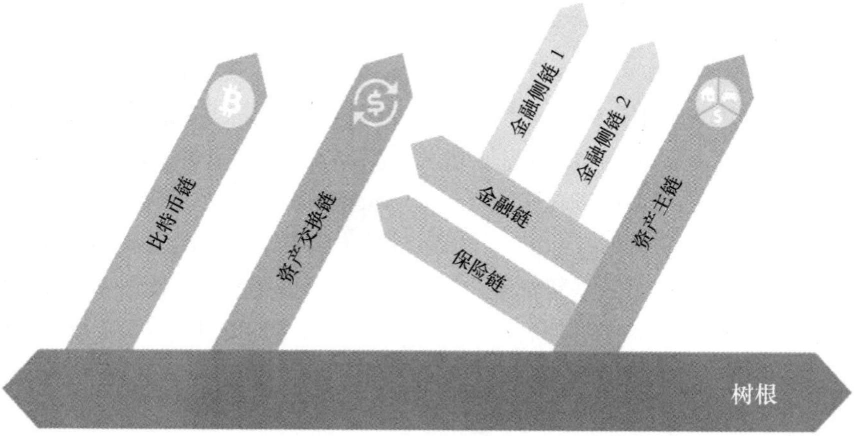

图 3-44　多链条侧链架构

（8）投票机制

Aelf 注重各链的自主管理与发展，衍生出新的侧链，采用新的技术，实现新的业务线。各链可以采用自己的共识机制，为新技术的引入提供基础，并且这些侧链可以动态地加入或脱离 Aelf，这形成了侧链间的良性竞争关系，能够有效促进侧链的自我发展。

3. 商业运营

Aelf 的目标是构建一个“技术 + 商业应用 + 资本”的三线并行全新生态模式。Aelf 的幕后技术及管理团队十分强大，其中，Aelf 的创始人马昊伯是数字资产行业早期的从业者，2013 年进入币圈，早期创建了 GemPay、Allcoin，现在担任好扑 CEO。而且，整个团队中履历和背景让人刮目相看的成员比比皆是。在商业应用中，Aelf 已成立商业联盟，与创业公司、大型企业一同推进基于 Aelf 的商业创新。在资本上，Aelf 项目得到了不同行业的资金支持与合作，目前已有很多风投公司和大机构参与 Aelf 项目合作，同时还建立了 Aelf 生态基金，基金会致力于积极地吸纳商业、资本、技术合作方。

Aelf 主网已于 2019 年 1 月上线，系统上线 48 小时内，有 165 个国家和地区，超过 5 万名用户注册并参与了任务。另外，Aelf 项目还有以下潜在问题。首先，该项目仍处于初期发展阶段，很多解决方案还只是概念性理念，并没有正式上线。其次，大部分合作伙伴是风投企业和圈内的机构，目前尚无传统行业和未来客户的声援。然而，当前 Aelf 的市场推广做得还不够充分，与 EOS、Cardano 等相比知名度较低。

3.3.3 AION

1. 概述

AION 区块链简单来说是第一个多层级区块链网络，它同样被称为“第三代区块链”。所谓的多层级区块链网络，就好比我们所熟知的计算机网络，对于不同的系统提供一种可以互相通信的协议和标准。打一个比方：可以想象，如果所有的计算机都连接到中央枢纽，那么通过中央枢纽计算机就可以自由地相互作用。而 AION 就好比中央枢纽，每个与它相连的区块链都能够与连接到这个生态系统的链进行交互。AION 主要分为 3 个部分：连接网络、桥梁、参与网络，其简单网络结构如图 3-45 所示。

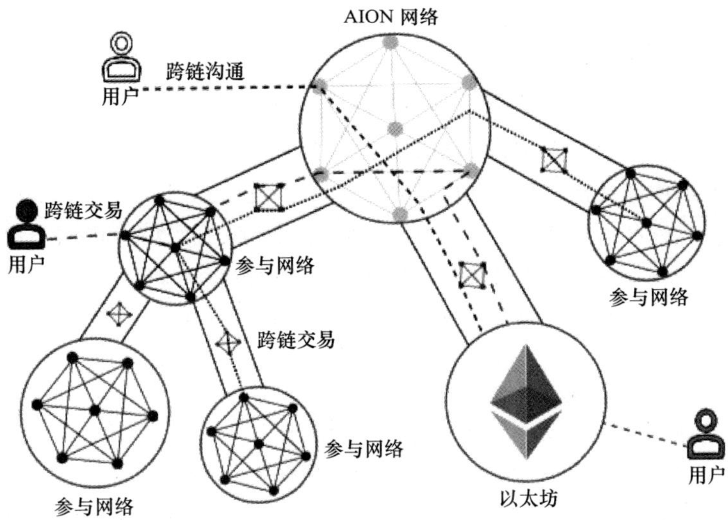

图 3-45 简单的 AION 多层级区块链网络结构

除信息外，AION 还允许参与的区块链在彼此之间创建一个连续的价值链来进行连锁交易，每一笔交易都在链上被处理，业务逻辑和数据价值像流动资产般地在各条区块链间自由跨链流通。在各类公共部门或私有组织中建立 AION 网络能够实现如下功能。

- **整合：**在任何与 AION 兼容的区块链和以太坊之间发送数据和值。
- **扩展：**为所有 AION 区块链提供快速的事务处理能力和增加数据容量。
- **Spoke：**允许公链或私有链的定制化创建，同时保证与其他区块链网络的互操作性，管理人员可以自主选择区块链的治理模式、共识机制、发布与参与方式。

2. 核心技术

（1）连接网络

连接网络能在多个公链或私链网络之间提供跨链交互及事务处理功能。连接网络的角色定义与业务逻辑由AION环境的实际要求所决定，同时提供通用接口，为区块链开发管理人员和区块链网络用户提供跨链路由功能。具体来说，连接网络应具备下述核心功能。

- 通过通用桥接协议对跨链消息进行路由，实现消息的转换和传播功能。
- 提供去中心化的问责机制。
- 提供桥接协议。

AION网络协议规定了外部组件的标准。尽管每个连接网络的具体业务逻辑以及内部组件可能因用户及业务需求而有所不同，但其核心功能的实现并不会受到影响。例如，跨链交易中继或比特币交易中继的点对点连接通常充当多个区块链网络的中心集线器角色。这样的协议虽然简单、有效，但也很容易造成复杂的网络状态并引发争议，并且过于依赖中继网络维护人员也违背了区块链网络去中心化的原则。因此，在跨链通信中我们可以用连接网络代替这种中继网络来实现跨链交互验证并确保流动交易的合法性。

（2）跨链交易

跨链交易用于为区块链网络之间建立通信并进行去信任交互，是区块链网络的一个关键基础设施组件。跨链交易允许任何相互连接的区块链网络像已连接互联网的计算机一样进行信息交换。跨链交易通常由原链在原区块上创建，经过中继网桥或连接网络的处理与转发后到达目的链网络。如上所述，跨链交易创建者必须支付一定的AION令牌来激励每个交叉节点参与跨链通信工作。跨链交易以一个类似于数据包的形式从原链网络发送到目的网络，过程中可能会通过多个连接网络，如图3-46所示。

跨链交易的路由包含多个阶段。在每个阶段中，验证者会对交易进行验证，并就交易是被转发还是被拒绝进行多方共识。如果一笔交易在各个阶段中都被拒绝，则该跨链交易带来的所有状态变更都会被撤销，最起码在连接网络中的状态变更会被撤销。路由路径可以分为两个子路径：前向路径和后向路径。前向路径是指跨链交易从原链流向目的链的路径，后向路径是指跨链交易的确认信息从目的链回传给原链的路径。若跨链交易桥梁拒绝广播跨链交易，那么交易发起者可以将包括证据在内的跨链交易发送到连接网络。连接网络根据参与网络的 Merkle 散列值对跨链交易请求进行验证，如确认交易合法则进行广播。

图 3-46　跨链交易的视觉描述

（3）桥梁

桥梁通过桥接协议在不同区块链网络间路由信息，提供去中心化问责机制，桥梁由自己独特的验证者网络组成，桥梁验证者通过轻量级的 BFT 协议达成共识，确认跨链交易是否有效，如图 3-47 所示。

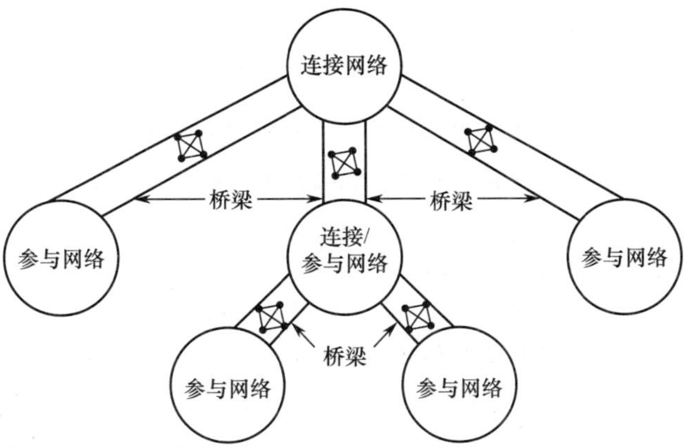

图 3-47　桥梁与连接网络关系俯视图

桥梁有如下两个主要职责。

- 对已被原链记录并支付跨链通信费用的跨链交易进行签名并转发。
- 将发生更新的参与网络 Merkle 散列值告知连接网络。

对于跨链交易，桥梁验证者将采用基于轻量级 BFT 协议的机制进行共识。交易在收到总票数 2/3 以上的赞成投票后才被认定合法。多组验证者有可能会使用不同的标识符在同一个区块链网络中进行注册，并生成多个可用桥梁。针对这种情况，用户需要指定所采用的标识符来指示相应的桥梁。这能激励不同的桥梁网络在健壮性、名声和费用方面进行良性竞争，以竞争驱动桥梁费用的市场化。图 3-48 为桥梁验证算法流程图。

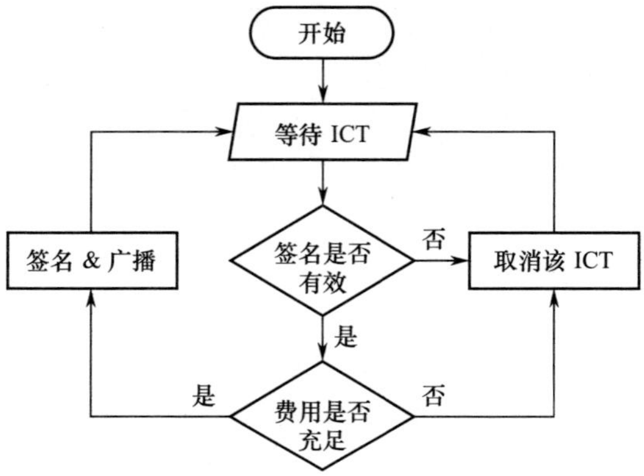

图 3-48　桥梁验证算法流程图

（4）参与网络

兼容各类区块链网络或其相关网络并将它们联合在一起是 AION 网络设计的主要目标之一。无论关联的区块链是公有链、私有链或者联盟链，AION 网络都能以高效、安全的方式使这些区块链互通、互操作以适应各种业务场景，从而提升每个区块链网络的价值，促进区块链生态系统的稳定发展。

参与网络指的是成功集成到连接网络的任何网络，它可以是区块链网络，也可以是其他网络，例如，Oracle 预言机、Cryptlets 或可验证信息的数据库集群。唯一的限制是参与网络与连接网络集成的灵活性。参与网络与 AION 网络集成后便能够访问预先确定的通信协议（跨链交易），进而满足多类实际业务场景。

参与网络的配置十分灵活，用户可以根据实际要求对区块链的基础组件进行定制化安装，包括区块链所用到的共识算法、散列算法、虚拟机（VM）和脚本语言。

（5）AION-1 区块链

AION-1 区块链是最初实现连接网络的应用案例。作为一个多层级区块链网络架构，它具有公平对等、去中心化、开放等特点。图 3-49 为 AION-1 架构鸟瞰图。

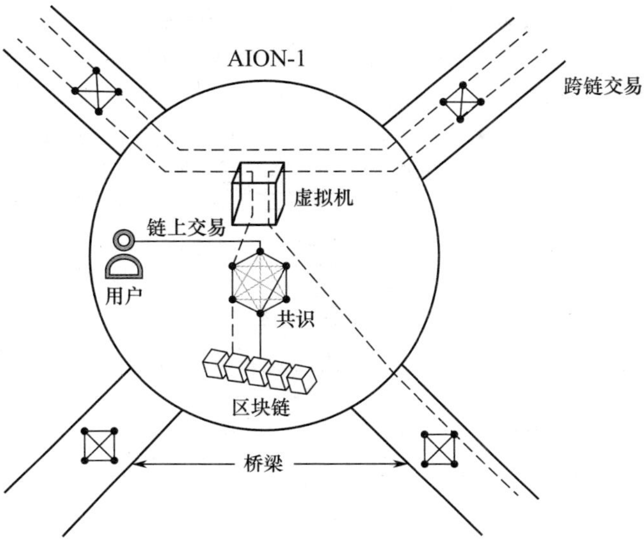

图 3-49　AION-1 架构鸟瞰图

AION-1 区块链的开放性设计主要体现在以下几个方面。

- 在去中心化网络中利用可靠传输和连续网络功能，实现区块链与外部服务的相互连接（通过 Oracle 预言机或者数据库）。
- 能够提供高性能、去中心化的跨链应用开发所必需的区块链基础设施。
- 通过强大和可持续的经济模式创建可维护的网络。

用户能够根据自身需求部署合适的参与网络，借助其可靠的路由架构与其他网络通信。因此，通过与 AION-1 区块链连接，无论是私有网络还是公共网络，都可以实现相互连接以及信息交互的功能。未来，分布式应用程序将能够整合多个不同区块链网络的数据并进行处理。另外，AION-1 区块链还拥有功能完备的经济系统，有望激励网络的可持续发展与稳定。

3. 商业运营

AION 是一个社区驱动的项目，AION 项目的 CEO Matthew Spoke 是国际领先的区块链公司 Nuco 的 CEO 及联合创始人，专注于区块链领域已超过 4 年。Matthew 同时也是以太坊企业联盟的创始董事会成员、安大略证券委员会和加拿大财政部的顾问。此外，AION 项目的 CTO Jinius Tu 在企业工程方面拥有超过 15 年的经验，曾在摩根士丹利公司担任区块链高级工程师，专注于区块链领域超过4年。可以说，AION拥有一个阵容强大的项目团队，由世界级的开发团队提供技术支持，其战略伙伴和顾问都拥有数十年的运营经验。

2017年11月，AION与万维链、ICON三方联合宣布共同成立区块链跨链联盟（Blockchain Interoperability Alliance），今后将在区块链跨链技术研究及国际相关标准制定上开展工作。

此外，AION还计划从现有技术出发，逐步实现目标，计划AION-1区块链将以迭代的方式推出，分3个阶段执行，每个阶段都侧重技术的不同方面，构建区块，同时逐步完成网络（阶段3）。

- 阶段1

AION发行计划阶段1的重点是，分组间通信和桥接基础设施。考虑到这一点，阶段1的功能包括：优化的高性能EVM、可运作的桥梁和跨链通信、改进的工作量证明的共识算法。

- 阶段2

AION发行计划阶段2的重点是，建立AION虚拟机（AVM），主要基础是发展成熟的Java虚拟机JVM。这一阶段主要完成的重点工作是，基于Java虚拟机建立AION虚拟机和围绕Java开发的100多个很好的工具进行互相整合，并已于2018年年底发布了AION虚拟机源代码。

- 阶段3

AION发行计划阶段3的重点是，完成预想的网络基础设施，为快速、有效的跨链通信和跨链应用提供基础架构。

3.3.4 Polkadot

1. 概述

2017年10月以太坊的创始人Gavin Wood宣布成立Polkadot项目，该项目也被称为第三代区块链技术，主攻跨链任意消息通信。Polkadot是一个知识共享协议规范，是一个自由开源的项目。它是一种补充协议，允许不同区块链远离自身的孤岛状态并进行无缝交互。换言之，Polkadot是一种将数百种不同的技术相互连接的创新方式。

此外，Polkadot还是一个可伸缩的异构多链系统，并且不提供任何内在的功能应用，这与以往那些专注于内部应用功能开发的单个区块链大不相同。也可以将Polkadot看作一种中继机制，该机制使认证过的交易在区块链之间的转移变得更方便。Polkadot提供了中继链（Relay-Chain），这种中继链存储着大量可被验证的、全局依赖的动态区块链数据结构，这些相互平行的结构化区块链也被称作平行链（Parachain）。Polkadot采用共享安全的思路，有验证人和提名人集合负责安全，无须开发者自行创建，它凭借其合并的安全性以及去信任的跨链交易性两大性质，成为一个独立链集合（例如，其包含以太坊ETH、以太坊经典ETC、比特币BTC）。同时，这两个特性也是Polkadot系统实现可伸缩的基础。因此，Polkadot系统具有较好的扩展性，可以同时接入大量的平行链。此外，Polkadot还是一个较简单的架构，在其设计过程中将大部分复杂的步骤都放在了中间件上，这一特性不仅规避了很多开发风险，加快了软件开发效率，同时还极大地提升了系统的安全性和健壮性。

Polkadot系统设计了4个基本角色，下面分别介绍。

- **验证人（Validator）**：验证人是最高掌权者，为了获得这些权力它需要在系统中抵押一定数量的代币，主要工作是验证中继链发来的区块并封装区块。
- **提名人（Nominator）**：提名人提名选出验证人，为了行使提名选举权也需要抵押一定数量的代币。
- **收集人（Collator）**：收集人的主要工作是处理交易并提供候选区块给验证人，候选区块是否接受封装并正式添加到区块链由验证人进行判断。每一个验证人都需要运行某个平行链的全节点。
- **钓鱼人（Fisherman）**：钓鱼人的主要工作是监控系统中的角色并检测各个角色的不称职或非法行为，钓鱼人可通过上报恶意角色获得系统的奖励。

Polkadot系统中各个角色之间的交互图如图3-50所示。

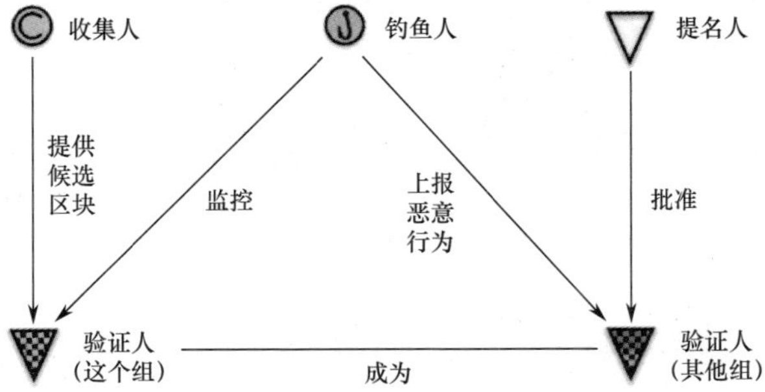

图3-50 Polkadot系统中各个角色之间的交互图

2. 核心技术

（1）异构的多链框架

Polkadot 试图建立的是十分完善、庞大的跨链中继结构，从而使得各个区块链能够互通信息。在 Polkadot 中，现有的区块链被称为平行链，而 Polkadot 建立的是一个中继链，可以连接所有的平行链。在这个结构中，原链会保持原有协议各自运行不受影响，结构中设立收集人角色，即 Collator，负责从原链中收集需要中继的交易，并将交易打包成一个区块，类似于比特币网络中矿工的作用，然后将这一候选区块提交给中继链中负责验证该链的验证人，验证人验证区块并认定合法后，根据对应的路由规则转发交易给目的链。

如图 3-51 所示，可以简单地把 Polkadot 中的跨链行为理解为，需要跨链的信息会在原链中被收集人收集，交由中继链验证人路由并转发到目的链，最终成为一个可以被目的链账户执行的信息，其中钓鱼人角色主要起监督作用。

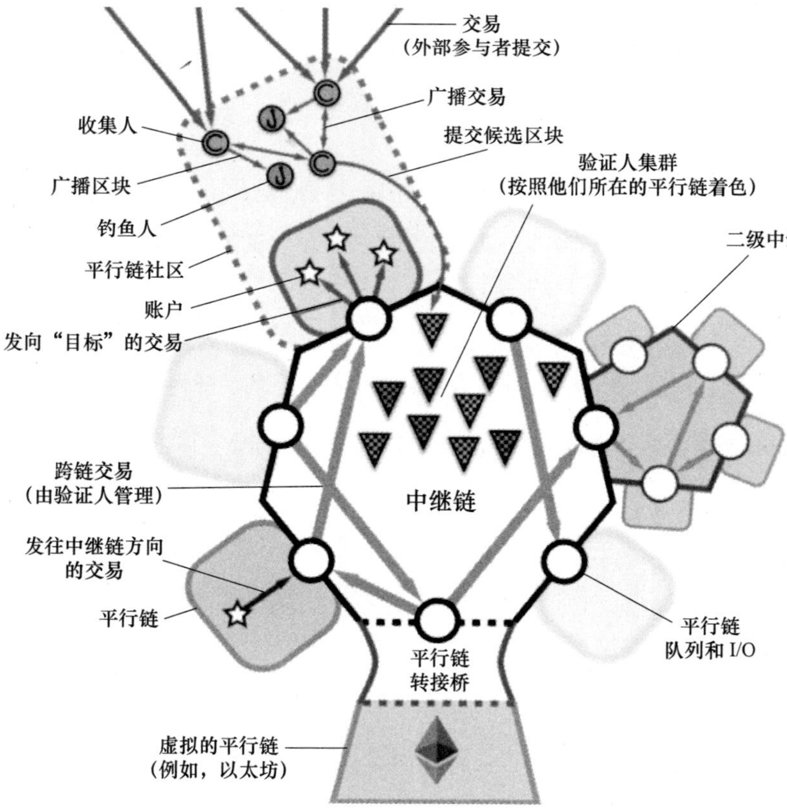

图 3-51 异构的多链框架

总的来说，该异构多链框架的总体思路较清晰，对原链结构没有特殊要求，因此适用范围广。但在实际实现的过程中还有许多需要思考的问题，其中一个关键问题是验证人的中心化问题。由于验证人是一个高权限且中心化的角色，如何监督、举报验证人和防止收集人与验证人合谋就很重要，对于中心化验证人的管理还需要设计一个更加中心的管理机构。另外，验证人的工作效率以及原链的效率都会限制跨链交互的效率等，诸多细节问题也都需要 Polkadot 在下一步进行谨慎设计。

（2）平行链和中继链

与传统的单个完整网络相比，Polkadot 网络涉及多个参与方，各方都有自己的需求，并且通过很多不同的网络信道来进行数据交互。因此，Polkadot 需要一个可以支持多层级化网络结构的协议。此外，为了适应各种类型的区块链并吸引其加入以扩展网络，Polkdot 需要具有一个更优秀的新型层级结构。

Polkadot 把网络参与者分为两类：平行链和中继链，平行链即开发者和企业能够利用 Polkadot 的协议建立的区块链，而中继链扮演连接所有平行链的角色。一条平行链的所有参与方都能够相互通信，但不能与其他平行链的参与方通信。

（3）平行链的注册、暂停、删除

新平行链必须通过全部节点投票才能注册。当然，管理员可以直接在 Polkadot 内进行管理，但通过全由外部成员参与的公投合约进行管理能够得到更好的管理效果，同时这一公投合约还可以治理其他应用场景。关于这一注册系统，Polkadot 会采用形式化证明方法生成一个相对稳定的“主宪法”系统，这一系统的基础是平行链投票注册系统所需要的具体参数（例如，法定人数、多数派的比例等）。而在初始阶段，平行链的注册可能只会使用一些传统的方法，例如，占 2/3 以上的节点赞成并且全系统 1/3 的代币都参与了投票才算通过。

（4）跨链通信

Polkadot 最关键的部分是跨链通信。多个平行链可以通过链间建立的信息通道进行通信，因此我们可以说 Polkadot 是一个可伸缩的多链系统。在 Polkadot 中，通信变得很简单：一条平行链在处理交易的时候可以给另一条平行链或中继链转发一笔交易。

Polkadot 的跨链交易与目前标准的外部交易没有太大的差异，这是为了使跨链交易的实现复杂度、系统风险和平行链架构束缚都能保持在较低水平。跨链交易包含平行链的身份、来源方字段以及任意长度的地址。Polkadot 跨链交易同样需要支付手续费，但其手续费的支付模式与目前主流的比特币或以太坊系统大不相同，必须通过来源平行链和目的平行链的谈判逻辑来管理。

Polkadot 跨链交易的跨链转移功能可以通过普通的队列机制实现，采用 Merkle 树可以保证队列数据的真实性。在这种情况下，中继链只需要把跨链交易从来源平行链的出口队列发送到目的平行链的入口队列即可。在中继链上被转发的交易不属于中继链本身的交易，只会在中继链上被引用。为了防止垃圾交易影响网络运作，所有平行区块链的入口队列都存在饱和阈值，当一条平行链的入口队列长度大于阈值，那么该平行链作为目的链的时候将被看作已饱和，并不再接受交易转移，直到入口队列的长度降到阈值以下。所有的队列都接受中继链的管理，并且各平行链的饱和阈值将由它们共同决定。如果往入口队列已饱和的目的平行链继续发送交易，那么就可以同步地报告交易失败。

图 3-52 是跨链通信的基本原理图，展示了路由已提交交易的主要逻辑。

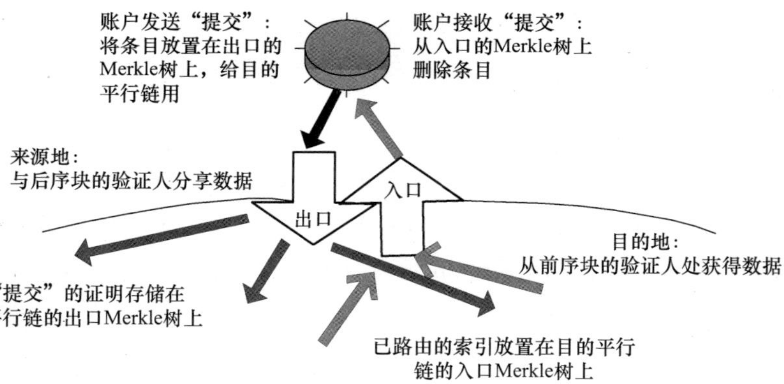

图 3-52　跨链通信的基本原理图

（5）代币机制

每个候选 Polkadot 系统都会产出代币，并且代币会以一定的速度膨胀。必须抵押一定数量的代币才能成为验证人。验证人将从代币膨胀及验证打包交易工作中获利。在验证人“卸任”之后，抵押的代币仍然会被系统封存一段较长的时间，防止其取回押金后进行作恶，从而增加验证人作恶的成本，这能有效保障系统的安全性和可靠性。

3. 商业运营

Polkadot 提供了一种通过网络并行化交易以及并行运行多个区块链从而获得可扩

展性的新思路，将我们带入多区块链互操作的世界。

Polkadot 的创始人 Gavin Wood 博士，是 Parity 科技（即 Ethcore，一家区块链核心科技公司）的创始人，也是 Parity 以太坊客户端的核心开发者。在 2017 年，Polkadot 的共识研究部分得到了英国政府资助。Polkadot 公布的主网最晚上线时间为 2020 年 2 月。

此外，尽管 Polkadot 项目拥有来自以太坊的主要开发人员，但其实它并不是一个图灵完备区块链。

3.4 分片可扩展类项目

区块链网络最初建立时的目标是，实现安全性和去中心化，即每一笔交易的参与者都能分配到网络资源。而目前的加密货币网络单位时间内支持的交易数量为固定值，这就限制了区块链网络规模的发展，也导致了目前的区块链网络难以扩展的问题。

区块链网络只能同时实现安全性、去中心化和可扩展性 3 种特性中的两种。目前区块链网络规模日益扩大与区块链可扩展性能力不足这一对矛盾，随着区块链网络中交易数量的增长，在区块链逐步发展过程中变得越来越明显。解决区块链可扩展性能力不足的问题其实就是解决交易吞吐量和交易速度的问题，更严谨的说法是，提高输出或者提出扩容方案，令区块链能够更广泛地应用到实际产业中。

3.4.1 Ethereum Sharding

1. 概述

“分片”（Sharding）是由以太坊提出的一种有效扩容区块链网络的解决方案。Sharding 的概念源自数据库，是一个对数据表进行水平分区以处理和存储大量数据的过程。从整个区块链发展历史来看，区块链 2.0 时代的主要推动者无可非议地是拥有图灵完备 EVM 的以太坊。当然，以太坊不是完美的。交易拥堵是困扰着每一条区块链的最主要问题，虽然以太坊的 TPS 相比于比特币的已经提升了非常多，但是在技术快速更迭的区块链世界中，其 TPS 的增长速度依然无法跟上区块链应用需求的增长速度。于是以太坊 2.0 提出了 Ethereum Sharding（以太坊分片）方案，希望在当前主链上扩容，不依赖超级节点，能达到每秒数千级别交易数量的吞吐性能（TPS），以提高以太坊基础公链的底层竞争力。如果说以太坊 Plasma 和以太坊雷电网络 Raiden 是脱链的可扩展性解决方案，那么 Ethereum Sharding 则是一种通过改变主链协议的链上可扩展性解决方案。

Ethereum Sharding 的核心设计思路是，将以太坊网络划分成多个平等并发的网络，以分担庞大的交易量。比方说，分片技术可以将以太坊网络上的节点分成 100 个平行网络，各个分片网络通过主链上发布的验证器管理合约（Validator Manage Contract，VMC）进行管理与维护。每个分片都是一个独立的个体，区块链上的交易需要选择一个分片交付处理，那么这个交易生命周期中的所有流程都由该分片负责处理。如果说主链上有 N 个交易等待处理，那么每个节点只需要处理 $N/100$ 件即可，随后各个分片都将自己负责的交易打包成一个子区块，再交由主链并组成一个主链上的区块，以同等时间来说，这样的分片技术相当于把主链区块容量扩大了 100 倍。这种分片结构的设计也使未来区块链网络的扩展变得更加简单。

整个以太坊分片扩展流程目前被大致分为 6 个阶段，如图 3-53 所示。

阶段 1 (Phase1)	不改变以太坊虚拟机的基本分片 (Basic sharding without EVM)
阶段 2 (Phase2)	以太坊虚拟机状态变迁功能 (EVM state transition function)
阶段 3 (Phase3)	轻量级客户端状态协议 (Light client state protocol)
阶段 4 (Phase4)	跨分片交易 (Cross-shard transactions)
阶段 5 (Phase5)	与主链安全的紧耦合 (Tight coupling with main chain security)
阶段 6 (Phase6)	超二次方分片 (Super-quadratic sharding)

图 3-53 整个以太坊分片扩展流程

其中扩展流程的阶段 1 目前所采用的方案是二次分片策略。在二次分片策略中，以太坊将链分成主链和分片两个部分，当交易没有涉及跨片时，则在所属分片区域内自行完成验证。这样的设计使主链只用于记录少量信息。

之后在 PoW 链上以太坊虚拟机（EVM）可能会升级到 eWASM，此外，关于租赁仓储的潜在提议被提出。从长远来看，大致可能会在 2020 年开启数据分片，之后是状态分片、交叉分片通信，最后是分片的分片，也就是分片扩容计划的最后一个阶段——超二次方分片。

2. 核心技术

（1）二次分片（Quadratic Sharding）

二次分片是以太坊目前所采用的分片方案，其主要思想是通过网络双层设计来提升交易量。2018 年 6 月 3 日，在“2018 年以太坊技术及应用大会 • 中国”上，以太坊联合创始人 Vitalik Buterin 分享了以太坊二次分片技术的最新进展。

简单来说，假设一个节点能够处理 N 笔交易，那么主链能追踪 N 个分片。如果每个分片都能处理 N 笔交易，那么系统一共可以处理 N 的平方笔交易。这就是“二次分片”方案名称的由来。

如图 3-54 所示，假设存在一个普通的区块链，其中每个节点的有效计算能力为 c，而每个节点都必须参与所有的交易，那么这个区块链的交易容量便应为 $O(c)$。采用二次分片就是将普通区块链变成一个双层结构以扩大交易容量。第一层为原本的主链，不需要进行硬分叉或其他修改。同时，“验证器管理合约”（VMC）会被发布并安装到主链上以维护分片系统。这个合约中会存在 $O(c)$ 个分片（目前为 100 个），每个分片都像一个独立的“银河”，拥有自己的账户空间。链上的每一笔交易都需要指定接管自己的分片，这些分片之间的通信也是受限的。在阶段 1 中，分片之间还没有通信能力。

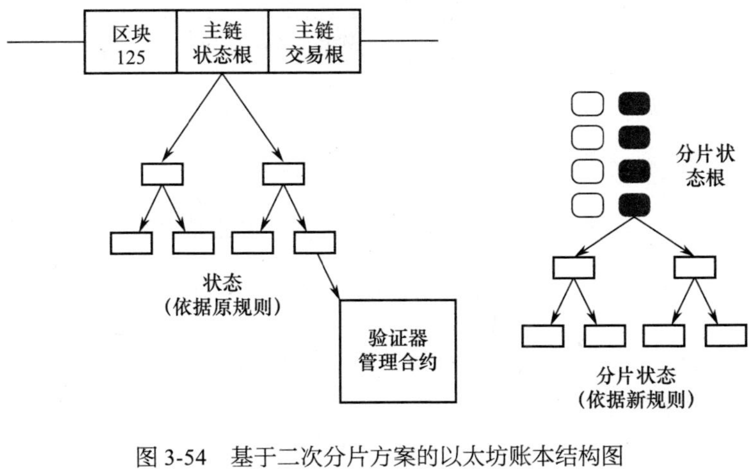

图 3-54 基于二次分片方案的以太坊账本结构图

从区块链网络划分出来的分片运行在一个遵循最长链规则的权益证明 PoS 系统中，各个成员节点的权益数据将保存在主链上（准确地说，是在 VMC 中）。所有分片共享一个通用验证器池，任一通过 VMC 注册的验证器理论上都可以在任何时间被授权并在任意分片上生成区块。每个分片会有一个 $O(c)$ 的区块大小 /Gas 上限（Blocksize/Gaslimit），也就是说，整个系统的交易容量将扩充为 $O(c\hat{}2)$。

（2）MPT（Merkle Patricia Tree）

优化以太坊二次分片方案在扩大交易容量的同时需要解决的一个重要问题是，如何保证多个分片中的全局账本一致性，即如何将不同分片的交易所导致的账本状态变更合并到唯一的全局账本中。如图 3-55 所示，Ethereum Sharding 解决上述全局一致性问题的方法是对以太坊账本基础数据结构 MPT（Merkle Patricia Tree，前缀树与 Merkle 树的结合）进行优化。

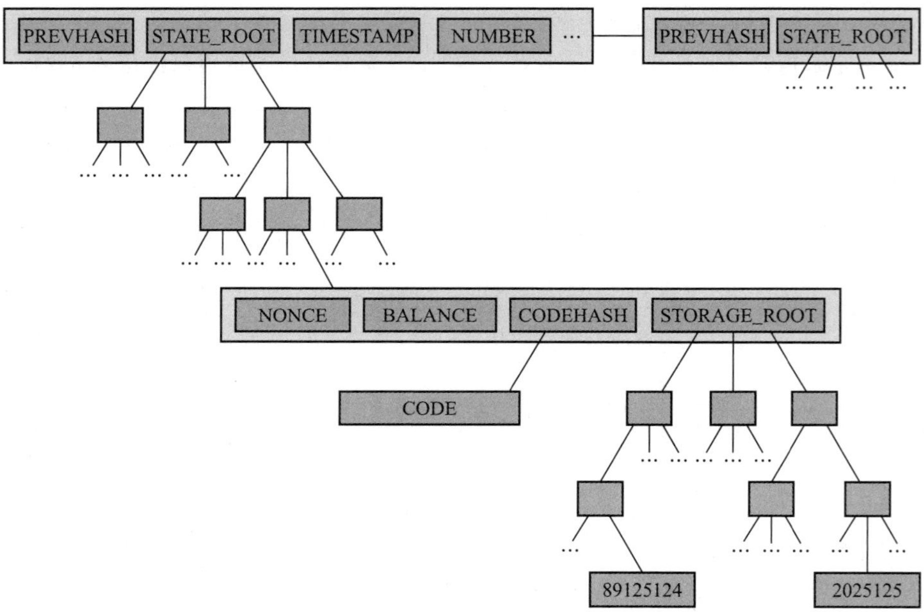

图 3-55 以太坊账本基础数据结构 MPT

MPT 数据结构容许进行多份拼接，如图 3-55 所示，将第一层（某一区块的状态）的根接到另一棵树充当子节点，那么原来是第一层的这条链将会降到第二层，但这条链中的状态及属性都不会发生变化，只是这时候的第二层区块需要更换名字，以太坊 2.0 将其称为校验块（Collation）。可以简单地认为，交易都会被装入校验块。与区块类似，一个校验块也会指向它在链（指的是分片链）上的父校验块，成为一个验证器，这就意味着其有资格在 PoS 分片链上提名一个新的校验块，以太坊主链与分片链的术语对应关系如图 3-56 所示。

主链 Main Chain	分片链 Shard Chain
区块链 Block	校验块 Collation
区块头 Block Header	校验头 Collation Header
主链矿工 Miner in PoW Chain	校验块 Collator

图 3-56　以太坊主链与分片链的术语对应关系

（3）验证器管理合约（Validator Manager Contract，VMC）

为了将分片链加入主链，在主链上需要一个叫作验证器管理合约（VMC）的特殊合约。所有分片中的交易转账都应该整合在一组“校对”里面；这与一个区块的概念相似，这组“校对”同时也指向其链上的主校对，这样的一个系统就是我们所说的分片链。值得注意的是，只有成为“校对器”的节点才有资格在权益证明的分片链上提出新的校对。

如图 3-57 所示，在二次分片方案中，VMC 将会维护 100 个分片（SHARD_COUNT=100）。每个分片将会独立并行执行交易验证，即分片 i 的客户端只需要验证分片 i 上的交易。此外，一个区块时间的准备窗口被称为“时期（Period）”，如 PERIOD_LENGTH=5 意味着每个时期有 5 个区块。同时，在每个时期内，对于每个分片只有不超过一个的有效校验块。

VMC 的主要功能可以概括如下。

- 权益证明系统：如果验证器（Collator）表现不端，VMC 将“剥削”其权益。
- 伪随机采样：通过将当前块散列值作为种子，VMC 可以采样出合格的验证器。通常，验证器将它们的保证金（Stake）存入 VMC。随后，它们的验证代码地址会被记录到一个 VMC 内部的全局验证器列表中。系统将会从验证器列表中采样出一个分片链的验证器，并将其指定为指定“时期（period）”内、指定分片的验证器。这种方式使得验证器无法提前预测它们何时会成为验证器，也无法得知自己会成为哪个分片的验证器。
- 校验头验证：VMC 包含一个 addHeader（bytes collationHeader）函数，该函数提供了即时的链上验证，主要用于验证校验头并记录有效的校验头散列值。

- 链上治理（On-chain Governance）：将 VMC 作为议会，使得验证器可以在链上进行投票。

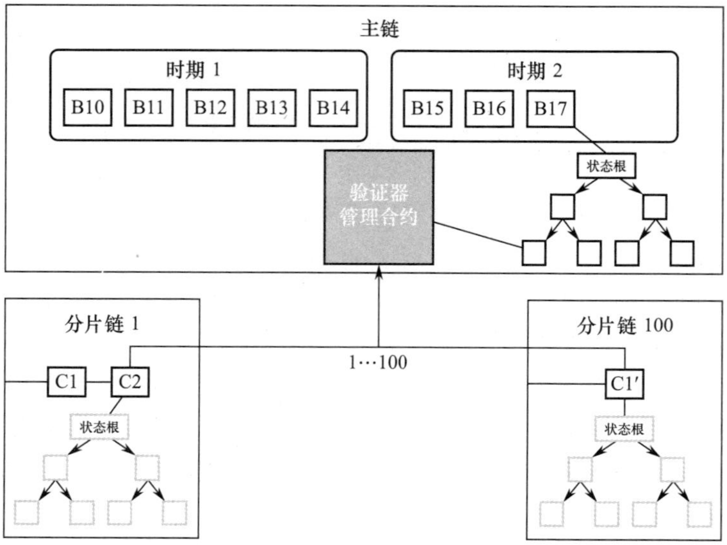

图 3-57　二次分片方案中分片状态的证明将被记录在主链 VMC 上

3. 商业运作

以太坊联合创始人 Vitalik Buterin 在 GitHub 上指出：“以太坊承受着平台日益普及的压力，这导致了交易时间缩短和产生了高昂的处理费用。拥塞已经导致一些基于代币的项目建立在其他区块链（如 Stellar）之上。”因此，以太坊试图通过 Ethereum Sharding 将以太坊区块链的数据分割成更易管理的部分。此外，Ethereum Sharding 后续的开发工作可能会在无状态客户端上运行，这将是一种不需要处理平台完整历史的 Ethereum 软件，更类似于一种测试网络。以太坊的创始团队在近期的会议上也反映了当前正在测试的以太坊的新共识协议 Casper。尽管测试网络由于部署软件的问题而受到影响，但是以太坊创始团队坚定地表示，项目的核心是正确的。但另一方面，无论是技术方面的限制，还是区块链社区用户的质疑，都大大延缓了 Ethereum Sharding 的进行，导致目前的以太坊还处在 6 个阶段中的阶段 1。

3.4.2 Zilliqa

1. 概述

Zilliqa 是全球首个利用分片技术实现的公有区块链平台，采用了 PoW+pBFT 共识机制，既具备高可扩展性、高吞吐量，又保证了高安全性。Zilliqa 成立于 2017 年 6 月，其主要创始团队来自新加坡，团队的主要目标是使用分片技术搭建具有高可扩展性的公有链。Zilliqa 目前的功能非常简单，只支持币的转移，不过它是第一个上线具有分片技术的测试网。其创始团队表示，Zilliqa 是为实现安全数据驱动的分布式应用而量身打造的。不同于其他具备可扩展性的区块链平台，Zilliqa 兼顾了可扩展性、去中心化、安全 3 个方面，平衡了区块链设计中的“不可能三角”。

Zilliqa 面前已完成了 3 个核心层的开发（分别是密码层、网络层以及共识协议层）。2017 年 10 月，Zilliqa 宣称其在亚马逊 AWS 上采用 3 600 个节点、6 个分片进行了测试，实现了每秒 2 488 笔交易的优异性能（TPS 为 2 488），是当时以太坊最高速度的 100 多倍、比特币最高速度的 355 倍。Zilliqa 的创始人表示，Zilliqa 的第一阶段目标是把 TPS 提升到 8 000。

2. 核心技术

Zilliqa 的核心技术包括以下几项。

（1）网络分片技术

Zilliqa 项目采用线性分片技术对区块链网络进行扩展，达到高安全与高性能的平衡。网络分片是一种去中心化的、安全的链上解决方案，这种技术把所有网络节点划分成多个小型集合或委员会（也被称作碎片，Shard）。所有的碎片都拥有自己的小型区块，并且每个碎片能并行、独立地执行交易处理任务，直至产出最终结果。单个碎片只需处理交易的一小部分，多个碎片并行处理以完成更大规模的验证工作。将网络分割为碎片后，区块链能同时处理和验证更多的交易，进而大大提升效率，如图 3-58 所示。Zilliqa 所具备的“线性可扩展性”是指：随着节点的增加，可以加入更多的分片，这可以使吞吐量持续增加，从而实现线性可扩展性。

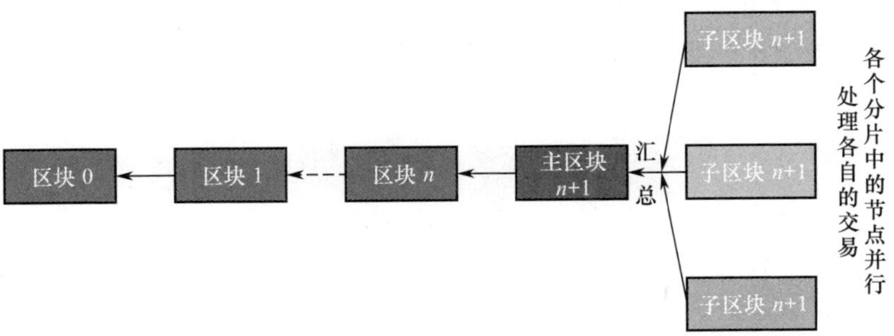

图 3-58　Zilliqa 分片网络处理交易过程示意图（彩图见插页）

在 Zilliqa 的设计中，每 600 个节点就会被分配为一个网络分片，而由多个分片形成的并行网络就是分片网络，类似于物理学里面的并联和串联。Zilliqa 可以将每 600 个节点放入分片内进行串联，然后将不同的分片进行并联。在最新的实验中，在仅有 3 600 个节点、6 个分片的状态下，Zilliqa 测试网络的处理能力就达到了 2 488TPS，图 3-59 展示了不同网络分片数量所对应的 TPS 吞吐率。换句话说，假如节点数量能够达到几万个甚至更多，则 Zilliqa 的交易处理速度将有望达到 VISA 这种中心化机构的水准。因此，如果能吸引越来越多的矿工加入 Zilliqa 的分片网络，那么目前的区块链网络存在的性能问题将能得到很好的解决。

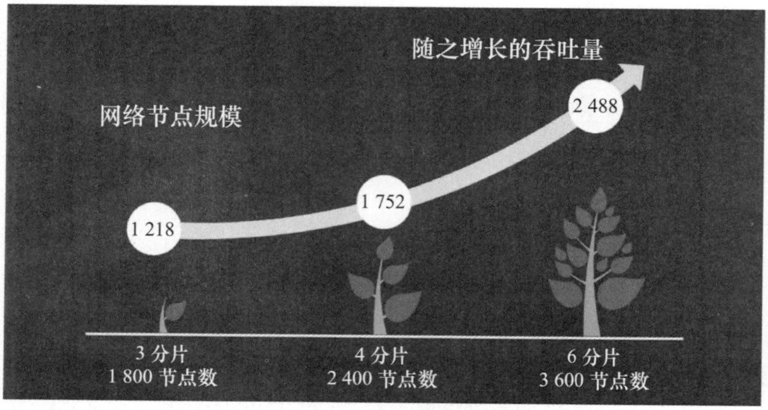

图 3-59 Zilliqa 网络处理能力

此外，Zilliqa 的分片并没有采取状态分片，这在一定程度上降低了实现分片的复杂度。对于以太坊跨分片链交易的问题，Zilliqa 可以通过交易分片将同一类型的交易直接映射到同一个分片中，从而可以通过交易的 nonce 值检测和避免双花问题。

（2）PoW+pBFT 共识机制

Zilliqa 的白皮书表明，其使用了 PoW 共识机制认证分片和非图灵完备的编程语言，保证了网络安全性；同时，引入 pBFT 挖矿共识算法，实现了较低的成本。也就是说，Zilliqa 既能保证区块链网络的安全，又能降低交易费用和挖矿成本。

Zilliqa 采用 pBFT 在每个分片中达成共识。该协议是由卡斯特罗（Castro）和利斯科夫（Liskov）于 1999 年提出的。它是在这样的假设下运行的：每个分片中最多只会有 1/3 的节点是恶意的。选择 pBFT 作为共识协议有几个原因，其中最主要的一个原因是，它的效率取决于网络的大小，因此可以更好地利用分片小的优势。pBFT 除了可以利用分片小的优势外，还赋予了 Zilliqa 其他几个优点。

- 交易最终性（Transaction Finality）：pBFT 赋予了共识决定的最终性，这意味着如果通过 pBFT 所有好节点就下一个区块提议达成共识，那么所提议的区块是最终的并且肯定可以达成一致，即在这种共识协议中是不需要确认的。

- 低能耗：由于 pBFT 不是计算密集型的，它降低了矿工的能源消耗。

- 报酬差异小（Low Reward Variance）：不同于比特币赢者通吃的奖励机制，Zilliqa 中每个参与计算的矿工都能得到相应的报酬。

Zilliqa 选用 PoW+pBFT 搭配的方式实现共识，这不仅可以保证 Zilliqa 网络的安全性、降低能耗，还能够有效利用 Zilliqa 的核心分片技术，在相对小的分组内达成共识，显著提升网络效率。然而，它也有一个主要缺点：只有当分片规模很小时（即小于 50），其才是高效的。但是，正如我们前面所说的，为了确保安全，Zilliqa 的分片大小必须大于 600 个节点。

（3）智能合约语言 Scilla

为提升智能合约安全性，Zilliqa 团队开发了全新的智能合约语言 Scilla，其开发该智能合约语言的目的是，在智能合约上强加一种结构，直接在语言层面消除某些已知漏洞，从而使在 Zilliqa 上运行的应用程序不易受到攻击。例如，使用 Scilla 编写智能合约可以轻松避开诸如 DAO、Parity 攻击等黑客事件。

3. 商业运营

Zilliqa 拥有一个高效且成熟的开发团队，其核心成员主要来自新加坡国立大学和加州大学伯克利分校，其他成员从领英资料来看也都履历光鲜，包括知名企业家、科学家，以及在网络安全领域具有丰富专业知识的工程师。其中，Zilliqa 的创始人董心书是一位新加坡国立大学计算机专业博士，拥有丰富的网络安全项目研究与实践背景。目前其致力于安全、专有的可扩展性区块链平台在金融、电子商务领域的应用。Zilliqa 的首席科学顾问是加州伯克利大学的博士，首席策略师是康州大学麦迪逊分校的博士，团队中还有大量来自其他学校的博士，技术团队堪称豪华。

目前，Zilliqa 项目的市值超过 11 亿元人民币，其历史最高市值为 100 亿元人民币，市值排名全球第 37 位。目前其已发布了测试版 2.0，开发了新的智能合约 Scilla，且其在线 IDE 支持直接在浏览器上编写智能合约。

在众人瞩目中，Zilliqa 于 2019 年 1 月 3 日发布了主网，捆绑了以分片为核心的极具创新性的功能。接下来，Zilliqa 团队计划设计一个安全、有效的协议来进一步使查找节点和种子节点去中心化，使网络更加开放。Zilliqa 社群具有较高活跃度，核心团队成员也会时常在群内与粉丝们直接互动，共同推动项目不断优化。GitHub 上的 Zilliqa 代码是由 C++ 语言编写的，从 2017 年年底到 2019 年 4 月共有超过 7 000 次代码提交，如图 3-60 所示。

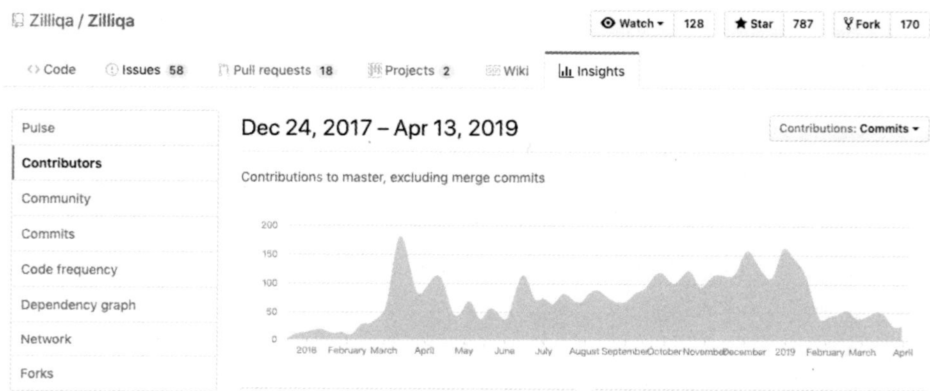

图 3-60 GitHub 开发活跃度

Zilliqa 是全球第一个基于分片技术来解决区块链吞吐量不足问题的区块链项目，它似乎完美地填补了现有底层公链的缺陷，具备了高性能、去中心化、高安全、低交易费用等特性。但 Zilliqa 项目的进一步发展也存在一些风险，包括：分片技术存在设计和部署复杂的缺点，采用 PoW+pBFT 混合机制的技术难度较大、实现难度较大。此外，尽管 Zilliqa 社区代码提交效率颇高，但社区规模还不够大，社群生态的建设受到制约，这也是目前 Zilliqa 项目存在的主要风险。

3.5 DAG 类项目

有向无环图（DAG）是一种没有直接循环的有限定向图。根据图形理论，有向意味着边缘（连接）有方向。在图表中，这些方向是用箭头来指示的。与其相反的是无向图，其边缘没有既定的方向。非循环代表着，如果从任意的节点 X 出发，不可能存在一条不包含重复边缘的路径可以回到 X，图 3-61 是 DAG 架构示意图。有向无环图原本是计算机领域中的一种常用数据结构，其独特的拓扑结构所带来的优异特性经常被用于处理动态规划、在导航中寻求最短路径、数据压缩等多种算法场景。

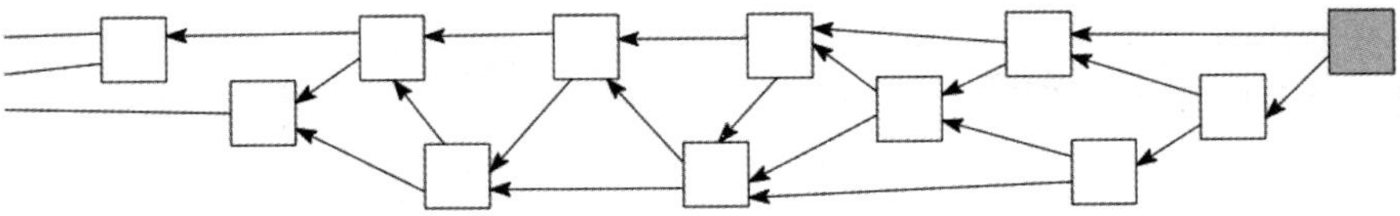

图 3-61　DAG 架构示意图

2013 年，以色列希伯来学者在 bitcointalik 提出了 GHOST 协议，引入了 DAG 的概念，将其作为扩容比特币交易处理能力的解决方案。后来 NXT 社区有人提出用 DAG 的拓扑结构来存储区块，解决区块链的效率问题。2015 年 9 月，Sergio Demian Lerner 发表了 *DagCoin：a cryptocurrency without blocks* 一文，提出了 DAG 链的概念，首次把 DAG 网络从区块打包这样的粗粒度提升到了交易层面，并开拓了一种让每一笔交易都直接参与维护全网交易顺序的新思路。自此，DAG 进一步演变成一种完全抛弃区块链的解决方案。2016 年 7 月，IOTA 项目的诞生宣告了 DAG 网络首次真正从技术上得以实现。此后，随着 Byteball、Nano、Hashgraph 等项目的问世，号称无块之链、独树一帜的 DAG 链开始引发大量关注，基于 DAG 技术的新项目不断进入人们的视野。

DAG 架构运用了一种新奇的机制来对分布式账本进行管理。我们认为 DAG 并不会使区块链过时，它很有可能提供一些更合理的功能和折中方案。与其他分布式账本领域的新型技术一样，DAG 的发展才刚刚起步，大部分功能都未经测试。我们期待未来在这一领域能有更进一步的研究。

3.5.1　IOTA

1．概述

IOTA 是为物联网而生的一种开源的、去中心化的新数字加密货币。IOTA 致力于解决机器对机器（M2M）的交易问题，实现了一个零交易费用的未来机器经济（Machine Economy）体系。IOTA 的白皮书提到，基于有向无环图（DAG）的概念，IOTA 核心技术作为区块链技术的继承，能够在全球规模下满足微支付功能需求，提供安全、高效的实时微交易服务而无须支付任何额外费用。由于独特的结构，IOTA 具有一些传统区块链所没有的优势，主要包括零交易成本、可扩展性、固定 Token 供应和抗量子性。

2．核心技术

（1）缠结

IOTA 的主要创新是缠结（Tangle）。缠结是一种极具创新性的去区块化分布式账本，体积小且易于扩展，无须支付任何费用就可以实现价值转移。如图 3-62 所示，缠结是一种为 IOTA 协议量身定做的基于有向无环图（DAG）的新型数据结构。

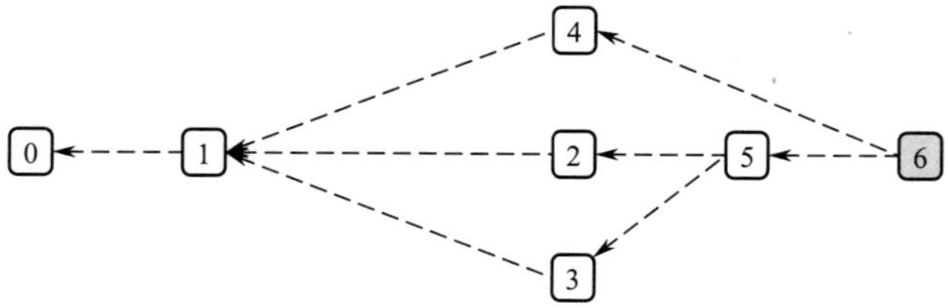

图 3-62 缠结数据结构示例

缠结是 IOTA 的底层实现数据结构，它是一种包含交易事务的特殊有向图。每个交易事务在 DAG 中都以一个顶点来表示。当一个新的交易事务加入缠结中时，它会选择两个以前的交易事务来验证，在图中表示为两条新边。在上面的示例中，交易事务 5 批准交易事务 2 和交易事务 3。未经批准的交易被称为 Tip，在这个示例中，交易事务 6 就是一个 Tip，因为没有其他交易事务批准它。每个新生成的交易事务都需要挑选两个 Tip 来批准（至少选择一个）。选择哪两个 Tip 批准是非常重要的，也是 IOTA 技术的关键。IOTA 创建了"均匀随机 Tip 选择"策略，每个新生成的交易事务都会检索当前未经批准的交易事务并任意地从中直接选择两个。

（2）三元逻辑

IOTA 整个网络都用三进制来描述。IOTA 使用的散列函数名为 Curl，是一个三进制算法，由 Keccak（SHA-3）的发明者设计。Curl 被设计用于 IoT 设备，是世界上第一个三进制散列算法。在 IOTA 中，网络使用一种特殊的三进制编码对数据进行操作。从理论上说，三进制编码比起二进制编码来说更具优势，但现有的绝大多数集成电路都只能兼容二进制程序。这些集成电路想要进行三进制运算的话，必须先模拟一个三进制电路，然后进行运算，这就会带来新的效率问题和安全问题。IOTA 基金正在研发一种可以集成到 IoT 设备中的异步三态处理器 JINN，这可能也是 IOTA 团队的商业规划之一。

（3）后量子签名算法

IOTA 使用的签名算法是 Winternitzone-timesignature（W-OTS），这是一种可以抵抗量子攻击的后量子签名算法。W-OTS 签名算法在接收到交易后，会利用种子私钥生成一个新的私钥，因此每个私钥只能被使用一次，这使区块链网络能够有效抵御量子攻击。W-OTS 的缺点之一是签名占用空间太大，这也是抗量子签名技术普遍存在的缺点。IOTA 的单个交易在编码后有 2 673 个字符（大约为 281.96B），其中签名占了 81%（2 187 个字符）。对于 IoT 设备来说，这可能是一个很大的挑战。

（4）主要特征及优势

IOTA 的技术创新使得该项目具有以下主要特征和优势。

- 零交易成本：缠结内部的工作机制使交易双方无须提供任何费用即可进行交易。这使 IOTA 在物联网领域比区块链更具优势，尤其对物联网中频繁产生的微交易来说是这样的。
- 可扩展性：不同于其他基于区块链的网络，用户数和交易数的不断提升会使缠结变得更高效。比特币、以太坊和其他区块链网络都存在着未来的扩展问题，然而 IOTA 则无须担心这一问题。
- 固定 Token 供应：IOTA 协议中不存在通货膨胀，也就是说永远都不会创建新的 Token。IOTA 的 Token 供应量永远固定在 2 779 530 283 277 761。
- 抗量子性：虽然现在关于量子计算机的研究还处于理论试验阶段，但将来可能落地的量子计算机将会对依赖加密（特别是基于散列的签名）的系统造成严重威胁。IOTA 使用 W-OTS 实现抗量子攻击的特性。简单来说，IOTA 在发起交易时，需要对存币的地址做身份签名，签名后地址立即作废，当使用 IOTA 钱包进行交易时，该发币地址上的余额会被自动转移到用户种子名下的另一个地址上，无须用户额外操作。即使未来量子计算机问世，IOTA 地址也不会有资金被盗的风险。因为经过签名的地址早已将资金全部转出，黑客即便占有了地址，也不会获得任何资金。而未被签名的地址被攻破的概率极低，即便采用量子计算技术，也基本不可能攻破。

3. 商业运营

IOTA 项目主网于 2016 年 7 月上线，GitHub 开发活跃度如图 3-63 所示。截至 2018 年 11 月，根据 Coinmarketcap 上的数据显示，IOTA 的市值排名在第 11 位。其白皮书作者是 Serguei Popov 博士，专攻可能性理论，也是缠结架构的设计者。缠结协议的编码执行主要由 Sergey Ivancheglo 和 Dominik Schiener 实施，其中 Sergey Ivancheglo 是 NXT 的创始人。2017 年 9 月瑞银（UBS）前首席信息官（CIO）Oliver Bussmann 也正式加盟 IOTA 项目。Oliver Bussmann 是一位全球公认的技术思维领军人物，在跨国组织中曾有效推动了大规模技术改革。

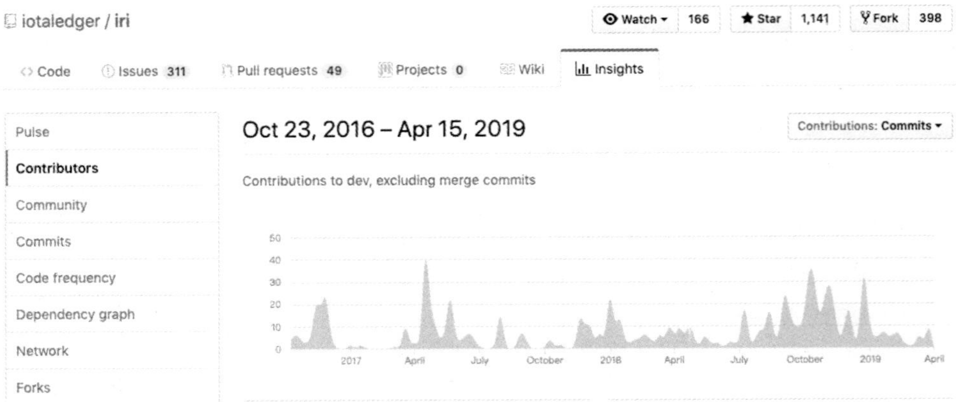

图 3-63 GitHub 开发活跃度

纵观 IOTA 的整个发展历程，不难看出这是一个以技术为主体的团队，他们不断产出各类技术创新与新型技术，在社会、商业等领域做出了很大贡献。过硬的技术是 IOTA 货币最大的利益支持。

3.5.2 Nano

1. 概述

Nano 前身是由 Colin LeMahieu 于 2015 年推出的 RailBlocks，它是一种零手续费、即时交易且具有极大可扩展性的加密货币。Nano 在最开始时被定义为一种 P2P 电子货币，专注于解决目前加密货币系统存在的一系列问题。这些问题包括比特币中现存的交易效率低、手续费高昂等问题。Nano 的目标是实现零交易费与即时转账，做出了很多技术创新，也吸引了很多投资方的关注。

Nano 基于 DAG 数据结构来实现加密货币功能，而非传统的单线程区块链数据结构。Nano 所采用的 DAG 被其团队称为区块点阵（Block-Lattic）。现有的传统加密货币都在一条公有主链上进行交易，而在 Nano 中，每个账户都独立地维护自己的区块链。每条区块链只能由其所有者进行更新，因此 Nano 可以提供近乎瞬时的交易速度和无限的可扩展性。它提供了账户的异步更新功能，使账户可以更新到网络的其他部分，进而以极少的资源开销获得快速的交易确认。Nano 中的每一笔交易记录包含的是关联账户的余额而不是交易的金额，这使得系统能够在保证安全性的前提下减小数据库的体积。莱特币创始人李启威曾在 2018 年 3 月初公开表示看好 Nano，他认为“Nano 很简约，每个账户都有自己的区块链，专注于快速和免费的交易付款。”

2. 核心技术

(1)DPoS 共识机制

Nano 是一种互不可信、延时极短的加密货币，每个账户都维护着自己的一条区块链，通过授权的投票证明进行多方共识来实现交易状态一致。Nano 采用代理权益证明(DPoS)实现交易共识，与 EOS 属于同一个类型。DPoS 共识的有效前提与普通 PoS 相似，用户做出不法行为的话将会损害自己的利益，因此用户会朝着有利于区块链发展的方向记账。每名持有 Nano 代币的用户都可以通过投票选举出自己信任的节点作为代表节点，这些代表节点将共同管理和维护系统。账户可以指定代表为其投票，得票最多的代表将处理分叉，这个代表会将分叉广播到网络，并观察来自高权重账户节点在固定时间内的投票结果，以此来确定保留哪一个区块。这种方式避免了因采用 PoW 共识机制而产生的“矿霸”现象，又能保证交易速度快、交易免手续费等，还可以保证区块的合理、低能耗运行。

(2)区块点阵(Block-Lattice)结构

Nano 的核心设计思想是用区块点阵结构替代原有的区块链结构。每笔交易被拆分成“付”和“收”两笔款项，由付款方和收款方分别记录。如图 3-64 所示，A、B、C 这 3 个账户分别在自己的链式账本中异步记录付款和收款区块。一条完整的交易条目应包括一组对应的收付款记录。系统中不需要矿工，每个账户都是唯一且独立运作的，网络中产生的交易只要经过验证节点的验证就不会出现双花现象(如图 3-64 所示，交易指向唯一，不存在交易指向两个接收方的情况)，所以交易能够很快完成确认。按照目前的网络使用效果，处理一笔交易的时间大约在 1 ～ 2s。

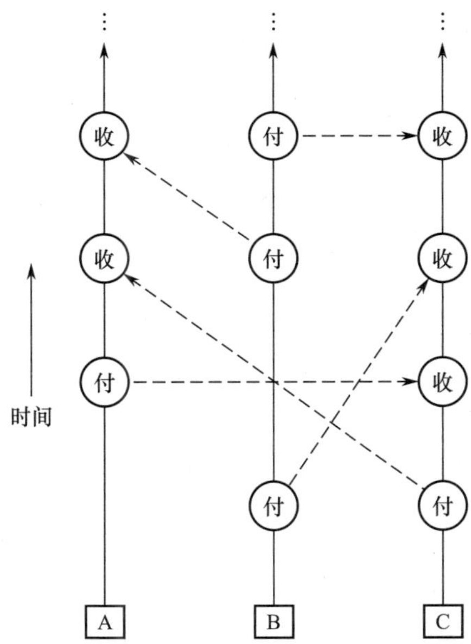

图 3-64　Nano 数据结构示意图

(3)UDP 通信协议

Nano 的设计理念是用最少的计算资源使系统尽可能长久地运作。系统中的所有消息都是无状态的，可以很容易地并入单个 UDP 数据包。这为那些具有间断连接性的轻节点提供了简便的网络参与模式，而无须建立 TCP 连接。只有在新节点需要大量引导区块时才会建立 TCP 连接。另外，节点通过观察其他节点给自己传递的副本便可以判断出自己是否已成功加入网络。通过采用无连接 UDP 协议进行网络构建，未来 Nano 将可以利用 IPv6 多播来替代传统的泛滥交易和投票广播方式。这将大大减少通信所需的网络带宽，并使网络中的运行节点可以更灵活地实现更多策略。

（4）签名算法和散列算法

Nano 使用改进的 ED25519 椭圆曲线算法和 Blake2b 散列算法处理所有的数字签名。采用 ED25519 算法是因为其具有快速签名、快速验证和高安全性的特点。由于 Nano 中的散列算法仅用于防止垃圾交易的产生，并不涉及加密货币的挖掘工作，所以算法的选择其实并不重要。另外，该项目使用 Blake2b 算法作为对区块内容的摘要算法。

3. 商业运营

Nano 背后的主要开发者是 Colin LeMahieu。LeMahieu 于 2014 年开始开发 Nano，Nano 于 2017 年上线主网，其 GitHub 代码活跃度如图 3-65 所示。自从项目启动以来，团队的运营目标一直是让加密货币在可持续发展的基础上运作。整个团队的技术愿景是创造一种更贴合用户、运行更流畅的加密货币，使商户与买家的价值传输合为一体。团队希望其发明的新型产品能成为人们生活的必需品，进而改善人们的日常生活。Nano 不通过 ICO 发售代币，而是通过网络分发代币，用户只需要完成验证码校验就可以接收 Nano。Nano 团队的技术能力很强，成员都是工程师，核心成员 Colin 是区块链方面的专家，拥有很多技术专利。有趣的是，开发团队在运作最初的 3 年中，都是依靠自己的资金进行运作的，没有通过私募与众筹获得 1 分钱。

图 3-65　GitHub 开发活跃度

3.5.3　HashGraph

1. 概述

HashGraph 这种新的共识协议曾被认为是一种替代区块链的技术。该技术是由

Swirds 公司推出的一种数据结构，采用了全新的分布式账本共识机制技术。严格来说，HashGraph 不是一种数字货币，也不是区块链（HashGraph 是一种 DAG 图，并不具备链式结构），也不单单是协议。HashGraph 的本质更类似于底层出块层，而不是一个完整的系统。

HashGraph 为分布式 App 提供的基础设施具有高效、公平和安全等特点，吞吐量高，而且是异步拜占庭容错（ABFT），这意味着 HashGraph 在公链和私链领域都将具有极大的使用价值。根据 Swirds 团队的说法，HashGraph 是“互联网和去中心化技术的未来”，它比区块链技术更快、更公平和更安全。这项全新的分布式账本技术成本低廉，因为它不需要像比特币一样的工作量证明，其交易吞吐量是绝大多数区块链的 50 000 倍。

2. 核心技术

（1）八卦八卦协议（Gossip about Gossip）

HashGraph 的核心协议是“八卦八卦协议”，看名字可能有些难以理解，可以以办公室八卦为例来理解一下。在日常生活中，只要有两个人八卦对话，在有限的时间内办公室里的所有人就都会知道。从本质而言，八卦八卦算法是一个带冗余的容错算法，或者说，这是一个最终一致性算法或提供一致性算法的手段。虽然在某个时刻不能保证所有节点的状态是一致的，但可以保证在最终某个时刻所有节点对某个时间点前的所有历史达成一致。HashGraph 的节点之间传播的消息内容是各个节点间互相进行八卦对话的历史记录，所以每个节点都需要通过八卦过程来维护一个散列图，在节点计算共识投票时发起虚拟投票，即计算其他节点在给定的散列图中如何投票，这也就意味着不需要在网络上通过一个大量双向同步通信的过程来完成真实投票。HashGraph 的发明者曾说:“HashGraph 具备投票算法的一切优点，而且避开了其最大的缺陷。”

（2）DAG 网络

HashGraph 也是以 DAG 网络为基础搭建而成的，但 HashGraph 在控制带宽方面有自己独特的方式。在 HashGraph 网络中，获得准入的节点是唯一可以发起 Event（事件）的节点，并且负责进行所有发起新交易（或称为发起新事件）的工作。如《HashGraph 白皮书》中的图示（见图 3-66），这一机制大大提高了工作效率，在控制带宽的同时，做到了真正的“Blockless”。在图 3-66 中，Alice、Bob、Carol、Dave、Ed 分别是 5 个获得准入的节点，可以发起事件，每个圆圈代表一个事件，是节点收到八卦消息时所创建的。自下而上，事件以创建时间从早到晚排列。

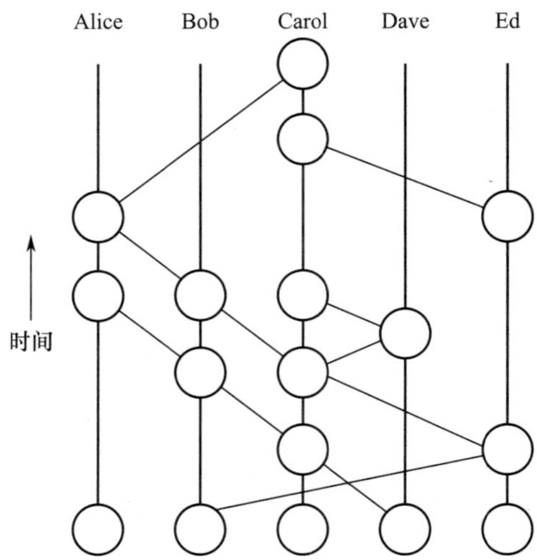

图 3-66 HashGraph 数据结构示意图[1]

（3）异步拜占庭容错

与其他系统不同，HashGraph 使用完全的异步拜占庭容错，没有一个节点可以阻止网络达成共识或者在达成共识之后修改数据。HashGraph 号称可以实现银行级别的安全性，且在整个共识算法中不存在任何领导角色，这也就避免了领导节点可能被 DoS 攻击从而引发整个系统问题的风险。目前，HashGraph 作为一个私链，所有节点的身份都是已知的，这种准入控制保证了现阶段的 HashGraph 不存在被假身份攻击的危险。这也意味着它不会对互联网上传输信息的速度做任何假设，使得其可以有效地抵御 DDoS 攻击、僵尸网络和防火墙。

3. 商业运营

HashGraph 分布式共识算法的发明者是 Leemon Baird，他也是公司的共同创始人兼首席技术官，他在卡内基梅隆大学获得了计算机科学博士学位，而且在计算机安全、机器学习和数学等多个领域都发表了多项专利和著作，拥有超过 20 年的技术和创业经验。在意识到散列技术出现后，许多互联网用户开始想知道散列币是什么。事实是，Leemon baird 还没有引入专有的代币，他仍然是他的系统唯一合法的所有者，他可以决定谁可以使用散列图，谁不可以使用散列图。然而，他的团队正在研究 Hedera Hashlog 网络，该网络将引入自己的代币。HashGraph 的代码未开源且有专利保护，在使用 HashGraph 时开发者需要首先申请 SDK，这也是 HashGraph 要发展成公链存在的

1 图片来源于《HashGraph 白皮书》。

比较大的障碍，其代码的闭源性和加密数字货币本身开源的理念相矛盾，其也无法证明本身具有公平、安全的特性，因此无法得到信任。

作为区块链的有益补充，DAG 技术的异步通信机制能够效果明显地提高扩展性、缩短确认时间和降低支付费用，未来将成为去中心化技术领域的重要部分，不过需要首先解决安全性和一致性的问题。相信在之后的技术发展中，DAG 技术会逐一解决这些问题。

3.6 隐私匿名类项目

隐私是人性的基本需求，匿名是实现隐私的重要途径。区块链是一种集成技术体系，其中最重要的部分就是安全类技术。本书第 2 章中所介绍的零知识证明、多重签名、群签名、环签名、同态加密、安全多方计算、Bulletproofs 等技术都是区块链领域和行业中使用的典型安全类技术，可以实现隐私匿名，达到账号信息不可读、接收地址不链接、发送地址不可追溯、交易内容隐匿等效果。当然隐私匿名技术也是一把双刃剑，尤其是给合规监管带来了挑战，这部分内容将会在第 4 章探讨。本节将介绍 Orchid、NuCypher、Enigma、DASH、XMR 等几个典型的隐私匿名类项目，为读者开阔思路提供参考。

3.6.1 Orchid（兰花）

1. 概述

Orchid 协议（兰花协议）是一个去中心化的、来自互联网的开源技术，该协议旨在终结互联网监控和审查，同时可以保护用户的个人数据不被互联网服务提供商（ISP）或其他实体组织获取，这是一种基于区块链互联网免监视的分散式解决方案。该协议基于现有交换设备中的上层网络，重新创建包容、自由的互联网。作为在互联网上运行的完全分散的协议，兰花协议是一个新的无审查、无监视的协议层，允许用户绕过防火墙访问信息、自由沟通并使用兰花代币点对点地支付给带宽提供者。由于任何中心化机构都无法监督付款和流量，因此在完全匿名的环境下，带宽提供者和消费者都将享有无监视的体验。

兰花协议将带宽提供者组织成一个称为 Orchid Market（兰花市场）的结构化对等（P2P）网络。客户首先连接到兰花市场，然后由带宽提供者收取费用，从而形成了互联网上特定资源的代理链。一般常见的方法是，从全球互联网发送和接收数据，而兰花市场的代理链将数据来源的信息和目的地的信息分开，从而不会有任何一个中继或代理能够同时获取这两个信息或者得知某个用户的身份信息。兰花市场的这种结构通过进一步支持信息分离操作，从而保证了整个系统具有强大的抵制共谋攻击的能力。

兰花协议让我们感受到互联网的未来可以是自由的、乌托邦式的，图 3-67 是兰花协议的官方宣传口号。从技术实现和推广两方面看，目前兰花协议都面临很大的困难，不过一旦成功实现，这将是值得历史铭记的项目。

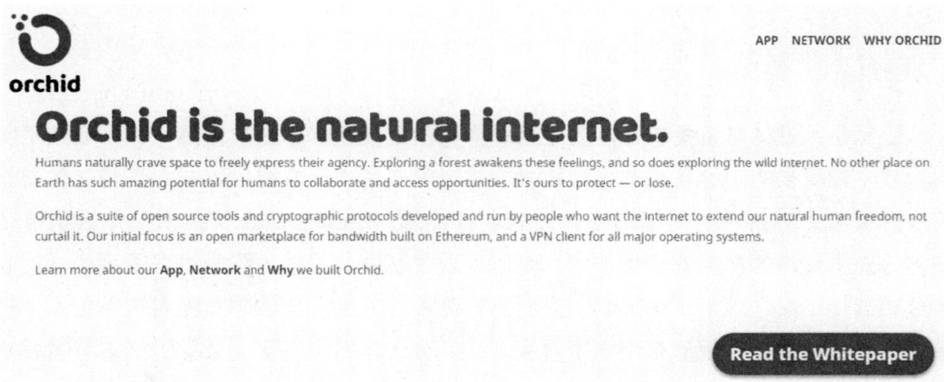

图 3-67　兰花协议的官方宣传口号

2. 核心技术

（1）分布式去中心化的 P2P 带宽市场——兰花市场

兰花协议的技术原理可以从图 3-68 很直观地看到。图 3-68 中左侧一列是普通的网络连接方式，用户直接访问互联网，用户的 IP 地址、所有的连接信息对网站来说基本上可以一览无余，而且 IP 很容易被封禁。后来，有人想出了使用“科学上网”工具（如图 3-68 中间的 VPN 所示）通过工具加密逻辑通道，再去访问网站，这样做可以拥有一定的匿名性，实现一定程度的自由上网，但是使用这种方法也很容易被管制，相信大家经常会遇到上不了网的情况，同时“科学上网”工具由于是中心化的，VPN 服务器也能够很容易地获取用户信息。

如图 3-68 右侧所示，兰花协议让用户可以随机地通过网络中空闲的网络设备所形成的各种“节点”去访问网站，从而达到完全地匿名化和去中心化。当然，没有人会免费提供带宽，就像有人蹭你家网你不会愿意。于是，兰花协议就将所有想要卖自己带宽的人集结在一起，形成分布式去中心化的 P2P 带宽市场——兰花市场。用户首先连接到兰花市场，然后向多个带宽卖家支付费用，从而连通成特定的网络服务器代理链，再通过这样的代理链进一步地实现全球互联网数据的发送与接收。如此一来，兰花市场中的代理链将用户与网络完全地隔离了，并且没有任何代理会同时持有用户发送和接收的数据或知道某个人的身份。同时，兰花协议也具备防攻击和防监测的特性。兰花协议在设计之初就考虑到普通 P2P 网络会受到各种攻击，于是在兰花协议中增设了抵抗这些攻击的能力。与互联网数据常用的传输方法不同的是，兰花市场能够提供相对固定速率的中继，从而防止对通过中继的流量速率进行监测来发现使用 VPN 的情况，并且其会通过代币激励机制来发现隐藏或者无关的信息节点。此外，针对如何保证市场合理地为带宽服务定价并为之支付，兰花协议也给出了复杂的技术方案。目前，兰花协议的共识算法采用的是 PoW（工作量证明）算法，但其需要电脑挖矿才能被用作节点。后续兰花协议可能考虑使用其他更先进的算法，如 Proof of Space（空间证明）算法，使得手机或者其他设备也能被用作兰花协议中的节点。

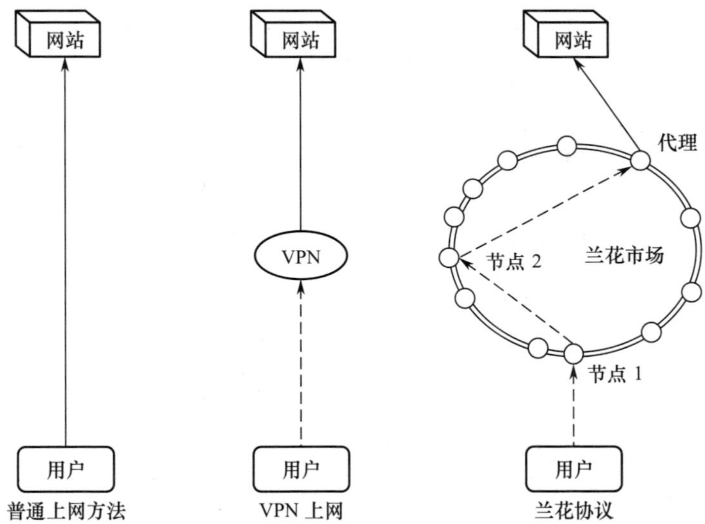

图 3-68　兰花协议的基本流程图

（2）兰花代币

兰花协议可以让用户随机地通过网络中空闲的网络设备所形成的各种“节点”去访问网站，从而达到完全的匿名化和去中心化。通过创建具有“匿名”优势的兰花市场进行节点的交易，其中兰花代币是非常重要的要素。兰花代币是基于以太坊的 ERC20 代币，能够满足不可伪造性、可用性和不可逆性的支付要求，从而保证在交易端也不会被监测到。兰花代币的供给量固定在 1×10^{8} 个，每个代币有 1×10^{18} 个不可分割的子单元（与以太币具有相同的可分解性）。

兰花代币通过赋予人们对网络的部分所有权来激励潜在贡献者和用户，加速网络效应。一方面，网络中代理和中继节点越多，网络为用户提供的服务就越多；另一方面，使用的用户数量越多，运行代理或中继节点就会有越大的价值。

（3）支付需求及方案

支付带宽是目前存在的一个需要解决的问题，是指交易时要向带宽提供者支付兰花代币。在大多数其他支付系统中，发送数据包的成本远远不及物品的成本，所以联网成本一般被计算在交易成本中。但是，在兰花网络中，所需要支付的费用就是一个数据包的成本，所以即使支付的交易成本低于一个数据包的成本，它们的购买成本也相同。因此，我们要求交易费用足够低，以便用户可以（自动通过兰花客户端）根据需求自主选择要购买的中继流量大小，甚至可以只购买单个数据包。当然，不仅交易费用要低，支付机制也必须要做到相当精细，从而方便进行微支付甚至纳支付。这不仅要求支付机制效率高，而且要求付费内容可分，比如，某付费内容能够被拆分为单个数据包的网络流量大小。

兰花网络旨在摆脱网络监控和审查制度，其支付机制还要求可靠、匿名、不依赖于可信任的第三方。即使底层网络能够不受监视和审查，一旦支付机制被监视，那么用户也将面临被审查和跟踪的情形。此外，可信任的第三方在受到会影响支付提供商的国家行为体和其他强大实体的干涉下，也会暴露兰花网络。

兰花网络的支付需求包括：

1）不可伪造性，只有支付令牌（货币）的所有者才能使用它进行支付。

2）可用性，没有任何一个节点能够阻止用户发送兰花货币进行付款，也没有节点能够阻止收款人收到费用。

3）不可逆转性，即使是付款方也不能修改发送的付费行为。

4）匿名，这项支付需求意味着发件人和收件人之间不可链接，无论是账户地址、金额还是时间等方面，都不能留下用户信息的痕迹。理想情况下，应该是不论在恶意观察者攻击下，还是在发送者或接收者恶意攻击下，都能保证匿名的状态。

兰花支付方案受 MICROPAY1 和相关构造的启发，是一个伪造的匿名、概率微支付方案。通过以太坊智能合约和代币锁定抵押惩罚机制，它可以避免运行前和并行（包括双花）支出攻击，从而不需要可信任的第三方。兰花支付的伪匿名相当于在以太坊定期交易中可以实现的功能（兰花客户使用额外的隐私技术，例如，使一次性地址和节点身份与支付地址之间的关键分离，以实现有限的匿名）。

MICROPAY2 和 MICROPAY3 中引入的信任方可以被以太坊智能合约代码有效替代。EVM 允许在验证微支付票据时实现任意逻辑（在计算的经济范围内），并为 ECDSA 复操作以及加密散列函数提供原语。此外，支付过程中须满足以下特性。

1）可重用性，构建每一张新票据时不需要每一张票据都产生交易费用或必须上链交易，否则交易费用将再次成为问题。

2）必须防止双花，否则会给收款人造成损失。

3）就计算成本而言，系统性能必须达到一定的要求，从而保证低于数据包的成本。

3. 商业运营

兰花协议的创始团队成员都是技术上的大牛。该团队在互联网安全、网络技术、区块链技术和开源软件等方面都有着非常广泛、丰富的专业积累。而且，兰花协议应用广泛，最终目标是保证使用者能够在互联网上彻底隐身，避开监督和审查，既能从互联网上获取信息，又能保证用户上网的隐私信息安全。

兰花协议的目标用户可以分为流量代理商和用户两部分。若将兰花协议视为一次对当前互联网协议的大规模升级，则几乎世界上所有的互联网用户都会受到兰花协议升级的影响，届时局域网或者区块链将取代有审查和监督需求的互联网。而流量代理商将不再受传统监督管理的限制，由阴暗幕后走到台前，为用户提供流量服务。

但同时，兰花协议的真正实现存在很大的障碍，因为这一改变会完全改变整个互联网的格局，基于各种原因，各大权力中心必然不会让这种项目真正落地。将来，在兰花协议开发落地的过程中，必然会受到来自各大权力中心的干涉，目前连比特币的匿名交易都难以在全球流通，更遑论信息和互联网的匿名流通了。

3.6.2 NuCypher

1. 概述

NuCypher 是公有区块链与 DApp 的数据隐私协议层。该项目通过使用代理重新加密和区块链技术提供了分布式密钥管理和加密访问控制服务，为 DApp 及其开发人员提供了安全存储、共享和管理公有区块链上的私人数据的方法。这种技术可以使公共网络上任意数量的参与者之间共享私有数据，使用代理重加密技术来代理解密权限，这是在传统对称加密和公钥加密方案中难以做到的。传统的中心化 KMS（密钥管理服务）服务商包括：亚马逊云 HSM、谷歌云 KMS、微软 Azure Key Vault 和 TrueVault

等。在使用这些服务的时候，要赋予这些中心化服务提供商较高的信任级别，也许这对安全性要求高的应用程序不太合适，且易受到单节点攻击。NuCypher KMS 采用分布式网络方式，取消对中心化服务提供商设置信任级别的步骤，通过代理重加密来提供密码访问控制，使用代币激励机制，从而保证可靠性、可用性和正确性。由于使用代理进行重新加密，未加密的对称密钥（能够解密私有数据）绝不会在服务器端暴露，因此不会出现单点安全失败的情况。图 3-69 展示了中心化密匙管理系统（KMS）与代理重加密（PRE）密匙管理系统的区别。NuCypher 允许用户把密文从一个公钥转移到另一个公钥（使用其再加密密钥），而且在这个过程中用户不需要知道任何基础信息。NuCypher 能够使开发者得以存储、共享和管理公有区块链上的私人数据。

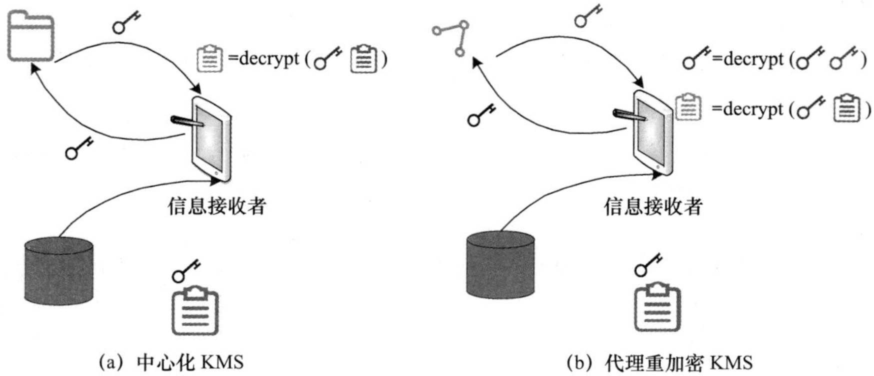

图 3-69 中心化密匙管理系统（KMS）与代理重加密（PRE）密匙管理系统的区别（彩图见插页）

举一个例子，某公司正在创建一个医疗记录系统，使用 NuCypher 加密医疗记录便可更高效地实现医院和医生对患者医疗信息的加密共享。NuCypher 一方面确保隐私共享过程是完全可信的过程（以可信中立的区块链网络代替半可信不中立的传统代理者角色），另一方面也能使信息共享更灵活、多样（可实现任意数量参与者的 N 对 N 信息共享）。

2. 核心技术

（1）代理重加密技术

NuCypher 不是新的区块链，而是基于以太坊网络开发，能够在其他区块链上运行的 DApp 应用。此外，除非数据所有者发起新的访问策略，否则 NuCypher KMS 并不会与底层区块链进行交互，从而确保 NuCypher 网络能够尽可能地不受以太坊网络性能瓶颈的影响。该项目采用了完全可信的区块链网络（一个或多个代理重加密节点）

重塑代理重加密技术中的半可信中心化代理者角色。代理重加密技术这种隐私共享技术基于非对称加密技术（每个人都有公 / 私钥对）。NuCypher 采用代理重加密技术，可以极大地减少数据所有者必须进行的大量重复操作（加密 / 解密工作），从而减少数据发送者的工作量；通过代理重加密技术可灵活控制数据访问权限，有利于多方协作。一旦中止合作，只需要重新修改重加密密钥，就能够收回并重分配访问权限。在互联网发展过程中，很多工作都需要基于互联网进行协作，大范围地使用代理重加密技术。因为委托进行重加密过程的代理者不会接触秘密本身的明文信息，也不会造成泄密，所以代理者是半可信的，一般情况下能够达到信息安全的要求。不过，一旦中心化的代理者由于受到某些因素的影响（如战争、国家政策、商业竞争等）而不再保持中立，并拒绝提供重加密服务或故意提供错误的重加密服务，这就意味着信息共享过程失灵或效率大打折扣。

NuCypher 的目的是通过将代理重加密过程区块链化来解决这些挑战。其代理重加密技术采用对称加密（采用一个密钥进行加密 / 解密双向操作）和非对称加密（采用公 / 私钥对进行加密和解密操作）结合的混合加密技术。假设 Alice 是一位数据所有者，需要将秘密（即明文）通过公共网络共享给 Bob。该过程中 Alice 和 Bob 都各自拥有非对称的公 / 私钥对，并且还有一个公共密钥 DEK（对称加密）来对信息本身进行加密 / 解密。

详细过程如下。

1）加密过程。如图 3-70 所示，数据所有者 Alice 先使用一个通过随机"对称"加密算法产生的公共密钥 DEK 对信息明文 d 进行对称加密得到密文 c；然后 Alice 使用"非对称"加密算法产生的私钥对密钥 DEK 本身加密得到"密钥的密文 EDEK"；最后，Alice 将 c 和 EDEK 的密文组合上传到公共网络中存储（如 Dropbox、IPFS 或 Storj 等）。

2）访问委派过程。如图 3-71 所示，Alice 通过自己的私钥和信息接收者 Bob 的公钥（已被公布到网络中）产生重加密密钥 res → r，并将该重加密密钥发送给一个随机的重加密节点，即图中的代理人。基于安全问题，也可以选择发送给多个重加密节点，这些重加密节点将根据 PoS 从活动节点中选取。

3）解密过程。如图 3-72 所示，信息接收者 Bob 从公共网络下载 c 和 EDEK 的密文组合，然后把 c 和 EDEK 从密文组合里分离出来，将 EDEK 发送至拥有重加密密钥的重加密节点（代理人），请求对密文进行重加密转换，以便 Bob 能通过私钥进行解密。在 Bob 对已重加密后的密文 EDEK 进行解密后，将得到对称加密中的原始密钥 DEK，并进一步通过 DEK 对秘密内容的密文 c 进行“对称”解密来访问明文信息（即秘密内容）。

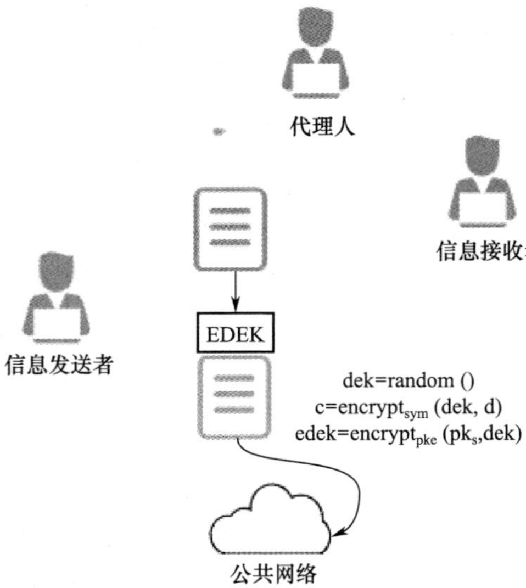

图 3-70　NuCypher 代理重加密的加密过程

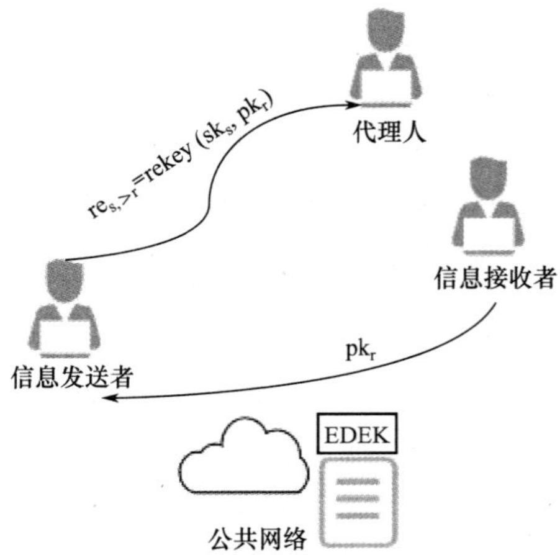

图 3-71　NuCypher 代理重加密的访问委派过程

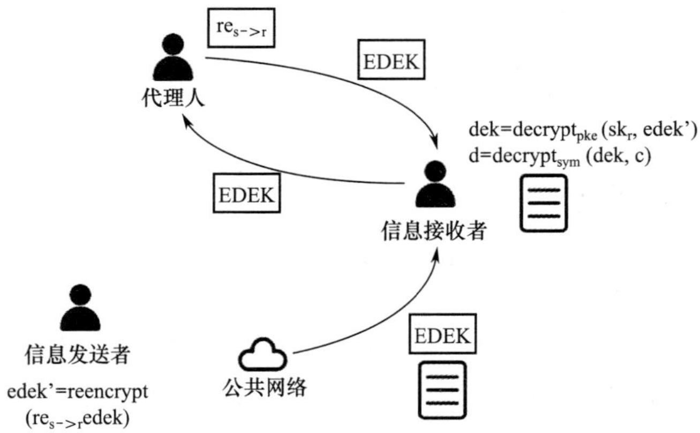

图 3-72　NuCypher 代理重加密的解密过程

为了保证 NuCypher 网络安全，可以使用以下措施来预防网络攻击或节点腐败。（a）重加密密钥伪匿名、密钥分割处理机制、挑战协议以及经济激励等措施将共同防止重加密节点与数据接收方共谋。（b）采用挑战协议以减少因节点故障（指有意作恶误导）返回假信息而非重加密内容的情况。（c）采用安全多方计算实现重加密密钥的切割并分配给多个节点进行重加密，以避免单个重加密节点与信息接收者合谋的情况发生。

（2）安全性机制设计

在 NuCypher 的设计机制中，由矿工来执行所有的重加密和解密过程，因此最重要的是如何筛选出可靠的矿工来保证密钥的安全。为此，NuCypher 设计了一系列的机制来避免矿工作弊和保证加密方式的安全，也就是说提高了矿工的作弊成本和代价。具体的安全性机制如下。

- 伪匿名机制：系统会对整个加密和解密过程中的所有重加密的密钥进行匿名处理，从而使矿工操作时并不清楚自己正在计算什么，具体价值有多少，这也就避免了因利益驱动不安分的节点联合其他节点一起作弊，极大地提高了系统的安全性。
- 分割密钥代理：如果某个节点未按照设置好的策略按计划加密，而是需要马上重新加密数据，那么在这种特殊的情况下矿工存在作弊风险。由于并不清楚"他卖的到底是什么药"，所以 NuCypher 提出了分割密钥代理，原理就是把一个任务分割给不同的矿工和数据读取者，由他们共同完成这个任务。
- PoS 算法的抵押机制：NuCypher 采用 PoS 共识算法最大的好处就是，节点必须放入足够多的 Token（作为抵押），才能进行加密和解密的挖矿操作和获得相应的奖励。这意味着矿工的作弊行为会有代价和成本（即相应的抵押），其成为对矿工最直接、有效的约束机制。

（3）自我审查的激励系统

NuCypher 设计了一个被称为挑战协议的规则，是一种类似钓鱼执法的机制。首先系统会故意把"假"数据发送给矿工加密，如果矿工的确泄露了"假"数据，那么矿工不仅会被证实作弊，而且由于被泄露的是假数据，也不会对任何用户的利益造成伤害。最重要的是，网络中的任何人都能扮演钓鱼执法的挑战人，如果怀疑正确且挑战成功，挑战人将获得该矿工的抵押代币（作为奖励）。

NuCypher 还有另一个有趣的属性，网络参与者越多，网络安全性越高。这与 Zilliqa 的矿工越多速度越快很像。因为整个网络的安全性风险主要的来源是节点的作弊，那么网络参与人数越多，节点合谋作弊的可能性也就越低，节点数目足够多时能够极大地提高系统的安全性和抗审查能力。同时，由于挑战协议这种自我审查机制的存在，监督者的人数也会变多。

3. 商业运营

1）该项目商业模式的基本逻辑是，加密服务的使用者（秘密数据所有者或接收者）给重加密服务的提供者（矿工 / 重加密节点）支付奖励（代币符号 NU）。随着 NuCypher 网络节点规模和应用规模的扩大，代币的需求将持续变大，但代币总量趋于恒定，节点抵押的代币会由于被锁定而降低了流动性，代币在供不应求的情况下价格会提升。在该项目的商业模式中，代币的升值逻辑与该项目的落地和商业推广程度紧密关联。随着项目在开发和商业上的成功，会使代币价值也得到极大的提升。

2）NuCypher 作为第一个采用去中心化方案实现的 KMS 系统，优势明显。该系统网络节点越多，就越能避免合谋，系统就会越安全。KMS 拥有广阔的市场前景（谷歌、微软、亚马逊都已入场），NuCypher 采用分布式网络以及代理重加密技术，避免了单点故障，解决了对数据安全敏感的应用程序需要信任中心化 KMS 服务提供商的尴尬问题。并且，NuCypher 已获得了 Polychain Capital、Michael Novogratz 等多家数字货币风投的融资。

3）NuCypher 的技术借鉴了开源的端到端加密数据库项目 ZeroDB，其技术上是比较成熟的。该公司为企业提供的云端数据访问控制服务已在申请 DEMO（非区块链产品），而 NuCypher 已发布门限代理重加密版本 Umbral，以验证通过一组节点进行重加密来保证安全的密钥分割处理机制。此外，该项目在 2019 年 1 月底发布了创世版（测试版），进展很顺利，并着力下一个版本——一个去中心化开发网的开发工作，并将其作为主网上线的终点线冲刺。在项目运营方面，KMS 能够广泛应用于众多场景，主要的花费也集中在前期开发上，后期的维护费用相对较少。

综上，NuCypher KMS 作为一个数据保护的协议层，从方向性和技术实现上来看都前景光明、优势突出。在团队、应用场景、开发进度以及机制设计等方面，都可以体现出该项目已经相对成熟。并且该项目所处的“赛道”竞争者较少，团队技术实力很强，也有知名机构做背书，是一个值得期待的项目。

3.6.3 Enigma

1. 概述

Enigma 是一个去中心化的、具有隐私保证的分布式计算平台，它可以保证私密性，进行私密数据的存储、分享和分析，完全不会透露给第三方。Enigma 是一种对等式（P2P）网络，充分考虑了区块链与大数据的特点，结合并开拓了可行路线，使数据共享者保持对数据的控制，也能保证安全性和隐私性，并建立了去中心化的数据交易市场，提供了个人出售数据的渠道。基于隐私安全、自动控制以及安全措施，消费者可以销售自己的数据地址。例如，想要寻求临床试验病人的药剂公司可以检索基因数据库。Enigma 协议是 Enigma 的计算模型，通过高度优化版本的多方计算，利用可验证的秘密共享方案来保证安全。为了保证数据的秘密共享，Enigma 存储数据时使用的是一种改进过的分布式散列表。

Enigma 协议的特点如下。

1）隐私性。通过使用安全的多方计算（SMPC），以分布形式计算请求数据。数据会以随机的方式分给多个节点，由它们共同承担计算责任，避免数据泄露给其他节点。

2）可伸缩性。Enigma 与常见的区块链项目不同，每个节点存储的数据并不是完整数据，只有一小部分节点计算部分数据。这种存储与计算分离的设计使系统具备天然的伸缩性。Enigma 允许回退和控制数据，这从根本上改变了当前的数据分析领域，也完全颠覆了数据加密交易。

3）私密合约。在 Enigma 的设计模型中，代码会被分成公共和隐私两部分执行。公共部分在区块链上执行，隐私部分在区块链下执行。为了支持去中心化应用开发，Enigma 团队专门设计了一种类似于智能合约的脚本语言：秘密合同。

4）Catalyst 应用。Catalyst 是 Enigma 协议的第一个应用，由金融数据市场驱动。在 Catalyst 上，开发者可以访问 Enigma 的去中心化数据集市，消费有价值的加密数据，从而在投资策略分析中应用。

5）去中心化的数据集市。Enigma 的数据集市开放、安全、去中心化，允许个人、公司及组织共享和消费数据。并且，可以在链上管理数据订阅、可以通过代币完成奖励和惩罚，而数据本身的存储和传送在链下完成。

2. 核心技术

（1）秘密合同——智能合约

秘密合同本质上是与私人数据一起运作的智能合约。Enigma 的秘密合同具有这样的代码：一部分在公链（如 Enigma 区块链）上执行，另一部分在 Enigma 的去中心化式链外隐私计算网络上执行。公链上执行的内容包括一些安全措施，用来存储可执行的代码正确执行的可审计证据。这样链外计算网络不仅可以提供隐私保护，而且效率相比公链更高。

为了确保链外计算的私密性，团队打算采用安全多方计算技术（sMPC）。也就是说，sMPC 将算法的执行与多个不同实体相分离。实体不会得到算法的全部数据输入内容，每个实体都基于混杂的数据子集执行，最终结果由所有实体的计算输出以安全的方式汇聚而成。在 Enigma 的世界里，一系列能够运行 sMPC 计算的点对点节点组成了链外计算网络。任何人只需在公链上存入特定数量的 ENG（Enigma 代币），就可以作为 sMPC 节点加入。区块链将在 sMPC 节点之间公平地分配秘密合同并监控节点的计算结果，从而保证节点计算结果的正确性和及时性。ENG 代币费用基于任务的计算强度来计算，并由任务发起人付费。为了激励表现良好的节点，系统会没收问题节点的 ENG 代币并重新分配给其他节点。

（2）链下存储

Enigma 链下节点可成为分布式数据库的组成部分。由于每个节点的份额和加密数据视图不同，因此计算过程中有很好的隐私保护和容错能力，还能够不加密存储大型公开数据并将它们链接到区块链。

（3）区块链互操作性

Enigma 的计算模型是高度优化版本的安全多方计算，可验证的秘密共享方案能够很好地保证其安全性。Enigma 使用修改的分布式散列表来保存秘密共享数据，使用外部区块链作为网络控制器，对访问控制、身份进行管理，并作为事件的防篡改日志。Enigma 在自主控制个人数据的过程中不需要受信任的第三方。

（4）激励机制

Enigma 不是加密数字货币，所以奖励基于费用而非挖掘，节点也不会因提供计算资源而得到补偿。所有节点加入时要提供保证金，作为恶意行为的罚金。

3. 商业运营

现有的财富 500 强企业使用区块链技术的过程中最大的问题就是缺乏隐私保护——目前的区块链技术并不能完全保证他们的交易及数据隐私，因此区块链要想成功，首先需要做好对数据的匿名处理。Enigma 通过工作在协议层的离线网络解决了现有区块链的扩展性和隐私性问题。Enigma 的关键技术是“隐私交易”特性，它允许数据通过 Enigma 节点网络进行处理的同时保证隐私性。Enigma 上的第一个应用 Catalyst 现在已经进入应用阶段，而这个应用将颠覆一个重要的行业——金融数据（每年的收入高达数百亿美元），这一切才刚刚开始。

3.6.4 DASH

1. 概述

DASH（达世币）是一款以比特币为基础，改进并添加了双层奖励制网络（主节点网络）等多项新功能的加密数字货币，具有支持即时交易、以保护用户隐私为目的等特点。比特币是创世性的，但是随着其广泛应用和发展，逐渐暴露出确认时间长、“假名化”交易、ASIC 矿机导致的中心化问题和矿池引起的算力集中等缺陷。DASH 在比特币的基础上进行了一定的改进，并有相应的“创新”：实现了 InstantX，使得交易可以在秒级时间内得到确认；实现了 DarkSend，在 CoinJoin（提供匿名技术的软件）的基础上进行了去中心化、使用链接实现强匿名、相同面值和比较先进的混币技术等改进，极大地提升了交易的匿名性；设计了全新的 PoW 散列算法，即 X11 算法，用以对抗比特币的 ASIC 矿机；引入了次级网络，即主节点网络 /Masternode，其具有高可用性，能让客户端同步和通过全网快速广播信息，这在很大程度上能够保障网络的健康。

2. 核心技术

（1）X11 算法

X11 即采用 11 种散列算法进行 11 轮计算，散列算法包括 blake、bmw、groestl、jh、keccak、skein、luffa、cubehash、shavite、simd 和 echo。X11 可以使显卡温度降低 30% ～ 50%，耗电量降低 30% 左右，X11 算法可以说是目前对 GPU 最友好的算法。同时，X11 算法在一定程度上有抗 ASIC 矿机的特性。

（2）双层奖励制网络

比特币的激励机制是“奖励网络中第一个打包区块的节点”，其只有一层挖矿网络。DASH 有其独创的双层网络：第一层网络是普通矿工对网络中的交易打包形成区块；第二层是主节点网络对区块进行共识确认。主节点也就是一个全节点，必须为全网提供一定的服务，加入时要上交 1 000 DASH 币（代币）作为押金，其回报为区块奖励的 45%。

（3）非信任制的 Quorum

截至 2019 年 4 月，DASH 网络大约具有 4 700 个生效的主节点，大概需要 1 000 DASH 币担保才可以成为一个有效的主节点。系统被创建后，将没有人能控制整个主节点网络。例如，如果有人想控制 50% 的主节点网络，就需要首先在公开市场上购买 230 万个 DASH 币。这会让币价大幅上涨，所以不可能有人得到这么多 DASH 币。基于主节点网络和担保条件，我们以非信任制的方式使用该次级网络完成高度敏感的任务，没有任何一个节点能操控网络的计算结果。从总池中选择 N 个伪随机主节点来执行相同的任务，把这些节点视作裁判，那么整个网络将不必再参与这个过程。例如，一个非信任制的 Quorum 发现 InstantX，InstantX 会使用 Quorum 确认交易和锁定输入。

（4）角色和服务量证明机制

主节点还能够向网络提供任意的额外服务。使用一种服务量证明（Proof-of-Service）机制，可以要求这些节点处于在线状态并进行响应。虽然恶意攻击者也能够运行主节点，但并不能提供任何实质性的服务。节点必须不时地与网络中的其他节点通信来保持活跃，以降低利用系统对自身节点谋私利的可能性。这项工作在主节点网络中完成，在每个区块选择两个 Quorum。其中，Quorum A 检查 Quorum B 每个区块的服务，Quorum A 是与当前区块散列最接近的节点，而 Quorum B 是远离所提及区块散列最远的节点。如表 3-1 所示，主节点 A（1）检查主节点 B（2300）；主节点 A（2）检查主节点 B（2299）；主节点 A（3）检查主节点 B（2298）。检查网络的主要工作就是要验证节点有效，这个过程由主节点自身完成。全网区块的 1% 会受到检查，一天内会检查整个网络 6 次左右。为了保持这个系统是非信任制的，DASH 使用 Quorum 系统随机选择节点。要想达到欺骗系统的目的，攻击者需要在一轮检查中被选中 6 次，否则，攻击者欺骗的目的就会被系统发现，从而失败。

表 3-1　在服务量证明机制失衡的情况下，一个独立的主节点欺骗系统的成功概率

攻击者控制的主节点数/总的主节点数	一轮检查次数	成功概率（n/t）r	需要的 DASH 币
1/2 300	6	6.75e-21	1 000DASH
10/2 300	6	6.75e-15	10 000DASH
100/2 300	6	6.75e-09	100 000DASH
500/2 300	6	0.01055%	500 000DASH
1 000/2 300	6	0.6755%	1 000 000DASH

（5）匿名支付

DarkSend 技术可以实现匿名交易，这是 CoinJoin（提供匿名技术的软件）的一个改进和扩展版本。改进包括去中心化、使用链接实现强匿名、相同面值和比较先进的混币技术等。DASH 使用数字货币范围内去中心化的混币服务，让货币本身完全可互换，从而确保公共账本的每笔交易都是诚实的。

为了提高可互换性并保持公有区块链的诚实，DASH 使用先进的非信任制去中心化混币技术。这项服务直接整合到了货币体系中，保持了通货的可互换性，也能使每个用户容易和安全地使用服务。

（6）即时交易

使用主节点的 Quorum，用户能够发送和接收即时不可逆转交易。一旦 Quorum 形成，对应的特定交易将不再支持输入，而目前全网交易锁定所需时间是大约 4s。如果主节点网络达成锁定的共识，所有与之冲突的交易和区块将被永远拒绝，除非它们能匹配当时锁定的交易对应的 ID。这个特性将帮助商家在现实中使用移动设备代替传统 PoS 机器，而用户进行面对面的非商业交易可以像使用传统纸币一样快速。

（7）矿供应机制

区别于其他数字货币，DASH 采用每年减产 7% 的方式来降低挖矿引起的通胀。另外，每个区块的供应量与全网的矿工数是直接相关的，矿工越多，挖矿奖励越少。如图 3-73 所示，DASH 会在 21 世纪持续开采，但速度会逐渐减缓，直至 22 世纪中叶，最终在 2150 年左右才会停止挖矿。

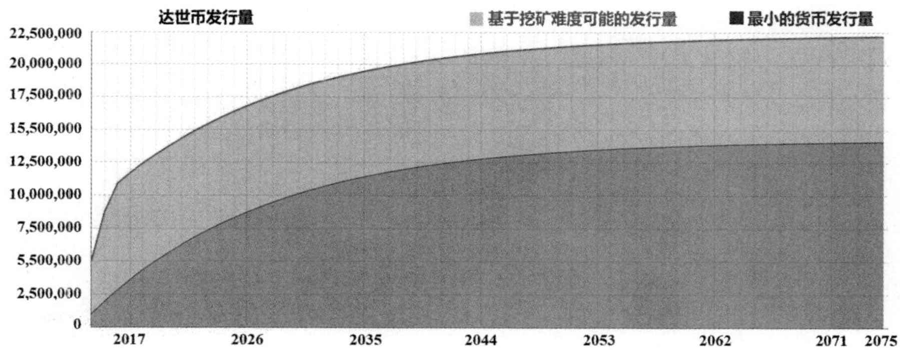

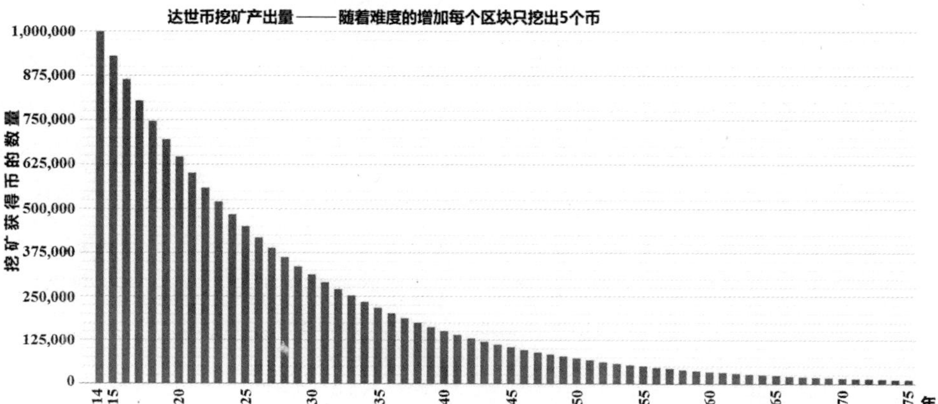

图 3-73　DASH 挖矿奖励模型（彩图见插页）

3. 商业运营

DASH 采用的秒级交易确认完全能够满足日常支付的需求，这也是 DASH 团队推广的主打方向；主节点网络具有很高的网络安全性，能够减少至少 51% 的算力攻击。DASH 自 2014 年创建至今一直发展稳健，排名基本保持在前 15 内。

3.6.5 XMR

1. 概述

XMR（门罗币）是一个创建于 2014 年 4 月的开源加密货币，是一种注重隐私、分权和可扩展性的货币。与其他比特币衍生而来的加密货币不同，XMR 基于 CryptoNote 协议，并在区块链模糊化方面有显著的算法差异。门罗币的特点如下：隐私性、分布式和可扩展性。2018 年伊始，门罗币作为一种新货币，引发了新的经济热度。首先，门罗币作为新兴的虚拟货币，有先进的科学算法作为基石，从简单的循环、选择算法到先进的动态规划、回溯算法，这些算法都能够保证其在复杂多变的网络环境中应对自如。其次，门罗币将作为有效的 P2P 模式引入交易中，不需要第三方的参与，这大大改善了传统数字货币交易过程中冗长、繁复的程序问题，既有着很高的可信度，又对程序步骤进行了很好的简化。

另外，门罗币能以一种井然有序的方式处理全球范围内的交易信息，其数位记忆法非常精确，能够高效地存储和处理信息，并且客户数据库周全，很好地保证了交易的公平性和统一性。这也是门罗币最大的特色之一。

2. 核心技术

（1）环签名

环签名技术主要用于隐匿交易者信息，通过随机选取历史交易混合到当前交易中，使得交易参与者的身份可以混合到整个组别中，从而达到混淆真正的交易参与者身份的目的。1991 年，D.Chaum 和 E.Van Heyst 提出了群签名，不过这并不是真正意义上的环签名。2001 年，Ron Rivest、Adi Shamir 和 Yael Tauman 发明了环签名技术，设计了其环状结构的签名算法。2015 年，基于这种签名方法，数学博士 Shen Noether 在一篇《环形加密交易》的文章中，奠定了正在改进技术的门罗币的环签名算法的基础。利用环签名技术，门罗币可以实现隐藏发送方地址信息的功能。

（2）隐形地址

为每个交易生成隐形地址，除了该交易的发送者和接收者外，其他人都不可能找到该交易的实际发送地址。环签名可以隐藏发送者，隐形地址能够保护接收者。也就是说，只有发送者知道这笔交易的去向。相比一个账户地址只有一对公钥与私钥的比特币，门罗币有两对密钥，一对密钥用来支付交易，一对密钥用来查看交易。

（3）环机密交易

通过该机制可以隐藏交易的金额。在交易中，发送方不会向网络直接公开广播真实的交易金额，输出的交易金额其实是随机数与真正的交易金额相计算的结果，随机数由钱包自动随机产生从而遮盖了真实金额。通过密码学原理将门罗币的交易数额进行加密，这也就意味着除了交易双方，没有人能够通过区块链追踪、获取到具体的交易金额。

（4）路由系统

I2P 是一个路由系统，它允许应用程序私下发送消息给对方而不会受到任何外部干扰，从而保护用户隐私。Kovri 是 I2P 的 C++ 语言实现，与 Monero 代码集成。

Kovri 用 C++ 语言实现 I2P 路由系统，这样 Monero 节点能够秘密地互相发送信息而免受任何外部干涉。从而用户的网络流量会被 Kovri 隐藏，网络监控也就无法察觉 Monero 节点的存在。所有 Monero 流量都会被加密并通过 I2P 节点路由。

3. 商业运营

欧盟执法机构欧洲刑警组织（European Police Office，简称 Europol）在报告中写道，门罗币等加密货币被越来越多的犯罪分子所利用。

（1）暗网利用

门罗币是暗网所支持的币种之一。暗网是隐藏在网络深处的黑暗世界，占据了全部互联网内容的 90%，普通人基本很少能接触到。为了保持神秘和安全，暗网成员匿名存在。因此，在暗网中，保密性是首要考虑的因素，门罗币也因此成为暗网交易的首选工具。

（2）金融洗劫

金融洗劫能够使用查无依据的方式将一种货币轻松转换为另一种货币。虽然比特币是匿名的，但可以根据公开透明的地址和转账记录追查到交易的账号，进而知晓持有账户者的身份。相比之下，门罗币因其匿名特性就会导致追查信息难度大很多。

（3）黑客利用

由于门罗币的匿名特性，很难追查到任何信息，因此，常被黑客用来进行劫持网络、植入挖矿程序等违法行为。

虽然各大组织因门罗币的完全匿名性经常对其采取打压措施，但单纯在交易市场中，其依然是少数人的刚需，而且就是这一小部分人撑起了整个门罗币的大部分交易量。开发者创造了一种保护隐私的货币，且期望多数人都会合法使用，而这些人只是不想让别人知道他们在买咖啡还是买汽车。然而，对于门罗币而言，依然需要注意政策风险，要想让正常持有门罗币的投资者放心，必须先解决门罗社区违法防范机制方面的完全匿名问题，如此才有利于门罗社区稳定、持续地发展。门罗币不仅是可以创造可观经济价值的货币，更应该是构建完整的实体经济与虚拟经济结合的平台，真正参与一个新兴的金融体系。

3.7　资源共享项目

现有的主流云存储均是基于中心化进行运营的。大多数云存储提供商在提供服务的同时需要投入巨大的成本来提供存储空间和运营，这时他们就有可能将用户上传到云存储上的资料、照片、视频作为数据源用于其人工智能、大数据的原始素材，这样就可以实现收支相抵。因此，用户将很难确保自己上传的数据安全。我们认为，用户的数据并非绝对不可使用，但应该由用户自己决定，并且如果数据被使用，用户应该有机会获得收益。

区块链的诞生给分布式存储指明了新的发展方向。

首先，存储的池化实现空间更加广阔、形态更加丰富。

其次，区块链的通证激励机制能够很好地鼓励参与者将企业级存储、服务器、PC、移动存储等剩余存储空间贡献出来。通过把用户数据分布式存放，并且用加密的方式保存，能够保证数据更安全。

再次，区块链的 DAO（Distributed Anonymous Organization，分布式自治组织）分布式商业模式，将整合全球的资源和人才，齐心协力，促进整个产业产品和商业模式的发展。

最后，在区块链的基础设施以及其上的应用（DApp，Distributed App）逐步完善之后，用户存放的将不只是数字信息，还有可以进行价值交换的数字资产。

实际上，全球范围内基于区块链技术的分布式存储项目正在广泛推广。下面，我们将重点介绍 IPFS/Filecoin、Bluzelle、StorJ、Maidsafe 四大分布式存储项目。

分布式文件存储是现如今非常前沿的领域，包括 IPFS/Filecoin、Bluzelle、StorJ、Maidsafe 在内的分布式存储项目都在争夺该领域的市场份额。尽管这个领域的竞争已经白热化，但对于技术发展而言，还是好处居多。所有团队都在投入人力、财力，努力改进解决方案并体现出各自的特色。我们有理由相信在未来，借助区块链技术的数据存储将会变得更快捷、更便宜、更安全。

3.7.1 IPFS

1. 概述

星际文件系统 IPFS（Inter Planetary File System）是一个面向全球的、点对点的分布式版本文件系统，描述了文件在分布式系统中如何存储、索引和传输。IPFS 被很多人视为下一代分布式存储网络，未来很可能成为整个区块链行业的存储解决方案，并取代 HTTP 协议。自 2018 年以来，市场上逐渐掀起 IPFS 挖矿热潮，不少机构与社区宣扬 IPFS 是下一个极具潜力的新挖矿币种，海量 IPFS 矿机的预售和叫卖也以燎原之势席卷开来。

2. 核心技术

IPFS 项目的核心技术主要包括如下几项。

（1）IPFS 超媒体传输技术

作为最新的技术思想结晶，IPFS 超媒体传输协议在技术上优于 HTTP 文本传输协议。HTTP 协议本身对中心化的大数据库中心依赖性极强，一旦数据库出现问题，服务数据库的宽带网络出问题，HTTP 协议就没法正常使用，此时，网页上会出现 404 错误。而 IPFS 超媒体传输协议基于区块链的去中心化技术理念，在它的网络中，取消了大型中心化的数据库中心，而是由各个矿工节点组成的公平、公正的网络来代替。网络将用户的数据分割成多份，采取就近存储、多备份（即多个矿工存储节点共同存储）的原则。所以在 IPFS 的网络中不存在主干网，也不会发生宕机问题。只要用户和矿工都不删除数据，那么网络中永远都会保存着这份数据。

（2）Filecoin 激励机制

IPFS 之所以能够实现分布式，最主要的原因是它的激励层设计。IPFS 的核心技术使用的是 BT 技术，在这种场景下，激励问题就凸显出来：如何激励更多的人做种子？为解决这一问题，一种新的去中心化的区块链激励方式——Filecoin 横空出世，在 IPFS 上做种子的人被称为矿工。如图 3-74 所示，矿工挖矿就是为了得到 Filecoin 网络的奖励币——FIL 币。矿工分为两种：检索矿工和存储矿工。检索矿工是用户付费给矿工，然后下载数据，矿工把自己的数据传给用户，然后收取用户的费用。简而言之，检索矿工卖的是流量。存储矿工是用户在矿工这里存储自己的数据，为矿工硬盘的存储空间付费，价格由矿工根据市场行情确定，即存储矿工卖的是硬盘空间。

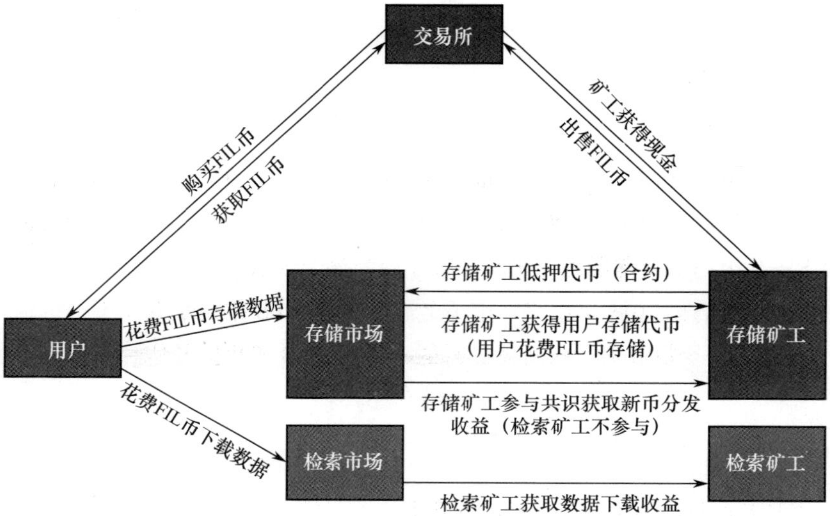

图 3-74 Filecoin 体系中价值与代币转移图示（彩图见插页）

（3）Filecoin 的复制证明、时空证明

Filecoin 主要采用复制证明和时空证明两种共识机制来激励矿工。在 Filecoin 网络中，存储矿工需要生成“存储证明”（Proof-of-Storage，PoS），并将其提交到区块链网络来验证用户所需要存储的数据是否被存储矿工所存储。复制证明（Proof-of-Replication，PoRep）是一个新型的存储证明，它可以让证明人提供存储证明给用户，证明用户的数据已经被复制、存储到证明人唯一的专用物理存储设备上了。Filecoin 采用复制证明阻止了女巫攻击、外包攻击、代攻击。而时空证明（Proof-of-Spacetime，PoSt）主要是指存储矿工提供存储证明，证明自己在相应的时间内存储了用户的数据，以验证用户数据的真实性。

3. 商业运营

Filecoin 作为基于 IPFS 建立的分布式文件存储系统，极大地激励和刺激了 IPFS 的发展，也是 IPFS 技术落地和推广的一大可行方案。Filecoin 是迄今为止涉及金额最大的 ICO，Filecoin 团队仅在首次数字代币出售开始后 30 分钟就宣布获得了 2.52 亿美元的投资总额，该数字也包括预售的金额。Filecoin 被称为 2017 年“充满希望”的三大 ICO 之首。

2018 年 8 月，Filecoin 团队展示了一份将延续到 2019 年及之后的发展蓝图，但目前 Filecoin 的开发进度已经有明显延迟，根据其最新公布的内容，将会向后推迟一个季度，最新的 Filecoin 发展路线图如图 3-75 所示。Filecoin 于 2019 年 2 月 14 日在众多期待中公开了测试网代码，最终的主网则推迟到 2019 年年底上线。

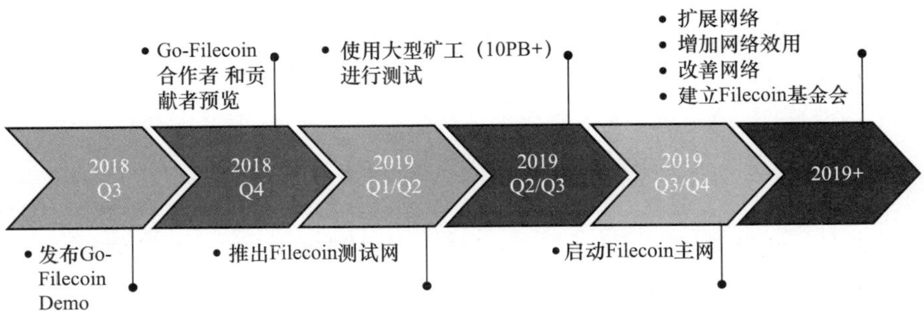

图 3-75　最新的 Filecoin 发展路线图（彩图见插页）

3.7.2 Bluzelle

1. 概述

目前，数据存储领域广为人知的明星项目有 IPFS、Storj、Siacoin 等，这些项目主要为以太坊上大量的去中心化应用提供存储和管理服务。在功能上，它们可以被理解为百度网盘 / 腾讯微云，被用作云存储。而 Bluzelle 提供分布式数据服务，是区块链体系内更底层的设施。Bluzelle 能为去中心化应用提供去中心化的、基于客户需求的、可扩展的数据服务。Bluzelle 的提出填补了市场空白，其数据存储结构性能相比其他的数据存储结构表现更优。图 3-76 展示了现代互联网与去中心化互联网在生态系统组成部分的对应关系，以及 Bluzelle 在该体系中的定位。而且，去中心化的分布式数据库的数据存储成本要比传统数据结构少至少一半。

图 3-76　Bluezelle 在互联网体系中的定位与对应关系

2. 核心技术

为了确保数据库性能、可靠性、可扩展性，Bluzelle 主要进行了以下技术创新。

（1）通过集群技术保证数据存储安全

Bluzelle 有 50 个节点，分成 5 个集群，每个集群中有 10 个节点，这 10 个节点中存储的数据一样，但是 5 个集群之间存储的数据不同，都存储的只是整体数据中的一个切片。比如，现在有一个用户的数据包括“姓名，电话，家庭地址”，Bluzelle 会把这个数据分成 3 份，分别存储在 A、B、C 这 3 个不同的集群里，就算黑客入侵了 A 集群，那他也只能获取用户的姓名，而无法得到其他信息。这样的信息对黑客来说是没有任何价值的。

（2）使用分片技术保证数据操作效率

在数据存储的安全性显著提升的同时，如何保障数据操作效率，又成为一个新的挑战。Bluzelle 采用蜂群模型解决了这一问题。在该模型中，可以从最接近用户的叶子节点检索数据，也可以从叶子节点中数据操作性能最高的节点检索数据。无论哪种情况，数据都会被复制、分片和加密。如图 3-77 所示为 Bluzelle 数据操作时间阈值。

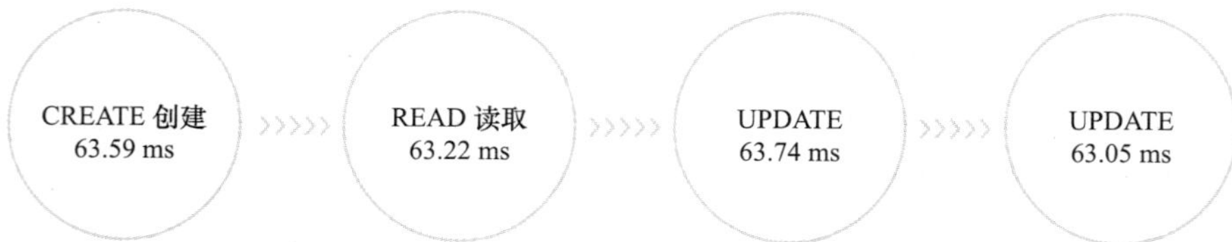

图 3-77　Bluzelle 数据操作时间阈值

（3）通过动态调整分片数据的节点数量和位置，保证数据库的可扩展性

Bluzelle 数据库从水平和垂直两个维度都是可扩展的。Bluzelle 会管理各项需要扩展的策略。水平扩展是 Bluzelle 架构的基础，每个集群一方面是集群层的水平扩展实例，在每个集群中，每个节点又是集群内水平扩展的实例。

3. 商业运营

Bluzelle 的定位是区块链数据库，目标专一，主要对数据检索速度、数据库安全 / 稳定等提出合理方案。自 2014 年创立以来，Bluzelle 已和 AIA、Temenos、华侨银行、汇丰银行、三菱日联金融集团等达成一定的合作，行业资源丰富，顾问团队强大，顾问团队包括兰花协议的 CTO、数据库行业专家、Cassandra 创始人 Prashant

Malik、Ripple 创始人 Ryan Fugger 及以太坊的前核心开发人员 Alex Leverington。2018 年 6 月，Bluzelle 与京东达成合作意向，并被京东评价为“致力于解决下一代区块链应用面临的基础设施挑战”。Bluzelle 团队于 2018 年 6 月发布了第一个公共测试网 Lovelace，并于同年 12 月上线了新测试版本 Bluzelle。根据 Bluzelle 团队 CTO 在官网公布的技术路线，目前 Bluzelle 在不断地迭代更新，并预计在 2019 年 11 月发布第一个可使用 BLZ 代币支付的版本。在融资以及分配上，Bluzelle 于 2017 年获得 150 万美元 A 轮融资。其中，众筹的比例是 33%，团队的比例是 15%，并且资金用途合理，团队保留的代币（BLZ）设有锁定期。

3.7.3 Storj

1. 概述

Storj 是一个去中心化的基于区块链的分布式云存储系统，其功能类似于中心化的 Dropbox、OneDrive 等。Storj 采取基于区块链的通证激励模式，可以鼓励用户分享自己的剩余计算机存储空间和流量，进而获得区块奖励，可以充分利用用户资源，压缩运营成本。另外，Storj 存储数据使用了冗余和端对端加密技术，具有不错的安全性。

换言之，Storj 是一个去中心化分布式云存储平台。首先加密文件，并分解成加密数据块，然后分布存储在 Storj 网络上。在 Storj 网络中，如果矿工分享自己的存储空间，就可以获得 Storj 网络奖励。Storj 网络中的数据安全性高，成本低，存储或下载数据速度快，用户友好度高，容易上手使用。

2. 核心技术

Storj 项目的核心技术主要包括如下几项。

（1）利用区块链和数字加密技术确保存储文件的安全性

作为一个开源项目，Storj 目前有一个庞大且用户数还在持续增长的开发人员社区，致力于构建私有云存储工具、应用程序和产品。在 Storj 的共享服务社区中，被称为“农民”的是租用其硬盘空间和带宽的用户。通过创建一个 P2P 网络，“农民”享受的云存储服务不仅数量级更高、更安全，速度提升 10 倍，而且相比于传统的数据中心，成本可以下降一半。Storj 平台上部署了应用于数字货币和去中心化应用程序的区块链技术，用户可以采用更安全的去中心化方式存储数据，区块链功能（比如，交易账本、公私钥对和散列函数）可以保证文件安全，用户无须考虑数据中心审查和黑客攻击风险等问题。目前，Storj 公司在全球范围内已经拥有超过 1.5 万个应用程序编程接口（API）用户和超过 7 500 个社区“农民”。

（2）Bridge 可以帮助组会有效地使用网络

Storj 将 Bridge 部署到生产服务器上，处理合约谈判、审计、支付、可用性及其他一些需求。通过使用应用程序编程接口（API）和客户端扩展与存储资源，Bridge 公开了这些服务。其客户端可以集成到其他应用程序中，这样一来，无须成为网络的一部分，任何应用程序都可以使用 Bridge 服务器，存储 Storj 网络上的数据。Bridge 作为传统应用程序和去中心化 Storj 网络之间的中心桥梁，就像与任何其他对象存储交互一样，它使得传统应用程序与 Storj 网络能够进行交互。它精简了所有 P2P 通信和存储协议谈判，方便请求。然而，与大多数对象存储不同的是，Bridge 并不会直接存储在对象里，而是引用对象。它将指针存储到分布式网络上对象的位置，并审计这些对象所需的信息。在理想的情况下，Bridge 不会传输数据，数据会被直接传输给网络上的“农场主”。

Bridge 客户端提高了客户使用网络的效率。文件在进入网络时进行加密以保证安全性和隐秘性。为了确保可用性，它会破坏文件，使用擦除编码，并将碎片分散到多个“农场主”头上。然后，客户端与 Bridge 进行通信，管理网络上每个分片位置，并帮助用户在本地管理他们的加密密钥。Bridge 客户端最开始是一个 Node.js 包，之后会有其他语言实现。

（3）核心对象存储服务

Storj 的核心服务是一个类似于 Amazon S3 的对象存储。这个对象存储由一组公共 Bridge 节点管理，在基础设施上进行合约洽谈、管理交易及审计工作等。使用时，用户通过 Bridge 客户端与 Bridge 进行交互。所有复杂的事情都可以在幕后处理，方便开发者进行可扩展开发。

Bridge 根据与“农场主”的历史交流做出决策。Storj 依据性能数据、自我报告勘测数据来智能分发数据。另外，Storj 也优化了正常运行时间和快速检索。

Bridge 客户端和 Storj 应用也有账户管理功能。另外，图形用户界面作为用户友好型界面，极大地提升了用户体验。Storj 认为，相比其他大部分开发者只负责提供普通的云计算和存储服务，在设计产品时，应将界面设计得简单、可用，从而提供一种优雅的用户体验。

3. 商业运营

Storj 项目团队由 33 人组成，其中 5 人承担顾问职责。该团队于 2014 年成立，经过 12 年不断的磨合，团队成员分工明确、配合默契。开源软件公司 Docker 的原首席执行官 Ben Golub 已于 2018 年 3 月成为其首席执行官。Storj 现已与开源文件传输项目 Filezilla 达成合作，在第二次ICO时募集到3 000万美元，成本为约6CNY，发行后其曾处于破发状态。目前，Storj上线的交易平台有Bittrex、Poloniex、Liqui、币安、火币、gate.io（比特儿）等。如表3-2所示为Storj代币STORJ与其他同类型项目SC、MAID的对比。经对比可以得出，虽然STORJ的市值不如其他两个云存储项目，但却是最有前景的项目。

表3-2　STORJ、SC、MAID项目对比

云存储项目	STORJ	SC云存储币Siacoin	MAID互联网币
市值排名	86	43	62
发行时间	2017-07-03	2015-07-03	2006-02-03
当前价格	10.07	0.97	4.36
货币总量	5亿个左右	450亿个	40亿个
优点	私钥加密，网络信息安全性高	数据共享迅速、便捷，加密社区很稳定	集存储、访问和交换数据一体的互联网
缺点	网络倾向去中心化，而不是按照使用量、数据量分配	速度较慢，必须锁定资金才能使用网络设备数据	很难被用户理解，而且开发速度太慢

3.7.4　MaidSafe

1．概述

MaidSafe是另一款较受欢迎的区块链存储项目。MaidSafe不仅是一个去中心化存储的解决方案，而且旨在创建一个可以存储、访问和交换数据的新主干。也就是说，MaidSafe是一个新的网络，即SAFE——Secure Access For Everyone，由所有参与者组成，以P2P方式贡献自己的计算能力。DApp（去中心化应用）可以建立在MaidSafe上，其中最突出的亮点是Project Decorum，是一个建立在SAFE网络上的社交媒体平台。

2．核心技术

MaidSafe项目的核心技术主要包括如下几项。

（1）资源拥有证明PoR（Proof of Resource）

SAFE网络采用PoR这种精确、安全的加密方式，以验证节点及确定其对网络的贡献。所谓资源，指计算机节点存储数据的综合能力，比如CPU速度、带宽、存储空间和在线时间等。因此资源证明是有价值、可测量和可实时验证的。PoR这种证明机制效率很高而且代价极小。作为一个完全去中心化的网络，SAFE以很快的网络速度即时产生和确认交易（甚至低于1s的时延）。这是交易管理系统的功劳，而不是区块

链系统。在 SAFE 网络里，一个交易管理系统分为链接和非链接两种方式。比特币使用区块链接的方式访问遍历所有交易，而 SAFE 则选择非链接方式。每个用户的信息被保存在与其相近的一个节点群里（根据地址的 XOR 距离）。交易管理系统仅仅保存用户一个交易过程中的临时收据，该临时收据是可以作为交易证明被永久存储、维护的证据，又或者在交易结束后马上被销毁，这样在网络上将不留任何可追踪的信息。而且，SAFE 提供第三方托管机制，允许第三方仲裁交易争议。

（2）安全币 Safecoin

只有好的激励机制才能助力尖端技术的成功。为了促进 SAFE 网络能被更广泛和有效地使用，令牌机制的激励方案被提出，以便让所有投资者可以公平、合理地争取这些令牌（安全币）。安全币可以通过交易购买的方式获得，也可以通过用户共享他们的机器资源获得。开发者以安全币作为应用收入，而项目资助者则可以通过购买方式（以 MaidSafeCoin 为中介）在网络发布之前提前获得安全币。这样可以保证网络有足够的资源得以启动，应用开发者可以推出免费应用供大家使用。这将是一个全新的、没有边界的互联网，一个所有人拥有、无人控制的互联网。安全币将以一种公平、透明的方式激励开发人员、支持者和最终用户。用户通过分享网络资源，以资源证明的方式获得安全币；开发者通过应用服务获取安全币作为收入；支持者则通过提供公共物品支持网络并愿意承担资金风险以获得投资回报。安全币发行量为 2^{32} 个，价值由市场决定。在 SAFE 网络中使用安全币交易。

3. 商业运营

MaidSafe 于 2006 年 2 月在苏格兰 Troon 成立，核心成员 14 名，MaidSafe 已经完成了底层代码库的开发和 API 制定，以保证当前应用开发者更方便地使用和开发示范程序；2018 年 6 月，团队完成了 SAFE 网络从终端到终端运行，用户能够通过 SAFE 客户端使用验证 API 进行自我验证。总体而言，MaidSafe 虽利用了精湛的技术却耗时漫长。

3.8 应用类项目

应用类项目是基于区块链开发平台（如以太坊）开发的能够解决实体经济中实际问题的区块链项目。利用区块链技术，可以解决信任危机、跨国界流通等问题。同时，区块链上的智能合约和代币，能够使项目实现自动执行，这大大提高了社会经济活动的效率。应用类区块链项目囊括了金融、社交、游戏、产权保护等诸多领域，也是市值增长最快的领域。

3.8.1 XRP

全球市值长期排名第三的瑞波币在整个币圈有着当之无愧的“妖币”称号。它的最高涨幅一度超过了“币王”比特币，市值曾超越以太坊币位列全球第二。关于瑞波币，有一个广为流传的段子：如果有人在5年前花1元钱买了瑞波币，那么他现在已经身价千万元，而如果他花了4元钱，那么他现在就是亿万富翁了。这个说法或许有些夸张，但毋庸置疑，瑞波币为数字货币的发展做出了不容置疑的贡献。

1. 概述

Ripple（瑞波）是一家为全球金融机构开发支付网络的公司，旨在通过区块链技术构建一个超快速、超低价的交易体系。Ripple网络作为世界上第一个开放的支付网络，可以实现任意一种货币的转账，包括美元、欧元、人民币、日元或者比特币等，并且速度快、成本低，交易确认在几秒内完成，交易费用几乎为0，也不存在跨行、异地以及跨国支付费用。由于Ripple是开放源码的点到点支付网络，因此它允许用户向互联网上的任何人转账。同时，Ripple是P2P软件，不会受到任何个人、公司或政府操控，任何人都可以创建属于自己的Ripple账户。

XRP（瑞波币）是唯一一种在Ripple网络中流通的加密货币，是基于数学和密码学的虚拟数字货币。XRP是Ripple网络的基础货币，在Ripple系统中有主要桥梁货币和防止恶意攻击的功能。XRP可以在整个Ripple网络中流通，总数量为1 000亿个，并且交易越多数量越少。目前XRP约有380亿个在外流通，Ripple公司本身持有613亿个。为避免由于Ripple协议的开源性而导致的恶意攻击，Ripple Labs要求每个Ripple账户都至少拥有20个XRP，每进行一笔交易，就会销毁约十万分之四个XRP。

2. 项目详解

XRP的历史远早于比特币，它最早可以和2004年的Ripple系统搭上关系。该系统此前只可以在相互信任的人之间转账，开展必须基于信任链。2012年，OpenCoin公司开始接手Ripple项目，在2013年推出了一个新版本，在新版本中有两个新举措。第一个举措是引入网关。网关作为资金进出Ripple系统的进出口，可以选择大银行或大金融机构来担任。用户可以通过网关将各类货币，包括法币和虚拟货币，注入或抽离Ripple系统，从而实现信任该网关的陌生人之间互相转账。第二个举措则是推出XRP。XRP作为Ripple系统内的流动性工具，充当着各类货币之间兑换的桥梁货币的角色。在 Ripple 系统内，XRP 可以在任意网关之间自由流通，从而使得用户可以跨网关转账或提现。在区块链技术出现之后，XRP 得到了进一步的发展。区块链技术使得 Ripple 系统能够支撑和保障各种环境下用户的交易需求，不受时间、地点甚至是币种的限制。2013 年 9 月，OpenCoin 正式更名为 Ripple Labs，并宣布 Ripple 的服务器和客户端全部开放源码。

Ripple 系统的工作流程允许两种模式：第一种是以 XRP 为桥梁，在用户 A 将任意类别的货币或虚拟货币兑换成 XRP 后，发送给任何地区的用户 B，并可以被兑换成用户 B 需要的任意币种；第二种是以网关为桥梁，用户 A 将资金存于用户 B 信任的网关，用户 B 通过网关获得资金。除此之外，用户还可以在 Ripple 系统中发行“私人货币”。在 Ripple 用户 A 信用很好的前提下，用户 A 可以与信任自己并愿意接受自己“私人货币”的另一个用户 B 交换自己发行的“私人货币”，以及兑换美元或比特币等其他币种；用户 B 也可以根据需要赎回兑换给用户 A 的货币。通过这种发行、交易“私人货币”的方式，用户 A 具有了向他人借贷融资的途径。

从整体来看，这是一个具有去中心化构架的系统。Ripple 协议维护的是一个全网络的公共分布式总账本，可以通过具有的共识机制和验证机制将交易记录及时添加进总账本。Ripple 系统会根据每隔几秒产生的新交易记录形成一个新分账实例，并且其会被共识机制和验证机制迅速地验证。Ripple 系统的总账本是由这样一个个分账按照时间顺序排列构成的。不同于目前市面上比较流行的 PoW、PoS、DPoS 三大算法，瑞波币的共识算法采用的是 RPCA（The Ripple Consensus Algorithm）。该算法通过子网络内部相互信任，达到了更迅速的共识速度，并保证了结果是最终结果，将不会发生改变，即不会回滚之前的交易。但是这就要求 Ripple 系统的每一个节点之间都要有相当完整的信任连接度算法，否则很容易出现分叉，安全性较差。出于保证较高安全性的目的，目前 Ripple 的记账节点非常中心化，其中 Ripple 系统本身的节点占较大部分。Ripple 的共识机制是在几秒内使系统内的所有节点自动接收总账本交易记录的更新，并且不需要经过中央数据处理中心。因此，与传统的程序复杂且成本较高的跨境支付相比，Ripple 系统能够带来更高效的支付方式、更低的支付成本以及更便捷的支付体验。XRP 支付结算只需要 4s，与比特币超过 1h、以太币 2min 以上的时间相比，堪称是目前交易速度最快的加密货币。

3. 商业运营

XRP 的运营公司为 Ripple Labs。Ripple 项目致力于解决全球跨境支付结算过程中的高成本、低效率等问题，推出了 Ripple 协议。Ripple 的产品涉及银行、支付服务提供商和企业客户等不同行业不同业务的解决方案，产品体系完整、成熟。Ripple 项目在近 1 年的时间内发展非常迅速，相关产品已在全球范围内小规模落地，其客户已超过 100 个，并达到了超过 75 次的商业部署落地。其客户包括三菱日联金融集团、MUFG、加拿大皇家银行桑坦德银行、美国银行、沙特阿拉伯国家商业银行等知名金融机构，预计加入 RippleNet 的机构数量后续还将持续增加。

在社群活跃度方面，Ripple 的 Facebook 和 Twitter 的关注度都相当高。Ripple 的项目代码现也已经在 GitHub 上开源且非常活跃。该项目目前共有 61 个代码贡献者，累计提交代码 11 859 次，Fork 次数为 922 次，如图 3-78 所示。

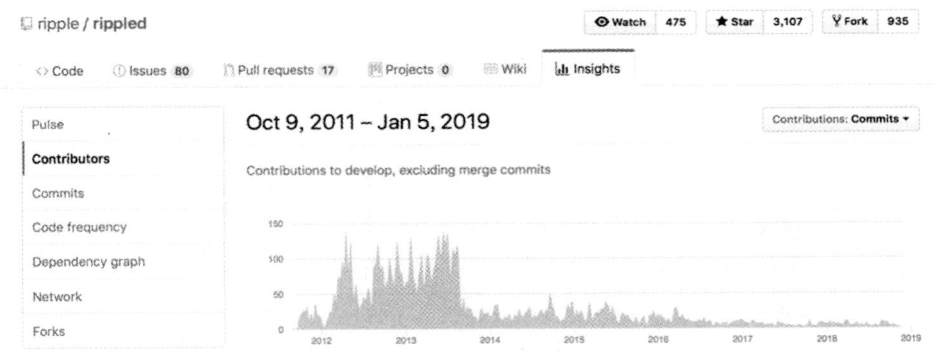

图 3-78 GitHub 开发活跃度

3.8.2 Stellar

不同于将主要服务聚焦在银行间清算的 Ripple，Stellar 着重于服务民间机构的清结算，并且拥有更多的潜在用户。与 Ripple 相比，Stellar 是一个更去中心化的网络，原因在于，Stellar 是一个开源的非营利性网络，而 Ripple 属于 Ripple Labs，Ripple Labs 拥有一定的对 Ripple 网络的控制权。Stellar 处于上升轨道，未来几年可能会持续增长。

1. 概述

据世界银行统计，2018 年全球汇款总额达到 6 160 亿美元，这是一个庞大的市场，并且在全球化程度加剧的趋势下快速增长着。

Stellar 项目的目标在于，建立一个开源的分布式支付体系，数字货币与法币之间传输的去中心化网关实现了用户之间不同法币与资产快速、可靠的交易。Stellar 网络允许人们在全球各地发送和接收任何货币（包括加密货币）。付款可以立即被发送和接收，交易过程的平均时间为 2 ～ 5s，交易过程有密码保护，有利于缩短交易时间，降低成本和消除交易摩擦。Stellar 的 3 个最重要的特征体系：一、以用户账户为基础；二、采用分布式账本记账；三、采用分布式交易。

不同的区块链网络有不同的功能，比特币是用来投资的，以太坊擅长于智能合约，Zcash 则优于隐私保护，而 Stellar 的目标是创建一个全球范围的金融网络。表 3-3 是 Stellar 与比特币、以太坊在交易确认时间、平均交易费用、交易吞吐量以及共识机制方面的对比。

表 3-3　Stellar 与比特币、以太坊的对比

对比项	比特币	以太坊	Stellar
交易确认时间	1h	15min	2 ～ 5s
平均交易费用	每笔交易$18.75	每笔交易$1.13	每 300 000 笔交易$0.01
交易吞吐量	每秒 3 笔交易	每秒 7 笔交易	每秒 3000 多笔交易
共识机制	工作量证明	工作量证明	恒星共识机制

2. 核心技术

（1）恒星共识机制

Stellar 平台运行在一系列分布式服务器上，由一个分布式记账系统组成，记录网络上发生的每一笔交易，每个 Stellar 服务器上都有一个总账的完整副本。Stellar 所提出的恒星共识机制是基于联邦拜占庭协议（Federated Byzantine Agreement，FBA）改进的，Stellar 网络的每个节点都有一组自己的可信任节点，交易只需要由这组特定的节点验证，而不需要整个网络的所有节点验证。这种共识机制一方面使系统的可扩展性得到了提高，但另一方面在一定程度上牺牲了去中心化。

（2）交易锚点（Anchor）

Stellar 在全球各地开设了锚点，因此可被信任地持有用户存款，并基于此为任何想通过网络发送或接收付款的用户发放信用额度，如图 3-79 所示。所以锚点本质上是特定法币与 Stellar 网络信用的桥梁。

例如，用户 Alice 将用法币资产兑换的 Stellar 代币 XLM 存入锚点，锚点在 Alice 的 Stellar 账户中记录存入的金额，这个账户中的资金可以被发送给任意 Stellar 账户，而接收资金的 Stellar 账户的所有人，即收款人，可以将账户中的 XLM 代币再兑换成法币。

（3）Stellar 的数字代币 Lumen（XLM）

Stellar 网络拥有自己的加密货币恒星币（Lumen，代码为 XLM），目前其市值超过 50 亿美元。Lumen 对 Stellar 网络的关键功能自定义资产的传输和交易具有重要意义，其原因有二。首先，Lumen 在网络中可以起到反垃圾攻击的作用。每笔交易都有 Lumen 费用，这使得网络垃圾攻击非常昂贵。此外，其网络中的所有账户要求余额不低于 20 Lumen。其次，Lumen 为 Stellar 的内置去中心化交易平台增加了流动性，为低成交量的货币交易提供了交易桥梁。在 Stellar 测试网或者私链里面，可以使用 friendbot 服务为账户产生恒星币 XLM。

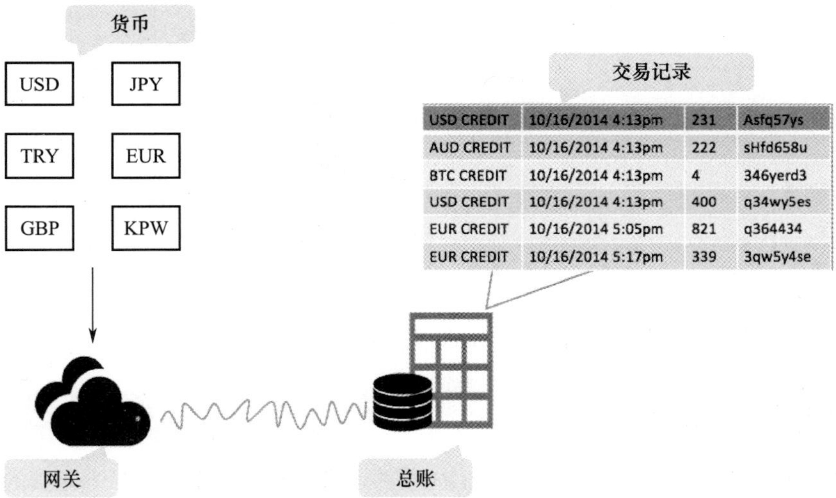

图 3-79 Stellar 平台发放信用额度

3. 商业运营

2018 年 7 月 18 日，IBM 公司宣布联合 Stellar 发行数字美元。这是第一次数字美元或数字美元稳定币有政府的担保。

Stellar 项目由 Ripple 前高管 Jed McCaleb 创立于 2014 年，目前已经开发完成，并与 IBM、德勤等国际大公司开展合作，其中德勤创建了使用 Stellar 网络的支付网络原型，IBM World Wire 项目使用 Stellar 区块链解决了跨境法币实时转账。Stellar 已经在中国、日本、欧洲等多个国家开设锚点，交易量也在不断增加，其中 Ripplefox 瑞狐社区是中国的一个锚点，而 Stronghold 是在美国购买美元的锚点。

如图 3-80 所示，Stellar 项目在 GitHub 上的开源地址为 https://GitHub.com/stellar，

包括 stellar-core、Go 语言、客户端 SDK、Stellar 协议等板块。该项目代码提交量较高，并已成功运行几年，有了一定的技术积累。

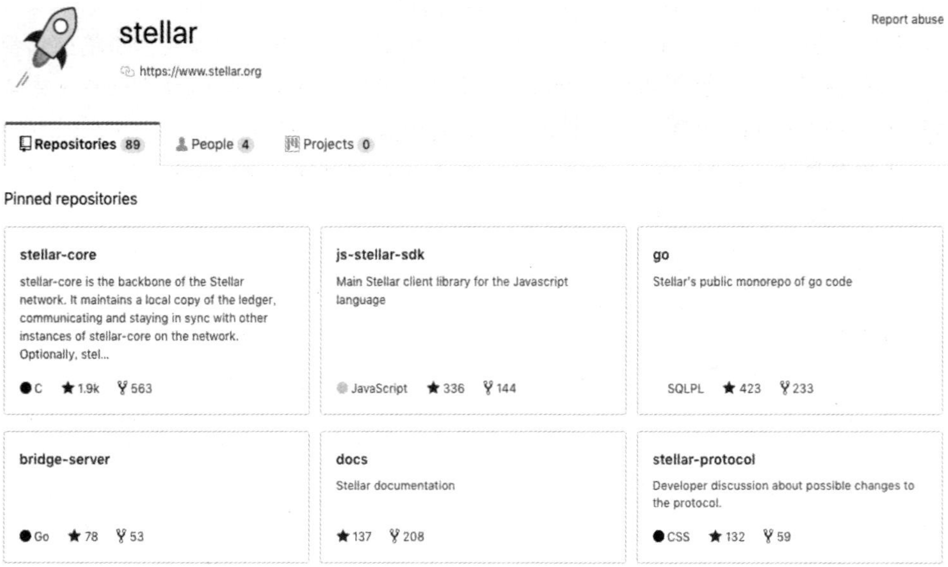

图 3-80　Stellar 项目的六大板块[1]

3.8.3 Steem

在现阶段的互联网上，很大程度上内容并没有给其创造者本人带来直接的收益。例如，在微博、知乎等中心化的网络平台上，有一部分有态度、有价值的内容，这部分数据停留在平台上，被网络平台掌控，却没有给内容的创造者带来收益，对于他们来讲，这是不公平的。

Steem，定位于区块链社交平台，尝试以代币的方式准确、透明地给为社区产生贡献的成员提供价值回报，从而激励内容创造者输出更多优秀的文章和内容。

1．概述

Steem 是一个去中心化的社交平台项目，是基于区块链技术的，通过奖励加密货币的方式支持社区建设和促进社区互动的区块链数据库。Steem 将社交媒体的概念引入数字货币领域，并与建设加密货币和社区过程中汲取的经验相结合，使得人们可以在 Steemit 平台上以发文的形式来获取收益。不同于其他加密货币项目，Steem 拥有一

1　图片来源于 Stellar 项目。

套以数字货币为奖励的激励系统和投票制度。让内容的价值回归内容创造者，激励内容创造者输出更多优秀的内容，这也使得 Steem 具有了社交特性。

Steemit 是一个基于 Steem 区块链的社交媒体平台。

不同于传统的 Facebook、Twitter 等中心化平台，Steemit 的用户可以通过发布内容获得奖励。Steemit 鼓励高质量的内容制作，发帖、回帖、讨论、点赞等都可以得到数字货币形式的奖励。

帖子的质量和收到的点赞数量与作者的奖励成正比。Steemit 通过一个投票系统鼓励对内容进行讨论，投票可转化成 Steem 代币和 Steem Dollars（SBD）代币，而这些代币可以转换成现金或其他数字资产。

目前该项目的注册用户已超过 100 万人。

2. 项目详解

Steem 项目的产品架构主要分为三层：Steem 公链、Steemit 应用、SMT 发币合约。

（1）Steem 公链

Steem 公链的主要功能有：激励用户发布内容或评论；激励用户回答问题，并提供高质量的答案；提供与美元挂钩的稳定加密货币；自由支付。

Steem 会选出对内容的全部增益贡献最大的会员，对其提供回报，选择的范围包括投票人和内容提供者，给投票人的奖励与其支持的内容提供者得到的最终奖励是成正比的。

（2）Steemit 应用

Steemit 是由 Steem 团队开发的，用来向其他开发者展示 Steem 的应用场景，激励开发者开发新的基于 Steem 的应用，Steemit 也是第一个基于 Steem 的博客平台应用。Steemit 的导航分成流行、最新、热门和推广 4 类，内容形式包含图片、文字、视频等。除了 Steemit 外，Steem 上显示有数百个项目是基于 Steem 来做的，例如，内容社交领域的 busy.org、音频内容 Dsound、视频分享网站 Dtube、视频直播和分享类的 Dlive 等，项目生态非常丰富。

（3）SMT 代币合约

SMT（Smart Media Token）是支持生成代币的，可以被其他开发者使用并发行自身体系代币的智能合约。SMT 能够将 Steemit 在共识机制、激励体系等方面的成功经验提供给其他开发者使用，丰富 Steem 的内容开发生态。

Steem 设计了一个三币机制，分别包括 Steem、Steem Power、Steem Dollar 共 3 种货币，它们有不同的用途，并且可以互相转化。

1）Steem 是一种有价值的虚拟货币形式。它可以在网络上进行自由买卖流通，也可以作为支付方式转让给他人。用户可以直接购买 Steem，或者通过在论坛上发表或参与讨论主题而获得 Steem 货币奖励。与此同时，Steem 也可以作为一种基础货币，为 Steem Power 和 Steem Dollar 提供转化媒介和衡量标准，使其流动性得到增强。Steem 不仅可以随时在内部市场中被兑换成 Steem Dollar，也可以在外埠市场中被兑换成比特币，或是 1∶1 地被兑换成 Steem Power。

2）Steem Power 相当于一种长期资产。用户可以将 Steem 转换成 Steem Power。Steem Power 越多，用户在论坛上发表的话题就越容易被置顶并获得更多的关注，从而赚取更多的资产。

同时，系统基于区块链技术，每次产生新的 Steem 货币时，其中 90% 的新货币将会按照参与者拥有的 Steem Power 货币的比例直接被分配给参与者作为奖励，而剩余 10% 的新货币将被奖励给发表话题和参与话题讨论的人。Steem Power 不能直接使用，需要转换成 Steem 货币才能进行流通。需要注意的是，Steem Power 在内部市场被兑换为 Steem 时，需要 13 周才能等额到账。其中，把 Steem 转换成 Steem Power 叫作 power up，而把 Steem Power 转换成 Steem 叫作 power down。

3）Steem Dollar 类似于短期储蓄，它与美元之间维持稳定的 1∶1 汇率，从而保证平台经济系统的稳定性。用户在持有 Steem Dollar 时，可以获得相应的利息。用户可以在电子钱包页面上将 Steem Dollar 转换成 Steem，其处理过程大约需要 5 天。

3. 商业运营

Steem 由 Steemit.Inc 公司团队进行主要的维护与开发。Steem 的 CEO 是 Ned Scott，他曾于 2013 年 5 月至 2016 年 2 月在 Gellert Global Group 担任业务运营及财务分析师，于 2016 年 1 月创立了 Steemit，但在此之前，他从未在数字货币社区露过面。Steem 的前 CTO 是 Daniel Larimer，他是比特股（Bitshares）的创始人，人称“Bytemaster”，但目前其已经离职。现在 Steem 的 CTO 是 Harry Schmidt，他曾任 Google 的 Agile 项目经理、Castex 的副总裁工程师。

Steem 的官方电报群发言频次较高，项目也已经在 GitHub 上开源，如图 3-81 所示，目前共有 58 个代码贡献者，累计提交代码 4 330 次，Fork 次数为 673 次。

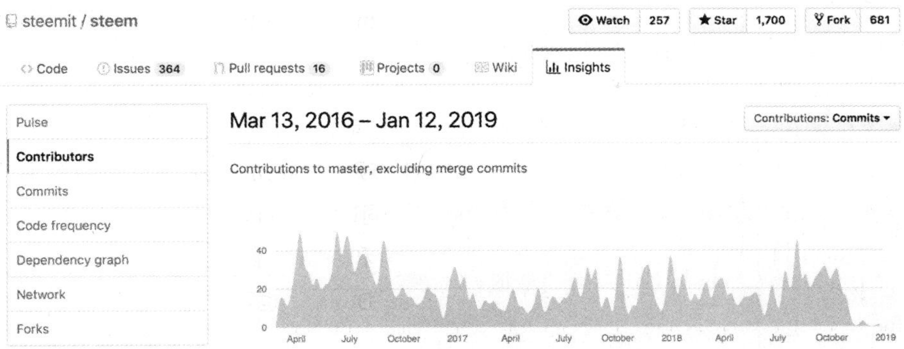

图 3-81　GitHub 开发活跃度

3.8.4　OmiseGo

金融领域的棘手问题之一是机构间的基本支付协调。目前解决这个问题的主要途径是租赁中心化清算所（如 CHIPS 和 SWIFT），但是清算所的效率较低且成本较高。

OmiseGO 是一种公共金融技术，是基于以太坊的，能够实现跨管辖区、组织孤岛，以及法定货币和分散货币间点对点的实时价值交换与支付服务的项目，能够显著地提高全球支付基础设施的效率。

1. 概述

OmiseGO 建立了一个基于区块链技术的，易于访问并且具有包容性的金融科技平台。通过启动公链上的去中心化交易所，OmiseGO 可以实现透明的点对点实时交易及支付服务。它支持多种货币和资产类别，不限于加密货币。通过与以太坊主网连接的 OmiseGO 网络，人们可以用完全去中心化的方式，以较低的成本进行付款、汇款、工资存款、供应链融资、忠诚度计划、资产管理等金融交易。这种方式改变了人们传统的通过银行实现向其他账户汇款和转账的方式，实现了点对点的操作。通过 OmiseGO，商家能够在不知道客户付款方式的情况下，接受包括 ETH 和 BTC 等多种货币的支付方式。并且，由于 OmiseGO 链是一个完全公开的、无权限的网络，因此 OmiseGO 支付服务无须通过任何谈判或者许可，任何其他支付网关均可以使用 OmiseGO。

2. 项目详解

OmiseGO 是一个可扩展的由去中心化交易所、清算行通信网络、流动性提供者机构和资产支持的区块链网络组成的完全公开的（非许可型）区块链。OmiseGO 的权益证明共识是由链本身的活动担保的，同时，这个网络是一种通过相互链接的区块链构造的高性能系统。OmiseGO 区块链在进行清算和结算的过程中，通过保护交易价值成本直接促进了内部链的价值。为了高效地应对海量交易，在点对点传输方面，OmiseGO 使用的是“清算中心”而不是 SPV 证明，在共识机制方面使用的是 PoS 机制而不是 PoW 机制。这样做的原因在于，传统的 SPV 机制欠缺处理大量交易的能力。而 PoW 机制消耗算力，其手续费也高于 PoS 机制。

在技术方面，OmiseGO 具有的最值得一提的优势在是，OmiseGO 与以太坊的深度融合。由于 OmiseGO 网络支持实时、透明的点对点交易的特点，OmiseGO 网络是以太坊中针对金融方向的可扩展解决方案。这种去中心化的网络有利于提供自助金融服务，这类服务是可以跨地域、资产类别和应用程序的。它采用的主要技术有：以太坊扩容解决方案 Plasma、白标签钱包 SDK 和分布式交易所 DEX。

（1）以太坊扩容解决方案 Plasma

Plasma 是一个以太坊扩容解决方案，其最大的特点是具备无限扩展能力，可以极大地提升效率。在这个区块链上，全球范围内大量的去中心化金融应用都能够得到支持。Plasma 的主要思想在于，在不同节点之间进行分割计算，再进行组合计算，将结果写入以太坊区块链。通过这种方式，智能合约的计算速度将大大提高，同时在单个模块上可以完成更多的工作。

作为 Plasma 的第一个落地应用和以太坊分片的先行者，OmiseGO 使用以太坊智能合约和协议共识实现安全、快速的交易清算。OmiseGO 使区块链计算结构化，即 MapReduce 功能，这不仅使其具有了对抗网络攻击的能力，而且使事务和链上交换的处理速度和规模都得到了大幅提升。OmiseGO 作为 Plasma 的侧链，接受以太坊上 Plasma 智能合约的管理。以太坊用户可以通过智能合约在 OmiseGO 上对以太币执行存取操作。如果 OmiseGO 有恶意活动，那么用户只要操作及时，就可以安全退出。

（2）白标签钱包 SDK

OmiseGO 使用的白标签钱包 SDK 允许在 OmiseGO 网络上部署多种支付解决方案。开源的白标签钱包 SDK 为数字钱包服务提供商提供了标准化功能，使得他们可以连接到公共 OmiseGO 网络并构建应用程序，这简化了新数字钱包的创建过程，并实现了加密货币和法定货币、忠诚度积分、游戏积分等钱包到钱包的交易。OmiseGO 数字钱包 SDK 的充值和兑现操作有多种途径：通过 ATM 或柜台用借记卡或信用卡进行操作，或通过 OmiseGO 区块链兑换数字资产。

（3）分布式交易所DEX

OmiseGO区块链需要处理资产交易所依靠的业务逻辑。DEX是一个可扩展且安全的PoS区块链，提供多资产和跨链互操作性，基于权益证明的可扩展性和安全性，任何形式的数字资产都可以交易。所有的交易订单都会在DEX链上进行管理，同时OmiseGO的检测者会对交易进行验证。这是PoS共识或风险证明的一部分，维持网络运行的费用是由它们共同、动态地决定的。DEX也可以为全部以太网代币和任意有规模的基于区块链的数字资产提供交易场所。

3. 商业运营

Omise的总部位于泰国，是一家在线支付创业公司，其业务主要面向东南亚和日本。Omise剥离了一家子公司，即OmiseGO，以建立OmiseGO区块链。自创立以来，OmiseGo获得了多家投资机构及银行的支持，包括SBI、SMDV、SMBC、Goden Gate Ventures、Ascend Capital、East Ventures、Krungsri、500Startups等。

Omise和OmiseGO的联合创始人兼CEO是Jun Hasegawa，他曾创立过几家专注于移动支付的技术公司，也是以太坊的早期投资者。他带领Omise投入了大量资源来加速以太坊Plasma技术的发展，并与以太坊协议构建者Vitalik Buterin和Joseph Poon有着密切合作。OmiseGO拥有包括以太坊创始人V神在内的极其强大的顾问团队，大量的以太坊核心开发者都参与了该项目。

OmiseGO的Twitter和Facebook活跃度较高，在Reddit中有大量的讨论，在Telegram电报群中也有一些广告。目前，OmiseGO已在GitHub上开源代码，如图3-82所示，截至2019年4月13日，该项目共有25个代码贡献者，累计提交代码334次，Fork次数为161次。

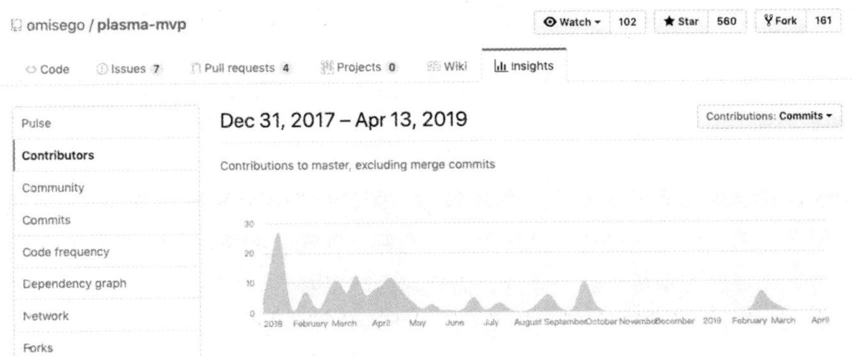

图3-82　GitHub开发活跃度

3.8.5 Populous

中小型企业在票据融资方面长期面临着巨大的障碍，其中延迟付款是 B2B 最大的问题之一。初创企业 Populous 利用区块链技术，希望能够给中小企业金融领域，特别是票据融资行业，带来革命性的创新。这个项目通过分布式账本对智能合约进行生成和传输，创建数字资产市场，中小企业可以在这些市场出售未贴现的票据并获得资金。

1. 概述

Populous 是基于区块链技术建立的关于票据的金融交易系统。Populous 通过 XBRL 数据，利用 Altman Z-Score 破产公示和信用评分对潜在借款人进行信用风险分析，分析内容包括关联公司和客户等。Populous 同时能够提供针对性营销解决方案，通过 K-means 聚类分析等方法确定对于票据或汇票融资有需要的借款人，为了防止多重票据或汇票的融资欺诈，创造成本效益，智能合约将在平台上运行。

Populous 通过区块链技术，利用分布式账本技术对智能合约进行生成和传输，创建了数字资产市场，在金融领域为中小企业带来革命性的创新，尤其是在票据融资行业。这个平台为中小企业、票据销售者和投资人提供了交易全世界票据的场所，获得了资金或投资。

2. 应用详解

Populous 是目前为止唯一一个利用区块链技术来实现票据和融资交易的平台。Populous 是以以太坊区块链技术为基础的，在 Populous 上不仅可以使用智能合约，也可以用 XBRL 数据进行挂钩通证，是一个专门为投资人和票据销售商提供的交易场所。投资人和票据销售商能够在 Populous 上交易大量的来自世界各地的票据。由于 Populous 采用了区块链技术，它不仅能够保证所有注册资产和用户信息透明，也能够获得足够的隐私保护，在需要的时候，所有存储数据都可以进行无缝和匿名的共享。

Populus 项目的工作方式如图 3-83 所示，交易的双方分别为票据的销售者（借款人）和购买者（投资人）。

第一，票据销售者登记将要出售的票据；第二，购买者对其想要购买的票据进行选择；第三，购买者对票据进行报价并设定利率；第四，销售者确认报价并售出票据；第五，销售者释放票据并收款；第六，购买者收到回报。

Populous 项目目前有两种代币：PPT 和 Poken。其中，PPT 是以以太坊区块链为基础的 ERC20 智能合约。在 Populous 进行金融交易的票据的买家和卖家是通过 PPT

来执行交易的，可以避免法币市场的汇率波动。PPT 总发行量为 53 252 246 个，流通量为 37 004 000 个，从持币地址和交易量来看，该币种流动性较强。此外，用户在使用 Populous 平台时，通过证券化 PPT 来换取 Poken，并利用 Poken 来买卖票据。而 Poken 是 Populous 平台内部使用的加密货币，也是平台内部唯一用来实现买家与卖家之间价值流转的货币。Poken 与特定交易涉及的国家政府货币 1∶1 挂钩，目前所支持的法币有英镑和伦敦盎司黄金，Poken 计划未来与更多的数字货币挂钩。

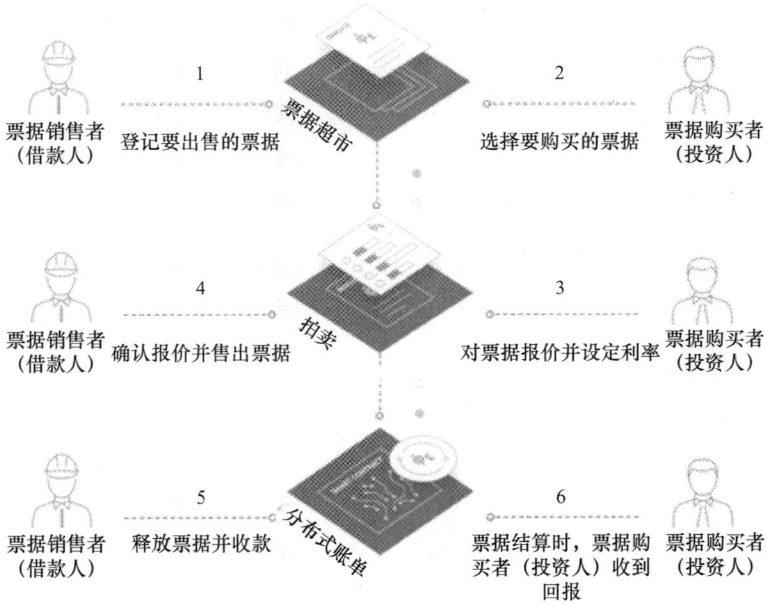

图 3-83　Populous 项目的工作方式

3. 商业运营

Populous 创始人兼 CEO 是 Steve Williams。Populous 官方社区用户较少，项目进度更新及信息发布主要集中在 Twitter 上，项目进度更新较及时。用户交流主要通过 Slack 平台，但是用户活跃度一般，官方对于用户问题回复并不及时。

3.8.6 CryptoKitties

此前 PlayBlock 的联合创始人何晓星在对区块链游戏进行预测的时候说："游戏会在与区块链的融合中逐渐产生新的形态、模式，而这个时间，可能还需要 3 ～ 5 年。"

在区块链上，玩家不仅拥有游戏内资产，还可以使资产在一个更大的范围流通，以此来保证玩家权益，与传统的中心化服务器游戏相比，这也是区块链游戏的进步之处。基于以太坊区块链的游戏 CryptoKitties 于 2017 年年底发布，10 天之内，它创造了 3 000 万元人民币的交易额。

1. 概述

CryptoKitties（谜恋猫）是构建于以太坊区块链上的电子猫咪收集与繁殖游戏，如图 3-84 所示。用户可以通过以太币购买电子猫咪并进行繁殖。每只猫咪都有不同的特征和可爱程度。每只猫咪都是独一无二的，无法被复制、拿走或销毁。

图 3-84 CryptoKitties 项目中的电子猫咪[1]

2. 应用详解

CryptoKitties 刚被推出时，有 5 万只初代猫（时钟猫）被存放在以太坊区块链智能合约中。时钟猫以每只 15 分钟的速度被智能合约自动分配，以拍卖的形式卖出。CryptoKitties 有独特的外观（表型），而外观由智能合约存有的不可改变的基因所决定（基因型）。

不同于比特币和以太币等数字货币，CryptoKitties 可以说是独一无二的数字加密收藏品。在猫咪繁殖后，它不仅是数字收藏品，而且是一个能够自给自足的娱乐社区，用户能通过繁殖新猫咪在以太坊区块链上交易，新猫咪的基因组合来自其父母。由于新的自由基因组合数量巨大，预测基因组合是一件非常刺激的事。在繁殖新猫咪的过程中，一只猫咪作为父亲，需要一段时间的恢复期才能再次繁殖；同时另一只猫咪会

1 图片来源于《谜恋猫 CryptoKitties 白皮书》。

养育小猫并且不能与其他猫咪配种。

猫咪繁殖新猫咪没有数量限制，但随着交配次数增多，恢复期和怀孕期会变长。在生猫的过程中，有时会出现惊喜，例如，两只普通猫咪可能会生出限量版猫咪，而限量版猫咪会比普通猫咪值钱。

在技术方面，CryptoKitties 通过非同质代币协议和价格递减拍卖的方式，实现了内在机制的创新。

（1）非同质代币协议

总体来说，区块链上的代币都是同质的。每一个代币的价值都是一样的。因此，区块链往往只追踪代币的总数量，而不是每一个代币。该方法适用于股票和货币等物品，但由于每一只猫咪都有独特的基因和繁殖能力，因此构建 CryptoKitties 的团队为非同质代币创造了 ERC-721 协议，对区块链内非同质资产确定了交易和所有权标准。CryptoKitties 通过这个协议，为个别独有对象和智能合约提供了浏览接口，交易双方可以在同意进行交易（繁殖）时使用。CryptoKitties 通过非同质代币协议 ERC-721，为交易数字稀缺性和数字收藏品提供了一个可行的案例。

（2）价格递减拍卖

由于每一只猫咪都有独特的基因，每一个代币的价值都可以不一样，因此之前区块链上的售卖代币的流程均不再适用。

以太坊区块链需要每一笔交易在网络上运行并支付 Gas 费用，因此 CryptoKitties 的用户要在每次竞投时支付费用。为了减少链上交易次数，CryptoKitties 创立了拍卖非同质代币的方法：价格递减拍卖。卖家首先要确定高开卖价、低结束价和进行拍卖的时间。卖家可以在进行拍卖时出价，在没有其他买家购买之前，如果出价与默认的价格吻合，猫咪就会被出售。对于支付 Gas 费用的时间，买家在购买时支付，卖家在启动时支付。繁殖的过程采用相同的流程，出售猫咪进行配种的卖家对高开卖价、低结束价和拍卖时间进行设定，买家选择种猫进行繁殖，在当时价格递减的拍卖中进行购买。

总的来说，CryptoKitties 可以说是一款寓教于乐的游戏，其主要游戏机制、加密货币与智能合约进行了绑定。

通过游戏的方式，用户能更好地理解和掌握区块链技术。

3. 商业运营

CryptoKitties 是由 AxiomZen 工作室开发的区块链养猫游戏，目前已被拆分成独立公司，并获得了来自 AndreessenHorowitz 和 UnionSquareVentures 的 1 200 万美元融资。

作为以太坊上第一款区块链游戏，CryptoKitties 对消费者来说非常平易近人，由于鲜艳的色彩、可爱的猫语，CryptoKitties 在主流的枯燥乏味的应用项目中非常出众。自 2017 年 11 月发行以来，CryptoKitties 成了超级爆款游戏，受到多方关注。推出不到 2 个月，其交易额就达到了 37 568 以太币（ETH），按照当时的汇率计算，其价值超过 1.9 亿元人民币。而每只猫的价格也从很少到最高的 253 以太币不等，最高价折合人民币约 133 万元。该游戏目前已经吸引上百万名用户，其智能合约已经发生了超过 320 万笔交易，而且这个数字还在不断增加。CryptoKitties 的市场计划还包括邀请不同社区的网络红人去设计"FancyCats"，即私人订制的 CryptoKitties，从而扩大用户群、吸引新玩家。每只 FancyCat 的合作、发布和发现也建立了内容营销的长期接触点。

在 CryptoKitties 推出后的 1 个月内，就有十几个项目基于 CryptoKitties.Earlier 建立。2018 年 6 月，CryptoKitties 宣布推出 KittyVerse 平台和 Nifty 证书。其中，KittyVerse 平台为区块链领域的独立开发者提供平台和解决方案。目前 CryptoKitties 已经发布了多个版本的 KittyVerse，在 GitHub 上吸引了很多人加入。

Nifty 证书向创作者提供了区块链所有权的标准，这个标准包括更新服务条款和开源许可证。

CryptoKitties 的智能合约一共有 4 个：CryptoKittiesCore、CryptoKittiesSalesAuction、CryptoKittiesSiringAuction 和 geneScience。其中，前 3 个是开源的，核心部分包括拍卖、出售、配种，而第 4 个基因部分没开源，这样可以防止玩家通过修改代码生成一些限量版猫咪。

3.8.7 Decentraland

虚拟现实（VR）是一种利用计算机模拟产生一个三维空间的虚拟世界，向用户提供关于视觉等感官模拟的技术。早在 20 世纪，人类就已经开始了 VR 的研究。直到 2016 年，VR 市场才迎来了一场爆发，这个独特而新颖的技术开始广泛地进入大众的视野。

Decentralan 是在以太坊区块链上运行的一个虚拟现实平台，用户可以在这里创造自己的世界和物品。Decentraland 是基于区块链技术的 VR 新风口。

1. 概述

Decentraland 是一个分布式共享虚拟平台，是架构于以太坊区块链上的虚拟世界。Decentraland（MANA）利用 VR、分布式存储、智能合约等技术，在虚拟世界里搭建了一个可玩性强和资产安全度极高的沙盒游戏。用户可以在游戏中创造自己的虚拟国度，还可以根据区块链土地账本宣布其对虚拟领地的所有权。领地可以用名为 MANA 的 ERC20 代币进行购买，它是存储于以太坊智能合约中不可替代但可以转移的稀有数字资产。MANA 同时还可以用于购买虚拟世界中的其他商品和服务。

Decentraland 中的市区和街区分别由官方和非官方人员建设。在 Decentraland 中，用户可以创建的自己土地，用于做任何自己想做的事，比如，建游戏厅、电影院，甚至建一座城市，还可以通过区块链进行自由交易。用户可以在这里浏览、发现内容，与其他用户进行互动。

Decentraland 是第一个将虚拟现实与区块链技术结合起来的区块链平台，是这方面的代表和突破者。不同于其他 VR 项目和游戏社交平台，它不受中心化组织影响：其系统规则、土地内容和资产不能被任何人改变，也没有人能够组织其他人进入。

2. 应用详解

Decentraland 是一个基于以太坊建立的虚拟现实平台，同时是第一个可以完全被用户控制的虚拟现实平台。Decentraland 通过与区块链技术的深度结合，使得数字资产真正属于用户个人，用户可以从元素开始构建整个世界。与此同时，这款游戏符合社区建设的属性，由于区块链上的数字资产可以确认物权，因此用户的创意可以卖出真实的价格。用户对自己领地里的内容拥有完全的控制，并且可以将为其他用户提供的价值与体验中的全部收益保留下来。

不同于普通的 VR 项目，Decentraland 是去中心化的，这个游戏空间是所有玩家共享的，由于其不需要中央服务器允许，代理费和交易费过高的问题得到了解决，也使 Decentraland 运行得更稳定，不易被攻击。

在 Decentraland 中，维护虚拟世界领地所有权的是以太坊技术的智能合约，其同时也是一种身份认证系统，保障领地所有权不可以被伪造。在这个系统中，认证信息就是领土的坐标。Decentraland 定制了经济激励的措施，以此确保创造者能够继续创建化身、物品和脚本，并将这些进行分发。

Decentraland 的架构包含 3 层：Consensus layer（共识层）、Land content layer（领地内容层）、Real-time layer（实时层）。其中，共识层的作用是追踪和管理领地所有权、领地内容和 MANA 代币，领地内容层通过去中心化分布式系统下载并存储资产，实时层使用户可以实际体验虚拟世界，并与其他使用者相互交流。这 3 层的具体功能如下。

（1）共识层

Decentraland 通过以太坊智能合约维护虚拟世界中的领地所有权账本。这些不可替代的数字资产叫作“领地”：每个领地都有独一无二的 (x, y) 坐标、一名领地所有人和内容描述文件的引用，该文件可以用来编码领地所有人想要提供的内容。Decentraland 用户可以与以太坊网络连接，及时获取领地智能合约的状态更新。

领地需要使用 MANA 代币购买。MANA 代币是表明领地所有权成本的代替品。领地合约能够被销毁：销毁 MANA 代币，在登记领地的记录上创建新条目。新领地与已被认证的领地必须是相邻的。

（2）领地内容层

Decentraland 分布呈现虚拟世界需要的内容是通过去中心化存储系统来实现的。通过智能合约可以检索每一块需要呈现的土地相对应的内容描述文件的引用。领地内容层是一个 P2P 网络，通过磁力链接（Magnet Link）或者 IPFS 下载内容，可下载的内容包括描述物品、纹理、声音和其他所需元素的内容。

有了这种去中心化的分布式系统，Decentraland 的工作不需要依靠任何中心化的服务器基础设施。基于这种工作方式，用户发布内容、运行系统的成本被转移至从中获益的参与者，使虚拟世界一直运行下去。与此同时，还可以为 Decentraland 提供强大的抵抗审查的能力，中心化的权威机构不能够强制改变规则或阻止用户参与。

在领地内容层中，领地的描述会包括一张用来呈现该领地的文件列表、一张领地所有人提供的服务列表，以及一个用来协调对象及其行为位置的入口点。这份文档必须声明如下 3 部分。

- 内容文件：对三维网格、纹理、音频文件和其他用来呈现领地的相关内容进行引用。通过该文件，用户就会知道呈现领地需要哪些内容，而无须专门发布指令。
- 脚本入口点：脚本系统控制的是内容在领地中的位置及其行为，从而允许在该领地中呈现应用和动画。脚本系统还需要协调各种行为，比如，对象的定位和活动、声音播放的时长和频率以及与用户可能产生的交互等。
- P2P 互动：这使得用户能够与服务器连接，而服务器又可以自动实现用户之间的连接、协调位置和姿势，并实现语音聊天和消息发送。

（3）实时层

在 Decentraland 中，化身、其他用户定位、消息发送、语音聊天和虚拟环境的交互都属于用户社交体验。用户可以通过 P2P 连接来交流，这个过程需要借助的服务器来自领地所有人或者第三代托管。

Decentraland 的领地所有权是一种身份认证系统。在这个系统中，认证信息就是领地的坐标。Decentraland 设置了经济上的激励措施，从而可以确保创造者可以继续创建化身、物品和脚本并进行分发。

3. 商业运营

Decentraland 的负责人 Ariel Meilich 曾在布朗大学和纽约大学的实验室从事神经网络研究，在风险投资和数据分析方面有丰富的经验，是硅谷风险投资基金 Charles River Ventures 的分析师，同时也是大数据公司 Benchrise 的创始人。Decentraland 的 CTO Esteban Ordano 是一位经验丰富的区块链工程师，与合作人共同创立了 Zeppelin Solutions，并带领团队创建了一个用于扩展区块链支付的应用程序 Streamium。此外，他还是比特支付 bitpay 的前软件工程师，联合创立了比特币的主要数据库之一 Bitcore，他还参与了比特币钱包 Copay 和比特币区块链 API Insight 的开发。项目的顾问团队也非常豪华，包括 INBlockchain 创始人李笑来、CoinFund 创始人 Jake Brukhman、Aragon 项目负责人 Luis Cuende、Ning 的前任首席技术官 Diego Doval 和知名加密货币顾问 Giotto De Filippi。

Decentraland 在 Facebook 上的活跃度较高，但在 Twitter 上的活跃度一般。Decentraland 在 Reddit 上有及时的官方信息公布，讨论较热烈，但官方电报组群参与讨论的人较少。

3.8.8 Corda

Corda 项目的 tips 如下：

```
Old bankers never die, they just pass the buck.
What you can buy for a dollar these days is absolute non-cents!
Computers are useless. They can only give you answers.
R3 Corda貌似拥有最有趣的tips!
```

1. 概述

著名的金融领域分布式账本 R3 联盟，最鼎盛时期曾吸引 70 余家全球巨头银行参与，包括富国银行、美国银行、花旗银行、德意志银行、汇丰银行、摩根士丹利、加拿大皇家银行等，国内金融机构包括招商银行、民生银行、中国平安等，旨在通过分布式账本技术打通以银行为代表的金融机构的交易。R3 公司 A 轮融资总额 1.07 亿美元，是当时对分布式账本 DLT 技术的最大投资。泰国银行 BoT 通过 Inthanon 项目，基于 R3 Corda 平台开发了“批发式”央行数字货币（wholesale CBDC），旨在提高泰国金融市场基础设施效率。近期 R3 又发布了 Corda 企业版，定位为“首个区块链应用防火墙”，并为监管提供了附加功能。在与瑞波公司 Ripple 和解法律纠纷后，R3 的 Corda Setleer 开源 DApp 还宣布支持 XRP 进行全球支付结算。不过经过几年，R3 CEV 正在逐渐走下神坛，包括摩根大通、高盛等纷纷退出，其深陷财务危机传闻等。

2. 项目详解

（1）为什么 Corda 通常被称为“无链之链”

Corda 是一个特殊的分布式账本。所谓的分布式账本 DLT，含义就是一笔交易多处记载、同步维护；R3 Corda 这个 DLT 的特殊之处在于，它并没有一个统一的全局基础账本，并不公开数据，而是仅由交易的参与方或者利益相关方，通过受多个交易主体业务约束的本地数据库，同步维护他们所涉及的交易数据。因此，Corda 不是一个“供所有人见证所有交易的”平台，一笔交易只有参与的主体才可以看到其中的数据细节，所以也不需要在整个网络中维护一条或者多条链，达到在准许（Permissioned）的网络环境下降低共识范围和可见级别的效果即可。

其次，Corda 系统的状态设计基于交易的 UTXO 结构，即一个交易的输出成为另一个交易的输入，只有一个有效交易的输出才是系统认可的有效状态。通过见证节点或见证节点网络，Notary 作为“半信任网络”中的“可信任中介”被引入，对所有交易进行有效性验证和确认，防止双花攻击。既然采用了比特币基于交易的 UTXO 模型，那么交易之间就组成了“链式结构”，但又由于 Corda DLT 不是全局的，上述链式结构在系统中会存在多个，并且是相互没有连接的链。

（2）为什么 Corda“不是区块链，胜似区块链”

Corda 是所有的分布式账本平台里“长得最像银行的”，主要面向银行之间或银行与其商业用户之间的互操作场景，面向工业化产品。通过预留监管节点，满足银行机构内部合法、合规、稳健运营的要求，方便监管层介入。Corda 智能合约不仅可以包含代码，还允许包含法律条文（Legal Prose），赋予根植于相关法律行为的代码以合法性，具体实现是用一个 SecureHash 类型的属性存储现实世界中真实合约的标识。还是网上的那句流行话：如果说做到“所有人见证所有交易”只是形似和表面，那么做到“在较差的信任环境里达成较好的信任效果”才是神似和精髓。

（3）为什么 Corda 通常被称为“受区块链启发（Blockchain-Inspired）”的平台

密码学、分布式系统、P2P 网络、基于交易的 UTXO 结构不仅是区块链的基础技术，也同样是 Corda 的基础技术。状态是 Corda 网络中最基本的概念，所谓的状态就是“系统中的事实”，比如 UTXO 中的输出，Corda 的状态设计是基于交易的。Corda 使用指令 Command 来描述交易实际执行的动作，例如转账、存入 / 提现、开票 / 兑付等，这些指令引入联合公钥（Composite key），该联合公钥通过树状结构存储了有权做出上述某个指令的全部参与方的公钥，用于后续签名验证。一系列复杂的 Command 指令编排起来就是 Corda 中所谓的流。Corda 还引入了 Oracle 预言机，将现实世界的事实“注入”Corda 网络中，作为某个交易的输入，比如股票价格、外汇牌价、银行利率、企业倒闭等。从开发上，Corda 运行在 JVM 上，具有鲜明的 Java 生态特点，比如，使用 Apache ActiveMQ 子项目 Artemis 实现网络通信，使用 NetworkMapCache 服务实现 P2P 协议，使用 JPA 存储交易数据并提供 JDBC 连接企业自身数据库。CorDApp 通过流声明逻辑，对外提供的 API、标准 Web 接口，并最终打包成 FatJar 部署、运行在 Corda 节点的 JVM 上。其可基于小众语言 Kotlin 或者 Java 开发，官方 CorDApp 示例提供了开发的框架，详情参见 https://docs.corda.net/tutorial-cordapp.html，更多例子参见 https://www.corda.net/develop/samples.html。

3. 项目实操

为了让大家对 Corda 有直观的感受，下面将展示一个基于 Corda 的外汇买卖 CorDapp 例子：FX Trading。该例子的开源地址为 https://GitHub.com/dineshrivankar/cordapp-trading.git。

下载、编译、运行 FX Trading 项目后，将启动 1 个见证节点 Notary 和 3 个交易节点 PartyA、PartyB、PartyC，如图 3-85 所示。每个交易节点都有一个对应的网页服务器，例如，PartyA 的网页服务器地址为 http://localhost:10009/，用户可以通过 HTTP 协议与交易节点网页服务器所暴露的 API 终端进行可视化交互。

首先登录 PartyA 的网页服务器（http://localhost:10009），通过其 Trading 超链接创建面向对手盘 PartyB 的“卖出 10USD，买入 100EUR”的交易，在创建完成后，将这笔交易提交给 Corda 分布式账本，并显示为 PENDING 状态。然后登录 PartyB 的网页服务器（http://localhost:10012），可以看到该对手交易，在单击 Create Counter Trade 按钮确认接受后，Corda 分布式账本显示为 ACCEPTED 状态。此时这笔交易对 PartyA 和 PartyB 均可见，但此交易的非相关方 PartyC 则不可见这笔交易，整个过程如图 3-86 到图 3-89 所示。

图 3-85　CorDapp FX Trading 启动界面

图 3-86　PartyA 创建对手盘交易

图 3-87　Corda 账本显示交易状态为 PENDING

图 3-88　PartyB 接受对手盘交易

图 3-89　Corda 账本显示交易状态为 ACCEPTED

第4章
给区块链从业者的一些建议

4.1 区块链价值互联网和资产数字化展望

在人类文明的历史中，有两样具有特殊地位的东西：文字和货币。其中文字让人类作为一个群体，在精神层面进行可靠的交流与传承；货币让人类作为一个群体，在物质层面进行可靠的交流与传承。由此可见，信息的信息传递与价值传输有深刻的联系。展望未来，我们现在已经拥有了一个开放、共享的互联网进行信息传递，这时就必然需要一个与之匹配的价值传输体系，因此区块链技术在历史发展过程中具有必然性。

利用区块链技术进行资产数字化，在网上登记各类权益资产，使权益资产流通和交易，可以帮助我们实现从信息互联网到价值互联网的转变。数字经济的重要内涵以数字化的实物资产为特征，将实物资产上链成数字化资产，所有这些数字化资产都将拥有区块链上的所有权证明。这些资产将以通证的方式被敏感、精确地确定价格，并被高速可靠地流转和交易，而且纠纷和摩擦成本极低；这些资产的所有权通过区块链的分散模式得到保护和验证，并被充分市场化，权益证明能够被任何人或组织机构基于其本身的资源和服务能力发行。区块链是代表了互联网时代的共识机制、加密算法、分布式数据存储和点对点传输等计算机技术的应用，以云计算、大数据和物联网等新一代信息技术为依托，通过独创性的融合和创新，实现了从未实现的功能。由此，区块链以其下一代全球信用认证和价值互联网协议基础协议之一的作用，成为价值互联网的基石。

在资产数字化过程中，个人数据将是重要的资产，个人信息包括联系方式、通信记录内容、财产信息、征信信息、行踪轨迹、住宿信息、账号密码、交易信息和健康生理信息等，区块链技术有利于实现个人数字资产的权责利，正如《人民日报》于2019年4月发文所阐述的观点：区块链让数据“谁拥有、谁受益；谁使用、谁付费”。这种数权的回归正是互联网的“初心”，也是Web 3.0的核心理念。如果说以雅虎、新浪为代表的Web 1.0是基于信息共享的门户经济，以Twitter、微信为代表的Web 2.0是基于服务共享的平台经济，那么以区块链去中心化应用DApp为代表的Web 3.0则是基于价值共享的个人经济。基于区块链技术的Web 3.0能够实现真正的共享经济，每个贡献数据的个体是这些数据真正的拥有者，个人数据处置权在于个人，个体可以参与数据在社群内获得价值收益，且这个利益保障机制是靠区块链技术和算法来实现的。

目前，关于区块链的应用涉及物联网、供应链管理、数字资产交易和智能制造等多个领域，不仅为大数据、云计算和移动互联网等新一代信息技术发展提供了新的机遇，还可能在全球范围内带动起一场新的技术和产业变革。国际组织，如联合国和国际货币基金组合，以及英国、日本、美国等众多国家，都对区块链发展高度关注着，并且在积极地探索和推动关于区块链的应用。近年来，在我国，各行各业区块链的技术和相关应用也得到了广泛的关注。北京、上海、深圳、杭州等城市先后成立了不同形式的联盟，区块链的应用开发实践也在以金融科技为代表的领域展开，同时在媒体的推动下掀起讨论热潮。综合来看，由于多种力量和因素的作用催化，区块链技术已经开始达到一个快速发展的时期。同时，由于区块链技术是从比特币这一应用衍生而来的，因此还需要应对相应的安全风险和挑战，需要投入新的技术研发和实践来促进应用成熟。总之，目前促进区块链的发展是机遇与风险并存的。

虽然区块链技术在可扩展性、隐私和安全、开源项目上还存在着不够成熟的问题，但已有的应用已经能够证明其价值。在未来的一段时间内，区块链价值互联网将突出表现技术融合发展的特征，带来推动新一代信息技术产业的发展和推动资产数字化的愿景。

1. 区块链与物联网、人工智能融合，推动工业互联网的发展

工业互联网的实质在于利用互联网网络技术重构产业链，满足和创造需求，提升工业生产效益。德国工业 4.0 的标准体系，就是通过互联网、物联网和人工智能技术，按订单、按次地智能化生产，快速满足外部市场需求的变化。现有工业互联网是基于人与人、人与社会之间的通信联系，各个工厂分别进行中心化管理，无法实现互信地传递数据和转移价值。而区块链是信任机器，它与物联网、人工智能相结合后，通过对数据加密共享，并利用不可篡改的安全机制，构成了数据互信的基础，将大幅度地降低产业链重构的摩擦成本。利用区块链技术对工业生产中物与物之间、物与社会之间的设备进行管理，通过在工业生产过程中的多方协同、供应链清结算和工业资产数字化领域，实现机器间对话、支付，产生工业智能化方向新的区块链价值互联网。例如，一家服装制造公司，在现有 App 电商应用基础上，尝试将关联影视明星电商平台（如影视明星微博）与后端的数字化工厂系统打通，使去中心化的电商交易网络与中心化生产网络相连接，将影视明星的道具、服饰商品化，变成可销售的商品。用户可以利用图像识别功能边看边买，所有的购买订单会经过智能合约范式链接后端数字化工

厂系统，并根据具体的需求按单或按次进行定制化生产，通过这种方式，每条产业链都可以随时重构。这就是面向未来的工业区块链，分布式智能生产网络（DIPNET）、模块数据云化和分布式工业区块链技术应用将成为现代工业的未来。

2. 区块链与云计算融合，推动大数据发展

目前，由于数据属权不明确，大量数据资源因数据壁垒和数据孤岛而分散的现状，数据要素流通被制约，大数据产业的发展受到了限制。未来社会数据云化，通过区块链技术加密，能够解决大数据发展中对个人信息和个人隐私的合法保护问题，构建一个共建、共享的合规大数据库，最大限度地发挥、利用大数据的价值。过去两年来，巴西与格鲁吉亚等国家政府已经率先进行了尝试，将区块链技术用于选票统计、土地登记以及数字化身份认证等工作中。其他国家同样也不甘落后，美国、日本、韩国政府纷纷宣布将进一步深挖区块链技术在电子政务领域中的大数据价值。我国湖南省娄底市不动产区块链信息共享平台是在政务服务领域的首个落地应用场景，平台采用区块链（联盟链）技术，实现不动产中心、房产局、税务局等部门不动产相关数据实时共享，可以为法院、学校、公积金中心、银行等单位和机构提供查询、查证服务；将来基于平台衍生开发的“区块链不动产交易平台”，能够实现用户房产交易的完全在线云化和保密合规使用。贵阳大数据交易所制定了大数据交易区块链技术应用标准，并将该技术应用于交易系统，实现数据资产的可信交易，进行数据确权及数据溯源；作为全国首个国家大数据综合试验区，贵州省已成为我国大数据先行者，正力推区块链技术应用，创新引领大数据产业发展，筑力产业发展重要一环。

3. 区块链与资产结合，推动资产数字化发展

未来，随着数字化社会产生，一切社会资产都会数字化，以电子数据的形式存在和流通。资产的数字化是当前社会的发展趋势，而区块链技术作为重要的动力将能够推动资产数字化的进程。资产是企业、自然人或国家拥有或者控制的能以货币来计量收支的经济资源，包括各种收入、债权和其他。在进入数字化时代后，资产的存在形式数字化，具有空间拓展性、多维度可塑造性的特点，使得数字资产具备更高的开发价值。比如，货币变成数字货币，微信钱包里支付的就是数字化货币；同时实物资产，例如一块土地，也可以数字化登记权利并分割交易，充分实现市场流通价值。

在二十国集团领导人第十三次峰会上，中国国家主席习近平特别指出“世界经济数字化转型是大势所趋，新的工业革命将深刻重塑人类社会”。波士顿咨询公司（BCG）研究报告《迈向2035：4亿数字经济就业的未来》预计，2035年中国整体数字经济规模接近16万亿美元。

区块链不仅是去中心化的分布式账本，也是资产数据库，通过区块链技术，每个人都能够参与数据库的记录，能够安全地存储各类交易信息，自动执行智能合约，达成没有可信交易对手的贸易合同。

在私有资产数字化方面，随着区块链被广泛地应用于金融服务、文化娱乐、供应链管理、新能源管理、知识产权管理和保护、工业智能制造等私有经济领域，在优化各行业的业务流程、提升协同效率的同时，相关行业资产都会进行数字化转型。例如，随着区块链技术在版权交易和保护方面的应用不断成熟，促进了文化娱乐行业的版权权益资产数字化。

在社会公共资产数字化方面，区块链技术在土地所有权管理、社会保障、社会公益、教育就业一级公共管理方面的应用不断完善和深入，在未来将会有效提升公共资产数字化的社会效益，降低运营成本，并提高管理的水平和效率，不断促进社会管理和治理水平。例如，蚂蚁金服将区块链运用于公益捐款。公益捐款的数字化应用为全社会提升公益活动的透明度和信任度树立了榜样。

4.2 如何建立和持续迭代区块链知识体系

区块链技术人员只有积极应对技术领域的变化，才能适应区块链领域的工作。越来越多的程序员从事区块链工作说明该领域拥有巨大的潜力，但在不断变化的技术环境中保持自我的更新迭代是很困难的事情。

目前区块链行业产生了6方面的变化，主要包括：集中式存储变为分布式存储；通过智能合约，外挂式合约变为内置式合约；通过提升信息透明度，由信用机构转向信用机器；通过区块链可以即时清算和结算，使信息流和资金流更加紧密地耦合在一起；由于链式结构不可篡改，数据库征、核、改、查四大操作变为读和写；资产数据化，需要创新机制来更高效、便捷地传递资产，区块链处理数据的能力会不断提升。区块链技术人员如果不持续迭代自己的知识体系，融合多领域的开发技能，就不能适应这些技术变化，一定会被时代淘汰。

1. 建立和持续迭代自己的知识体系

建立和持续迭代知识体系的过程，其实是个人学习、实践和思考的过程，如果区块链技术人员想建立和持续迭代关于区块链技术开发和应用的知识体系，建立这个领域的知识链接，需要以下步骤。

（1）掌握区块链核心关键知识

首先要明白区块链核心关键知识是什么。从区块链领域最基本的概念出发，熟知区块链领域的过去、现在和未来，以及模型、理论和案例，锚定区块链核心关键知识。值得注意的是，对核心关键技术基本概念的理解应当是逐步深入的。有的区块链技术人员项目做了不少，但仍然成不了区块链技术高手，就是因为其对区块链核心关键技术基本概念的理解不充分。这些基础知识需要结合不断的实践，才能够真正深入领悟并掌握。

（2）解决区块链技术领域复杂、困难的问题并进行深刻总结

区块链技术需要在具体的项目问题中验证和评估，需要通过解决具体技术问题的实践去掌握，制定技术方案并组织实施。完成项目和任务之后，对区块链的认知才会更加深刻。

（3）全面了解区块链领域，抓住关键主流技术及代表人物

全面了解区块链技术领域，最简便、易行的方式是借助互联网，对这个领域出版的中外书籍、学术论文进行快速阅读，了解搜索引擎上区块链技术的内容，从而了解这个领域的新闻、动态、产品、服务、牛人和机构等。跟踪这个领域的主流技术及代表人物，关注他们的网站、公众号的动态，包括新闻、会议、活动、论文等，然后继续学习和实践。通过这样的过程，需要好几个循环来对自己的区块链知识体系查漏补缺，坚持 3 年以上，就可以真正熟悉区块链领域了。

2. 只有工作实践才能更好地适应区块链领域的工作

工作实践的过程就是学习、积累情境类知识的过程。所谓适应区块链领域的工作，就是能游刃有余地解决区块链研发和应用中的各类场景问题。只有通过不断地实践和解决问题，才能真正理解区块链，才能真正创造价值。

工作实践对区块链技术人员的成长来说尤为重要。实践出真知，是适应区块链研发工作的终极武器。坚持学习是一种基本意识和能力，并且要将学习和实践相结合，尤其是实践和解决问题。

区块链技术人员能力差别很大，在工作过程中解决问题的多少是造成差异的根本原因之一。

区块链技术人员需要适应处于发展变化中的技术需求和进步，提高技术修养。在这个过程中，需要解决大量复杂、困难的问题并进行总结、提炼，从而使自己具备解决未来新出现问题的能力。

3. 投资者应冷静、全面地审视行业项目

由于区块链技术发展的前期阶段缺乏相应的监管措施，导致市场上鱼龙混杂，市场环境混乱，违法犯罪行为不断出现，因此区块链投资者应冷静、全面地审视行业项目，避免投资误区，高度警惕代币发行融资与交易的风险隐患。就区块链技术的创新创业项目来讲，区块链技术能够作为一种大规模的协作工具，在广度和宽度上推动不同经济体交易不断进步，并能有效降低交易成本。区块链企业通过构建区块链创业创新平台，为个人和中小型企业提供平台，为区块链技术的应用奠定基础。国家鼓励创新创业，可以预见随着区块链技术的广泛运用，创新创业项目会大量涌现。投资区块链技术应用项目，多数投资人在没有合格者准入门槛以及相关知识背景的前提下盲目参与，对项目的团队、技术商业模式以及项目前景难以全面审视，容易进入投资误区。因此，投资者要客观、全面地对项目进行价值分析、基础评估和风险评估，加强风险意识，谨慎投资。

4.3 区块链合规监管

目前，区块链作为社会发展的新生事物，除马耳他外，各国均缺乏专门的立法。中国政府一方面认为区块链将引领新一轮技术创新和新的产业发展，出台了大量政策鼓励区块链技术发展，促进区块链行业快速发展；另一方面，为防范金融风险，又严禁代币发行融资。在区块链行业市场乱象、缺乏监管与规范等现实问题面前，市场迫切需要法律监管与规范。

作为区块链行业的从业者，如何保证自己在合法的范围内开展业务？这就需要了解区块链监管法律政策，进行法律风险分析，知道怎样依法合规经营。

目前各国都在探索区块链监管政策与立法手段，监管方式各有特色，可以分为宽松型、中性型和紧缩型 3 类。

1. 宽松型监管

宽松型监管的国家包括马耳他和新加坡。

将自己打造为“区块链岛”的马耳他，一直大力拥抱和支持区块链以及加密货币的发展，通过种种优惠政策吸引来自世界各地的区块链公司。2017 年 4 月，马耳他政府出台了国家区块链战略，要把马耳他打造成“区块链从业者的天堂”。2018 年 1 月，马耳他金融服务管理局（MFSA）表示，允许对加密货币和作为初始币发行（ICO）的一部分代币进行投资。2018 年 7 月，马耳他议会通过了 3 项区块链技术监管法案，分别为《马耳他数字创新管理局法案》(MDIA)、《虚拟金融资产法案》(VFA)、《创新技术安排和服务法案》(ITAS)。马耳他也成了世界上第一个在辖区内针对区块链提出具体立法的国家。

新加坡近年来一直在积极拥抱数字货币。当地监管层一方面主动降低数字货币市场准入门槛，另一方面积极治理不符合监管要求的数字货币。预计在数字金融时代，新加坡还将会领先，并且也将会是数字货币适宜发展的地区之一。2018 年 9 月 19 日，新加坡金融管理局(MAS)负责人表示，MAS 将代币分为应用型代币、付款型代币以及证券型代币。证券型代币适用于现有的新加坡证券及期货法。

2. 中性型监管

中性型监管的国家包括英国、瑞士和美国。

沙盒 Sandbox 是英国首创的。英国 FCA 提出了 3 种沙盒的管理模式：监管沙盒、产业沙盒、保护伞沙盒。在沙盒内的创新型企业可以在一定的程度上避免原本法规的限制。在英国，加密货币和代币都被视为私有货币(Private Currency)，而 ICO 发行者都是基于自己对法律的解读来操作的，自行承担政策和法律风险。2018 年 7 月，英国金融监管局(FCA)批准了 11 家区块链和分布式账本技术相关公司进入监管沙盒，这是第 4 批加入监管沙盒的创业公司。

瑞士监管机构将代币分为 3 种类型区别对待：支付型代币、功能型代币和资产型代币，其中支付型代币受反洗钱法的监管，资产型代币则受瑞士证券法的监管。

美国的监管部门对加密货币持相对中立的态度：不严格限制加密货币发展，也不打破底线。一方面，监管部门会积极促进加密货币的底层设施建设，使机构资金可以安全投资；另一方面，审慎对待加密货币 ETF 的申请。美国的合规监管主要包括两大部分：一是根据 The DAO Report 和 Howey Test，美国证监会 SEC 将一般的数字货币定义为有价证券进行监管；二是推出打通美国和数字美元的稳定币，目前主要有 4 个：GUSD、PAX、TUSD、USDC，其中有基于信托机构框架的，也有基于货币转移框架的。2018 年 9 月 10 日，纽约金融服务部(NYDFS)批准了两种稳定币，两者均与美元挂钩，且受美国法律监管。

3. 紧缩型监管

紧缩型监管的国家包括俄罗斯和中国。俄罗斯的数字货币监管态势较紧。2018 年 5 月 22 日，俄罗斯国家杜马一审通过了数字金融资产法草案。该法案规定，数字金融资产包括加密货币和代币，所有者只可以执行一种交易，目前指的是将代币兑换成卢布或外币的交易。中国政府对区块链的政策是规范币、鼓励链。2018 年 8 月 24 日，银保监会、中央网信办、公安部、人民银行、市场监管总局联合发布《关于防范以“虚拟货币”“区块链”名义进行非法集资的风险提示》。2019 年 1 月 10 日，国家互联网信息办公室发布《区块链信息服务管理规定》，明确区块链信息服务提供者的信息安全管理责任。